**대체 불가능한
디자이너 되기**

대체 불가능한 디자이너 되기
Becoming an Irreplaceable Designer

초판 1쇄 발행 · 2025년 3월 20일

지은이 · 오완원
발행인 · 이종원
발행처 · (주)도서출판 길벗
출판사 등록일 · 1990년 12월 24일
주소 · 서울시 마포구 월드컵로 10길 56(서교동)
대표전화 · 02)332-0931 | **팩스** · 02)323-0586
홈페이지 · www.gilbut.co.kr | **이메일** · gilbut@gilbut.co.kr

기획 및 책임 편집 · 최근혜(kookoo1223@gilbut.co.kr)
디자인 · 장기춘 · **제작** · 이준호, 손일순, 이진혁
영업 마케팅 · 전선하, 박민영, 서현정 | **유통혁신** · 한준희 | **영업관리** · 김명자 | **독자지원** · 윤정아
전산 편집 · 이도경 | **교정교열** · 김미현 | **CTP 출력 및 인쇄** · 영림인쇄 | **제본** · 영림제본

- 잘못된 책은 구입한 서점에서 바꿔 드립니다.
- 이 책은 저작권법에 따라 보호받는 저작물이므로 무단전재와 무단복제를 금합니다.
  이 책 내용의 전부 또는 일부를 이용하려면 반드시 저작권자와 (주)도서출판 길벗의 서면 동의를 받아야 합니다.
- 인공지능(AI) 기술 또는 시스템을 훈련하기 위해 이 책의 전체 내용은 물론 일부 문장도 사용하는 것을 금지합니다.

ⓒ 오완원, 2025

ISBN 979-11-407-1270-0 03000
(길벗 도서번호 007185)
정가 22,000원

독자의 1초까지 아껴주는 정성 길벗출판사

길벗 IT교육서, IT단행본, 경제경영서, 어학&실용서, 인문교양서, 자녀교육서 ▶ www.gilbut.co.kr
길벗스쿨 국어학습, 수학학습, 어린이교양, 주니어 어학학습, 학습단행본 ▶ www.gilbutschool.co.kr

페이스북 ▶ www.facebook.com/gilbutzigy
네이버 포스트 ▶ post.naver.com/gilbutzigy

대체 불가능한
디자이너 되기

오완원 지음

길벗

프롤로그

예상치 못한 시작

어느 날 갑자기, 프리랜서 디자이너의 길을 걷게 되었습니다. 다니던 회사가 망하고 새로운 회사를 찾으려 했지만, 언제나 그랬듯이 예상치 못하게 다른 길에 발을 들이게 되었습니다. 사실 저에게 프리랜서는 계획했던 것도, 꿈꿨던 것도 아니었습니다. 하지만 인생은 종종 우리의 예상을 빗나가고, 그 길 위에서 우리는 새로운 상황을 맞이합니다.

저도 마찬가지로 처음에는 막막했습니다. 어느 날 갑자기 모든 것을 혼자 결정하고 책임져야 하는 현실이 눈앞에 펼쳐졌습니다. 한동안 일이 없어 끝없는 고민을 하고, 새로운 클라이언트를 찾는 일부터 계약, 디자인, 수정, 결제까지 모든 과정을 혼자서 해내야 했습니다. 그리고 그 과정에서 수많은 시행착오와 어려움에 직면했습니다. 밤늦게까지 이어지는 작업, 예측할 수 없는 수입, 클라이언트와의 갈등, 그리고 혼자라는 고독감까지. 이 모든 것이 고통스럽기도 했습니다. 하지만 그럼에도 불구하고, 이 길을 선택했고, 이왕 시작한 일이라면 잘 해보자며 제 선택에 대한 책임을 지기로 했습니다.

이 책은 디자이너로 살아왔던 제 경험을 담아낸 기록입니다. 초반부의 회사생활 이야기에서 후반부로 갈수록 혼자 일하는 프리랜서 이야기로 흘러갑니다. 신입 디자이너로서 첫 발을 내딛는 분들부터 이제 막 프리랜서를 시작한 분들까지, 디자이너의 길을 걷는 모든 분들에게 도움이 되기를 바라며 글을 적어갔습니다.

처음으로 사회에 발을 들였던 첫 회사 생활은 저에게 많은 것을 가르쳐주었습니다. 선배 디자이너의 조언을 들으며 성장할 수 있었습니다. 프로젝트마다 새로운 것을 배우고, 고민하며 조금씩 성장했던 경험을 했습니다. 길지 않았던 두 번째 회사 생활에서는 또 다른 배움과 성장이 있었고, 노력에 대한 인정을 받았던 경험을 했습니다. 주니어 티가 조금 벗겨질 때쯤 시작한 프리랜서의 길은 결코 쉽지 않았습니다. 하지만 그 불안함 속에는 또 한번 성장의 기회가 숨어 있었습니다. 나의 결과물에 온전히 책임을 지고, 클라이언트와 직접 소통하며, 원하는 방식으로 일할 수 있다는 것은 큰 매력입니다. 하지만 그만큼 스스로를 단단히 지키고 끊임없이 발전해야만 먹고살 수 있습니다.

저는 특별한 디자이너가 아닙니다. 그냥 디자인을 좋아하게 되었고, 그 일을 통해 삶을 꾸려나갔던 한 사람입니다. 하지만 제가 배운 것들과 경험이 누군가에게는 도움이 될 수 있다고 믿습니다. 저도 처음에는 아무것도 모르고 시작했지만, 작은 실패와 성취를 통해 조금씩 성장해왔습니다. 디자이너의 삶은 매일이 도전입니다. 하던 일만 하면 도태되고, 그렇다고 매번 새로운 프로젝트만 하는 것은 매우 고됩니다. 제가 그랬던 것처럼 그래도 좋아하고, 꿈을 키워왔던 일이니까 잘 해보자 하는 마음으로 조금씩 성장해 나가다 보면 나도 모르게 자부심이 생기는 직업이기도 합니다.

이 책을 통해 여러분이 조금이나마 도움받을 수 있게 되기를 바랍니다. 우리의 길은 조금씩 다르지만, 같은 고민과 꿈을 안고 있다는 사실이 서로에게 위로가 될 수 있을 것입니다. 담담한 마음으로 이 글을 씁니다. 함께 성장해 나가는 동료로서, 여러분의 앞날에 응원의 메시지를 보냅니다.

새로운 도전을 시작하려는 분들, 이미 그 길을 걷고 있는 분들 모두에게 이 책이 작은 나침반이 되기를 바랍니다.

목차

PART 1 — 디자이너와 회사

디자이너의 연봉이 낮은 이유	012
이 연봉을 받아야 하는 이유가 있을까?	020
왜 이 회사에서 일해야 할까?	028
회사를 선택하는 기준, 에이전시와 인하우스	035
체계 없는 회사	040
물경력 디자이너	043
내가 다니는 회사를 욕하는 사람들	046
저는 인쇄할 줄 모르는데요?	050
회사에서 함께 일하기 좋은 디자이너	053
회사는 학교가 아니다	058
입사를 피해야 하는 회사	062
퇴사 or 이직을 해야 할 때	072
퇴사 or 이직을 결정했다면?	079
유종의 미 거두기	084

PART 2	성장하는 디자이너

디자이너와 아티스트	092
나는 디자인에 재능이 없는 사람일까?	101
성장하는 것은 생각보다 시간이 오래 걸린다	106
내 주위에서 배우기	113
다른 것에서 배우기	117
인풋 중독과 실행	122
나의 주변 사람들	132
디자이너의 포트폴리오	138

PART 3	일 잘하는 디자이너

일 잘하는 디자이너	146
디자인을 풀어나가는 방법	155
나만의 업무 체계 만들어 가기	167
일 잘하는 사람은 분류를 잘한다	172
디자이너의 기록	174
디자이너의 아카이빙	178

디자이너의 커뮤니케이션	182
디자이너의 업무 팁	195
어떤 디자이너로 보여져야 할까?	205

PART 4   디자이너 마인드셋

디자이너가 초심을 잃어가는 과정	212
내 디자인은 내가 아닙니다	218
내가 무조건 정답은 아닙니다	222
완벽주의자 디자이너	225
불안하지 않아도 될 이유	228
스트레스를 대하는 자세	233
공사다망하다가 공사가 다 망할 수 있다	239
제발 그냥 합시다	241
디자이너가 가진 디자인이라는 무기	245

PART 5   프리랜서 디자이너

회사 경험 없이도 프리랜서를 할 수 있나요?	250
프리랜서는 얼마 버나요?	255
프리랜서의 장점과 단점	258
프리랜서를 시작하는 방법	263
프리랜서는 사업의 영역	269
프리랜서 필수 역량 5가지	276
성공하는 프리랜서	281
브랜딩, 마케팅, 세일즈란 무엇일까?	289
프리랜서의 브랜딩	292
프리랜서의 마케팅	302
프리랜서의 세일즈	315
프리랜서 팁 – 견적	325
프리랜서 팁 – 진상 대응	332
에필로그	346

Part 1

디자이너와 회사
Designers and
Companies

디자이너의 연봉이 낮은 이유

왜 디자인 업계의 연봉이 낮을 수밖에 없을까?

디자이너는 박봉이라는 인식이 만연합니다. 저도 마찬가지였습니다. 지금까지 그랬고, 앞으로도 비슷할 것으로 생각합니다. 경제는 앞으로도 어려울 것이고, 디자인을 전공하지 않아도 쉽게 디자인을 만들 수 있는 서비스들도 계속해서 출시되고 있는 상황이며, 이로 인해 디자이너의 처우는 앞으로도 비슷하지 않을까 하는 생각입니다.

이 책을 쓰고 있는 시점에도 마찬가지로 야근과 철야로 인해 일반 사무직 대비 업무 강도가 높은 경우가 많은데, 그마저도 포괄임금제로 야근수당을 주는 곳조차 생각보다 많지 않습니다.

디자인을 공부하고, 디자이너로 살며 주변을 돌아보니 많은 수의 주니어 디자이너들은 현실의 벽 앞에서 디자인을 포기하고 다른 직업을 찾아 떠나는 경우가 많습니다. 마찬가지로 경력이 상당한 시니어 디자이너들도 디자인보다는 다른 일을 하겠다며 업계를 떠나는 경우가 심심치 않게 있습니다.

주니어 디자이너 시절의 저와 같이 일했고, 개인적으로 친분이 있는 경험이 풍부하고 실력과 역량이 충분한 디자이너 실장님들 중에서도, 몇 분을 제외하고는 현재 디자인을 그만두고 다른 일을 하고 계십니다.

디자이너의 연봉이 이렇게 낮게 책정된 이유와 이를 현실적으로 뛰어넘기 어려운 이유에 대해 제 생각을 담아봅니다.

너무 많은 디자이너
디자이너 공급 과다

수많은 대학교, 전문대에서는 매년 신입 디자이너들이 쏟아져 나옵니다. 디자인이라는 직업은 특성상 상대적으로 진입장벽이 낮은 탓에, 학원이나 독학을 통해서 디자인 업계에 발을 들이는 분들도 매년 늘어나고 있습니다. 디자인 일을 하다 보면 많은 분이 이에 대해 전문성에 대한 존중보다는 포토샵이나 일러스트레이터를 조금 다루면 디자인 일을 할 수 있다고 생각하는 경우가 생각보다 많습니다. 또한, 쉽게 다자인할 수 있는 툴과 서비스도 계속해서 출시되고 있으며, 최근에는 AI 툴들 역시 계속해서 출시되고 있는 상황입니다.

그렇지 않아도 쉽다고 생각하는데 엎친 데 덮친 격으로 디자이너들이 너무 많습니다. 낮은 연봉을 제시해도 일할 사람이 너무 많습니다. 당장 구직 사이트만 들어가도 최저 수준의 연봉으로 디자이너를 구인하는 곳들이 상당히 많습니다. 많은 수의 신입 디자이너들이 '원래 연봉이 이런 수준이구나.' 하고 의심조차 하지 않습니다. 충분히 더 좋은 조건으로 일할 수 있다고 해도 업계가 원래 이러니까 이 정도 받는 게 맞을 거라는 생각을 하기도 합니다.

프리랜서 시장에서도 마찬가지입니다. 인적 경쟁 과열에는 필연적으로 단가 경쟁이 뒤따르기 때문에 재능마켓에서는 수많은 경쟁자 사이에서 차별화를 가지기 위해 저렴한 가격을 내세웁니다. 그게 독이 되는 줄 알면서 울며 겨자 먹기로 저렴한 단가의 디자인을 합니다. 공급보다 수요가 많아져야 시장 가격이 오르는데, 반대로 공급이 꾸준히 많아지니 가격이 저렴해지는 것은 당연한 현상입니다.

디자인의 가치가 낮다
10년 전이나 지금이나 비슷한 단가

경력이 상당한 실장님들 혹은 대표님들과 대화하다 보면 10년 전이나 지금이나 디자인 단가에 큰 차이가 없다고 합니다. 디자인 회사의 입장에서는 시간이 지날수록 디자인 단가 경쟁은 심화하고 단가 자체가 오르지 않았기 때문에 디자인을 통해서 생기는 매출 대비 인건비의 부담률이 올라갈 수밖에 없습니다. 디자인을 전문으로 하는 에이전시 입장에서는 단가 경쟁이 원인이 되어 디자인으로 버는 돈은 한정되어 있으니 디자이너의 연봉을 올리기 쉽지 않습니다.

전문적인 디자인이 필요한 회사가 아닌 일반 회사의 경우에는 신입~3년 차 정도의 디자이너만으로도 충분히 회사에서 필요한 디자인의 퀄리티가 충족되는 경우가 많아 연봉이 상대적으로 낮은 신입~3년 차 이전의 디자이너를 낮은 수준의 연봉으로 채용하는 일도 많습니다.

회사 입장에서 보면 많은 디자이너가 매년 쏟아져 나오고, 낮은 수준의 연봉으로 채용해도 지원자가 넘쳐나기 때문에 높은 연봉을 제시하며 수준이 높은 디자이너를 채용할 이유가 전혀 없습니다. 적당히 우리 수준에 맞고 최저 수준의 연봉을 제공해도 지원자가 넘쳐나니 디자인에 대한 인식은 그 정도 수준에 멈춰있을 가능성도 있습니다.

디자인에 대한 시선

물론 디자인이 중요하긴 합니다만...

디자이너들은 디자인의 힘이 얼마나 큰지 잘 알고 있습니다. 같은 제품이어도 디자인에 따라 매출 차이가 크게 나기도 하고 디자인으로 인해서 자연스럽게 소문이 나기도 합니다.

단적인 예가 바로 생활공작소입니다. 형형색색으로 화려한 제습제와 세제 시장에서 흰 바탕의 심플한 디자인으로 차별화를 주었습니다. 기존의 화려하고 강렬한 디자인에서 흰색과 검은색만을 사용한 미니멀한 디자인을 브랜드의 아이덴티티로 이어나갔고, 결과적으로 브랜드 인지도와 매출 상승에 큰 영향을 주었습니다. 생활공작소와 비슷한 디자인의 제품들이 시장에 갑자기 많이 생겨났던 이유이기도 합니다.

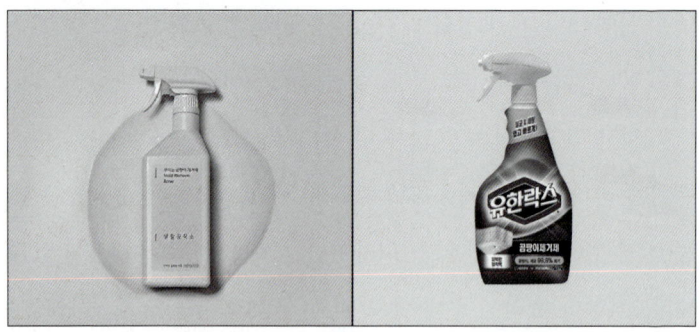

- 생활공작소 홈페이지 (https://www.saengong.com/index.html)
- 유한락스 홈페이지 (https://yuhanrox.co.kr/)

    안타깝게도 디자인 회사에 디자인 의뢰를 하는 많은 클라이언트가 디자인을 부가적인 것으로 생각하는 경향이 있습니다. 물론 디자인도 중요하지만, 제품이나 서비스가 더 중요하다고 생각하는 것이죠. 디자인은 제품이나 서비스를 판매하기 위한 수단일 뿐 목적이 디자인이 아니기 때문입니다. 제대로 된 기획을 통한 디자인이 매출에 엄청난 영향을 준다고는 생각하지 않는 경우가 많습니다.

    이는 디자이너, 회사, 클라이언트의 디자인에 대한 인식이 각기 다르기 때문입니다. 디자인을 단순히 정보 전달용 그림과 같은 시각적인 부분으로만 보는가, 높은 수준의 기획 과정을 통해 고객에게 특정한 느낌이나 사용성 등을 포함한 브랜드 경험까지 제공할 수 있는 디자인을 지향하는가, 새로운 트렌드를 만들 수 있는 가치를 창출해 내는 확장성까지 보는가 등 사람마다 디자인을 보는 시각 자체가 다릅니다. 디자이너는 디자인에 대해 더 높은 가치를 부여하는 것에 비해 회사나 클라이언트는 낮은 가치로 디자인을 인식하고 있는 경우도 많습니다. 이는 상대적으로 디자인 예산이 한정적인 소규모 기업에서 두드러집니다. 다른 것에도 투자할 것이 많은 상황에서 디자인까지 많은 금액을 투자하기 어렵기 때문입니다.

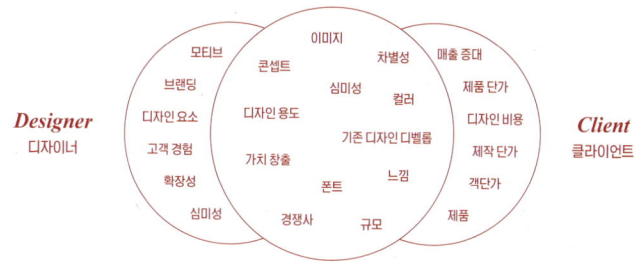

디자인 회사는 디자인으로 돈을 버는 구조

고부가가치의 디자인을 하는 디자인 회사는 많지 않다

문제는 고부가가치의 디자인을 제외하고는 여전히 디자인의 단가가 높지 않다는 것에 있습니다. 디자이너가 귀하고 디자인이 많은 돈을 벌 수 있는 것이라면 당연히 디자이너들의 연봉이 높겠지만, 현실은 디자인의 단가는 오르지 않고 디자이너의 숫자는 많아지며 적당한 수준의 디자인 개발 의뢰로 운영되는 소규모 에이전시나 1인 디자인 스튜디오들이 많아졌습니다.

고부가가치의 프로젝트를 진행하며 높은 퀄리티와 크리에이티브를 내세울 수 있는 유명 디자인 회사는 굉장히 소수입니다. 일반적으로 디자인 전문회사라고 하더라도 많은 숫자의 회사들이 크리에이티브와는 거리가 먼 작업을 하는 경우가 있습니다. 심하면 디자인의 완성도보다는 낮은 단가의 디자인으로 단순히 숫자만 많이 쳐내는 곳들이 되겠죠.

인쇄산업이 활발할 때는 디자인과 인쇄 두 가지를 병행하며 매출을 올리는 회사들이 많았지만, 인쇄산업이 사양산업으로 접어들며 인쇄를 기반으로 디자인하던 회사들은 수요가 줄어드는 시장을 버티지 못하고 있습니다. 수요가 많아지는 웹 기반으로 전환하는 과정에서 업력에 비해 전문성이 현저히 떨어지는 경우도 심심치 않으며, 그 과정에서 전환을 버티지 못하고 회사가 망하는 경우도 종종 있습니다.

디자인 개발을 넘어 기획과 컨설팅 등의 분야에 전문성을 발전시키고 더 높은 가치를 창출해 낼 수 있어야 하는데, 그에 대한 수요는 많지 않다 보니 발전이 어려운 것이 현실입니다. 그래서 단순 비주얼 디자인 개발이 주력인 상태로 머물러있는 회사들도 많고, 디자인 개발로만 매출을 만들어 내야 해서 대다수 회사에서는 디자이너에게 높은 연봉을 주기가 어렵습니다.

디자이너에게는 디자인이 전부와 다름없지만, 현실적으로 회사는 이익을 추구하는 집단이고, 사업자에게 디자인은 내 사업 아이템의 일부일 뿐입니다. 작게 보면 디자이너들이 속한 회사 내부의 디자인팀도 마찬가지입니다. 디자인이 주력이라기보다는 회사의 메인 사업을 서포트하는 역할인 경우가 많습니다.

물론 주위의 디자이너들을 보았을 때 모든 디자이너가 연봉이 낮은 것은 아닙니다. 제가 디자인에 첫발을 내딛고 꽤 오랜 시간이 흐른 지금까지도 많은 주니어 디자이너가 최저시급보다 조금 더 높은 수준의 연봉을 받고 있다는 사실에 마음이 좋지 않지만, 이 책을 읽고 있는 디자이너분들이 빠르게 대체 불가능한 디자이너가 되어 만족할 만한 연봉을 받게 되면 좋겠습니다.

이 연봉을 받아야 하는
이유가 있을까?

　연봉에 대한 불만은 비단 디자이너뿐만 아니라 거의 모든 직종의 직장인들이 갖고 있습니다. 본인이 하는 일에 비해서 연봉을 적게 받는다고 생각하는 사람들은 당장 주위만 둘러봐도 상당수입니다. 객관적인 성과지표를 가지고 연봉을 책정하는 직종의 경우 실력에 따른 합당한 연봉을 받겠지만, 아쉽게도 디자이너는 숫자로 나타낼 수 있는 성과지표를 측정하는 것이 상당히 어렵습니다. 그래서 주위의 디자이너들을 보면 '저 사람은 나보다 못하는데 왜 나보다 연봉이 높은 것일까?' 하는 볼멘소리도 심심치 않게 들을 수 있습니다.

　연봉이 아닌 제품이나 서비스로 예를 들자면 모든 제품이나 서비스에는 저마다의 가치가 있고 이를 토대로 가격이 책정되는 이유가 있습니다. 기능이 좋거나, 원재료가 좋거나, 독보적인 디자인을 가지고 있거나, 희소성이 있거나 하는 등의 이유가 있죠. 하지만 해당 제품의 가치나 가격이 얼마나 적당한 것인지 이를 객관적인 지표로 보여주는 것은 상당히 어려운 일입니다. 우리가 구매하는 제품이나 서비스의 가치를 객관적인 지표로 명확하게 측정하기 어려운 것처럼 나의 연봉 책정도 마찬가지로 객관화하기 어렵습니다.

우리를 브랜드에 대입하고 제품이나 서비스는 역량, 판매가는 연봉에 대입해서 생각해 보면 쉽게 이해할 수 있습니다. 제품을 만들고 판매하는 브랜드들은 특별히 우월한 제품이 아닌 이상 비슷한 경쟁사의 제품들과 비슷한 가격대에서 시작하는 경우가 많습니다. 대기업을 제외한 중소기업의 신입 디자이너 연봉이 비슷하게 시작하는 것과 같습니다.

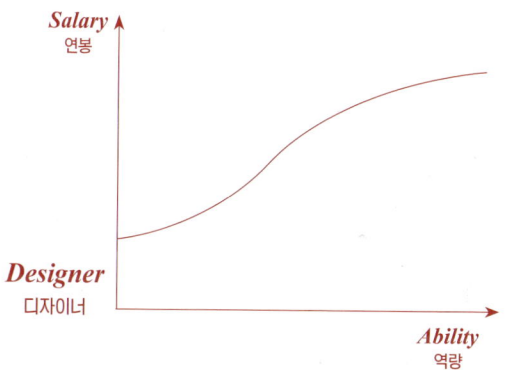

평균가에서 시작한 브랜드가 점차 성장함에 따라 제품의 판매량이 많아지고 디벨롭되는 과정을 거치며 독보적인 경쟁 우위를 가져가면 대부분 가격 상승이 이루어집니다. 연봉도 마찬가지로 평균 연봉 안에서 시작하더라도 경력과 실력을 쌓으며 오르게 되는 경우가 많죠.

안타깝게도 브랜드가 성장하는 과정에는 수많은 변수들이 존재합니다. 원래 하던 분야가 아닌 다른 분야로 사세 확장을 하다가 큰 손실을 입는 경우, 신제품이 소비자에게 외면당하는 경우, 좋은 제품을 만드는 브랜드지만 소구점을 제대로 노출하지 못하여 판매가 부진한 경우 등입니다. 이는 디자이너도 마찬가지입니다. 타 직무로 직무 변경을 하는 경우, 쉬운 작업 위주로 업무를 하다 보니 물경력이 되는 경우, 한 가지 직무가 아닌 여러 분야의 업무를 하다 보니 전문성이 떨어지는 경우 등이 그것입니다.

그 외에도 변수는 많습니다. 소비자가 제품(서비스)을 알지 못하는 경우, 소비자에게 필요하지 않은 제품(서비스)인 경우, 광고나 마케팅으로 유입과 구매전환을 만들어내지 못하는 경우, 브랜드 자체가 호감이 아닌 경우, 팔리지 않으니 가격을 낮추는 경우, 제품 자체에 가치가 떨어지는 경우 등 매출을 내지 못하는 경우의 수는 많지만 5가지 정도로만 추려서 구직이나 연봉 협상에서의 상황으로 바꾸어 정리해 보겠습니다.

- 나의 가치(역량)를 회사에서 잘 모른다.
- 나의 가치(역량)가 회사에서는 그다지 필요가 없다.
- 나의 가치(역량)를 내가 모른다.

- 나의 가치(역량)를 내가 알지만 내 몸값을 내가 낮춘다.
- 가치가(역량이) 떨어진다.

나의 가치(실력)를 회사에서 잘 모른다

디자인 전문 에이전시가 아니라면 디자인에 대해 잘 알지 못하는 회사들이 많습니다. 외주로 디자인 작업물을 만들어 내다가 단순히 디자인 작업량은 늘리고 빠른 대응을 하기 위해 상주 디자이너가 필요하다고 판단되어 채용하는 경우가 이에 해당합니다. 이 외에도 경력이 많지 않은 낮은 연차의 디자이너가 한두 명 정도 상주하는 회사도 이와 비슷하겠죠.

구직을 하는 경우에는 포트폴리오와 경력사항으로 회사에 나의 실력이 이 정도라는 것을 어필해야 합니다. 실력이 좋은 편이라고 가정하더라도 진짜 실력에 비해 포트폴리오의 수준이 낮아 보이거나, 경력사항이 애매한 경우, 면접 자리에서 100% 어필을 하지 못하는 경우에는 회사 입장에서 구직자의 진짜 실력을 알 방법이 없습니다. 디자인에 대해 필요성과 이해도가 낮은 회사라면 경우의 수는 상승합니다.

회사에서 테스트나 과제를 보는 경우도 종종 있지만, 그렇지 않을 때는 포트폴리오와 면접으로 입사가 이루어지기 때문에 이를 통해 100% 어필을 하지 못하면 진짜 실력에 비해 낮은 연봉을 제안할 때도 많고, 구직활동이 길어지는 구직자는 연봉이 다소 불만족스러워도 입사하는 경우가 정말 많습니다.

연봉 협상을 할 때는 회사에서 진행했던 업무의 성과를 통해 발전하고 있으며 앞으로도 회사의 이익을 상승시킬 수 있다는 것을 어필하며 진행합니다. 연봉 협상에서도 마찬가지로 회사에서 디자인이 얼마나 중요한지, 디자이너의 실력이 어느 수준인지 잘 모른다면 성과가 있음에도 디자이너의 입장에서 만족스러운 연봉을 제안받기는 힘듭니다.

이 경우에는 디자이너인 내가 회사에 어떤 기여를 했는지, 앞으로는 어떠할 것인지 취합하고 정리하여 연봉 협상을 이끌어 나가야 최악의 경우를 면할 수 있습니다. 나의 실력을 각인시킬 수 없고 어필할 수 없으면 인정받기 힘듭니다. 회사는 이익집단이기 때문에, 회사 입장에서 최소 상승 폭의 연봉 또는 연봉 동결을 제안하는 것은 나의 실력이 그만큼이라고 생각하기 때문에 적은 액수를 제안하는 것입니다.

나의 가치(실력)가 회사에서는 그다지 필요가 없다

대체로 난이도가 높지 않고 수량만 많이 쳐내는 곳들은 대단한 실력을 원하지 않습니다. 적당히 필요한 만큼의 퀄리티를 뽑아내고 단순히 속도가 빠른 사람을 원하기 때문입니다. 디자이너의 실력과 경력이 올라갈수록 고용에 대한 비용이 커지기 때문에 높은 퀄리티의 디자인을 작업할 수 있는 능력이 있다고 하더라도 회사 입장에서는 그다지 필요하지 않은 경우에 해당합니다.

디자인 전문 회사가 아닌 규모가 작은 인하우스의 경우에는 디자이너가 회사의 제품이나 서비스에 필요한 디자인을 주로 담당하고, 디자인 업무만이 아닌 디자인 외의 다른 일들을 하는 경우도 많습니다. 하이엔드 *High end* 수준의 자체 브랜드를 운영하고 회사 내부의 디자인 팀에 힘을 실어주는 회사가 아니라면 이 경우에도 너무 높은 수준의 디자이너를 고용할 필요가 없습니다.

종합해 보면, 회사에 필요한 디자인 퀄리티에 직결되는 문제입니다. 연봉을 제외하더라도 회사의 디자인적 수준이 낮은데 디자이너의 수준이 높은 경우는 좋지 못한 결과가 대부분입니다. 디자이너의 의견과 아이디어들은 묵살당하고 처참한 수준으로 칼질을 당하며 점점 망가지는 작업물을 하다 보면 디자이너의 자괴감이나 발전 가능성에 대한 불안감으로 퇴사하는 경우도 많습니다.

나의 가치(실력)를 내가 모른다

주변의 주니어 디자이너들을 보면 자주 드는 생각입니다. 생각보다 실력도 있고, 디자인에 대한 철학이나 본인의 스타일이 잘 구축이 되었지만, 본인 스스로 너무나 부족하다고 생각하는 경우가 있습니다. 이 경우는 자신감 결여로 본인의 실력을 너무 낮춰서 보는 경우입니다.

반대의 경우에는 기본기가 부족하고 실력이 형편없음에도 본인의 경력에 비해 디자인 역량이 아주 좋다고 생각하는 경우인데, 경험상 전자에 비해 그 수가 많지는 않습니다. 잘하는 것처럼 포장하는 경우라면 본인의 실력을 인지하고 있지만, 부족한 결과물에 대해 내가 했으니까 잘한 것이라는 고집이 있는 디자이너라면 시간이 지나도 연봉 폭을 올리거나 좋은 조건으로 이직하기는 힘듭니다.

대체로 실력이 좋지만 본인의 실력을 낮게 평가하는 디자이너들은 끊임없이 공부하고 발전하는 경향이 있으며, 반대의 경우에는 쉽게 받아들이지 못하고 꾸준한 공부를 하지 않는 경우가 많았습니다. 만족스러운 연봉과 내가 하고 싶은 디자인을 위해 내 디자인 실력이 어느정도인지, 어떤 부분을 잘하는지, 모자란 부분은 어떤 부분인지 확실하게 체크하고, 나는 어떤 디자이너인지 명확하게 만들어 나가는 과정을 거쳐야 합니다.

나의 가치(실력)를 내가 알지만 내 몸값을 내가 낮춘다

실력을 낮춰보는 경우와는 다르게 지레 겁먹고 낮은 연봉에도 이만하면 괜찮다고 생각하는 디자이너들이 있습니다. 제안받은 연봉이 불만족스럽지만 내 실력에 이 정도 조건은 다른 데서도 힘들 거라는 불안감을 가진 경우에 해당합니다. 구직이나 이직보다는 프리랜서 시장에 발을 들이는 초보 프리랜서들에게 대체로 많습니다.

실력이 있음에도 '이 정도면 너무 높은 연봉 아닐까?' 하는 생각에 내 연봉을 내가 깎아서 제안하는 경우가 정말 많습니다. 구직, 이직, 연봉 협상 모두 회사 내규라고 하는 연봉 테이블대로 책정되는 연봉 통보가 아니라면 충분히 협상의 여지가 있습니다.

본인의 실력에 대한 확신을 갖고 이를 증명할 수 있는 포트폴리오와 성과들을 내 입장이 아닌 협상해야 하는 사람 입장으로 정리하고 어필해야 합니다. 회사 입장에서도 이 사람과 같이 일하고 싶다는 확신이 든다면 평균적인 연봉보다 높은 연봉을 희망한다고 하더라도 충분히 감안하거나 조율할 가능성이 있습니다.

가치(실력)가 떨어진다

디자이너는 꾸준히 공부하고 발전하는 과정이 필요합니다. 툴만 다룬다고 디자이너가 되는 것은 아니기 때문입니다. 신입, 경력 모두 해당하며 끊임없는 발전 과정이 없다면 당연히 회사 입장에서는 고용할 이유가 없습니다. 비단 신입이나 주니어 디자이너가 아닌 경력이 오래된 디자이너분들도 이 상황이 고착화된다면 일정 수준의 연봉에서 더 높이는 것은 불가능에 가깝습니다.

품질이 떨어지는 제품을 구태여 구입하는 사람은 없습니다. 당연하게도 회사도 마찬가지입니다. 구인구직 시 이 경우를 피하기 위해 이력서, 자소서, 포트폴리오를 받아서 꼼꼼하게 체크하는 것입니다. 그것으로도 확신이 어렵기 때문에 면접과 테스트를 진행하는 것이죠.

본인의 실력이 부족하다는 생각이 들면 지금 당장 어떻게 실력을 키울 수 있을까, 좋은 디자인에 어떻게 접근해야 할까를 생각하고 깊게 고민해야 합니다.

왜 이 회사에서 일해야 할까?

회사는 나와 일해야 할 이유가 있다

구직 중인 상황이든, 이미 회사에 다니고 있든 상관없이 이 질문에 명확하게 답변할 수 있어야 합니다. 회사는 디자이너와 같이 일을 할 이유가 있습니다. 회사의 디자인과 결이 맞는다거나, 손이 빠르다거나, 성실하거나, 업무능력에 확신이 들거나 하는 복합적인 이유죠. 단순히 디자인이 필요해서 구인을 하는 경우도 있지만, 그 과정에서 특정한 어떤 것이 마음에 들어서 같이 일하자는 제안을 합니다.

반대로 디자이너가 본인이 이 회사에서 일해야 하는 이유를 모른다면 앞으로 어떤 방향으로 성장할지, 어떤 방법으로 연봉 협상을 할지, 얼마나 다녀야 할지 확신을 가지기 힘듭니다. 그저 돈을 벌기 위해 다니는 회사 그 이상 그 이하도 아니게 됩니다.

나도 회사에 다닐 이유가 있어야 한다

회사가 원하는 디자인과 내가 원하는 디자인이 너무 달라 디자인하고 싶지 않다면 회사와 디자이너의 니즈가 서로 불일치하는 것입니다. 이 상황에서는 재직하면 할수록 디자인에 대한 열정은 식어버리고 정이 떨어지는 경우도 발생합니다. 지쳐서 나가떨어지는 것이죠.

연봉이 높다면 이런 불만이 심하지는 않으나, 적은 연봉에 하고 싶지 않은 디자인을 하고 있다면 괴리감은 굉장히 깊어집니다. 둘 중 하나만 싫은 것은 적당히 참을 수 있지만, 둘 다 싫은 것은 얘기가 다릅니다.

회사 자체의 규모, 회사의 사업 규모, 연봉, 복지, 출퇴근 거리, 멋진 사무실 등을 떠나서 가장 중요한 것이 무엇인지부터 확실하게 우선순위를 정해야 합니다. 즉, 회사에 대한 나만의 기준이 있어야 합니다. 기준이 없는 사람은 작은 것에도 휘둘리기 마련입니다.

가까운 지인인 디자이너와 연차도 비슷하고 비슷한 일을 하는데 나보다 몇백만 원 연봉이 높다면 회사에 불만이 생기기 시작하고, 또 다른 지인인 디자이너는 항상 큰 규모의 프로젝트들을 진행하는데 나는 매우 작은 단발성 프로젝트만 진행한다면 불만과 열등감이 생깁니다. 휘둘리게 되는 것입니다.

나만의 기준이 없다면 지인과 비교하지 않더라도 마찬가지입니다. 그 기준은 연봉이 될 수도 있고, 회사의 규모가 될 수도 있고, 프로젝트의 규모가 될 수도 있습니다. 나만의 기준을 통해 정해진 명확한 우선순위가 없다면 이 회사는 연봉은 좋은데 출퇴근 거리가 마음에 안 들고, 출퇴근이 너무 힘들어서 새로 이직한 회사는 규모도 크고 진행하는 프로젝트도 욕심나지만, 연봉과 복지가 좋지 않아서 마음에 안 들 수 있습니다.

회사를 다니는 것에 목적과 우선순위가 있어야 한다

좋은 회사의 기준을 '나'의 방향성에 맞추는 것이 중요합니다. 이 책을 읽고 있는 분이라면 성장에 목마른 디자이너들이 많을 것으로 생각합니다. 성장에는 목적이 필수불가결한 요소입니다. 연봉이 다소 낮아도 그만큼 좋은 경험을 쌓고 실력을 향상할 기회가 많은 회사가 좋은 회사일 것이고, 돈이 중요하다면 연봉과 복지가 좋은 회사가 나에게 좋은 회사가 됩니다.

신입 디자이너는 실력을 키울 수 있는 회사에 가는 것이 좋습니다. 연봉 수준은 괜찮지만, 단순 반복 업무를 주로 하고 처내기에만 급급한 회사라면 밀도 높은 경험을 통해 실력을 쌓을 수가 없습니다. 단순히 일을 많이 처내는 것에 급급한 퀄리티 낮은 작업으로 끝없는 야근에 시달리다가 물경력이 될 수 있습니다. 흔히 말하는 공장형 디자인 회사에 해당합니다. 비슷한 템플릿을 가지고 디자인을 약간씩 바꿔서 제안하는 것을 반복하는 회사입니다. 우선순위가 아무리 연봉에 있다고 하더라도 성장을 목표로 한다면 장기적인 관점으로 봤을 때는 피해야 합니다.

다만, 성장을 원하는 분들이라고 해서 무조건 연봉은 낮아도 괜찮다는 말은 아닙니다. 연봉은 나의 가치를 돈으로 환산한 것입니다. 흔히 말하는 '급'을 나누는 데에 가장 직관적인 요소입니다. 그러므로 좋은 프로젝트를 많이 한다 해서 나의 '급'을 낮춰가면서까지 일을 해야 할 필요는 없습니다. 성장하고 싶다 하더라도 먹고 살기 위해서 일을 하는 것인데 성장을 위한 열정이라는 이유로 나의 가치가 너무 낮게 책정되는 일은 슬픈 일이 아닐까 싶습니다.

구직 중이라면 우선순위를 정하고 우선순위의 상단에 위치하는 요소들의 밸런스를 잘 맞춰보기를 바랍니다. 우선순위 3가지 안에서 적당히 양보하고 밸런스를 맞춰보는 것입니다. 물론 회사를 골라서 입사하기란 아주 어려운 일이지만, 어렵다고 하더라도 우선순위를 무시한 채 상황에 맞춰 입사하게 된다면 후회할 확률이 아주 높습니다.

재직 중이라면 나의 우선순위와 회사가 잘 맞는지 체크해 보기 바랍니다. 나의 우선순위와 회사의 프로젝트, 지향점, 연봉 등의 조건이 맞다면 좋은 회사입니다. 세세하게 따지면 아무리 대기업, 외국계 기업이라고 하더라도 나쁜 회사가 되는 것은 한순간입니다. 완벽한 회사는 찾아보기 힘들 정도로 그 숫자는 매우 적습니다. 세세한 것보다는 내가 정한 우선순위에 회사를 대입해 보길 바랍니다.

회사에 다닐 이유가 없다면 일을 해야 할 이유를 만들 방법을 찾자

첫 번째 방법은 이직을 통해 상황을 변화시키고 일을 해야 할 이유를 만드는 것입니다. 지금 당장 스트레스를 받더라도 가고 싶은 회사를 리스트화하여 정리하고 회사의 결에 맞는 포트폴리오를 준비하는 것이 필요합니다. 어떤 회사를 가고 싶은지, 어떤 디자인을 하고 싶은지 명확하게 정리하고 내가 다니고 싶은 회사가 어떤 결과물들을 내고 있는지, 업력이 오래된 회사라면 과거부터 지금까지 디자인적으로 어떻게 결과가 바뀌어 왔는지를 꼼꼼하게 체크해 봅니다.

'나 정도면 바로 취업할 수 있지.'라는 생각으로 일단 퇴사를 해버리는 경우 바로 취업이 안될 위험성이 너무 큽니다. 당장 돈이 필요하고 구직 기간이 길어지면 마음이 급해집니다. 급한 대로 취업을 위해 이 회사 저 회사 다 지원하고 재취업하게 된다면 악순환의 반복이 될 수밖에 없습니다. 취업과 이직에 있어서는 항상 미리 준비하고 여유를 가지는 게 좋습니다.

단, 현실적으로 바라보지 못하고 대단한 디자이너가 되겠다는 꿈만 가지고 시도하는 것은 좋지 않습니다. 어떤 회사에 가더라도 회사의 업무와는 별개로 내가 열심히 하는 만큼 실력이 오르는 것이 사실입니다. 내가 원하는 방향성을 가진 회사라고 하여 무작정 그 회사에 입사하더라도 현실은 충분히 다를 수 있습니다. 저 회사의 디자인이 내가 너무 하고 싶은 디자인이라는 이유 하나만으로 맹목적으로 저 회사에 입사해야 한다는 생각은 접어두는 것이 좋습니다. 단순히 꿈을 좇는 것인지, 정말 그것을 원하고 해나 갈 수 있는 열정과 각오가 되어있는지부터 진지하게 생각해 보는 것이 필요하죠.

두 번째 방법은 회사 업무 시간 외에 개인 작업이나 외주를 통해 내가 하고 싶은 디자인을 하는 방법입니다. 가끔 디자이너들의 고민 상담을 하다 보면 위에서 언급한 것처럼 회사에서 하는 디자인이 너무 불만족스럽다고 하는 경우가 자주 있습니다. 현 회사의 연봉 수준, 업무환경이 나쁘지 않다는 판단이 들면 개인적으로 추천하는 방법은 개인 작업을 하거나 외주를 하는 방법입니다. 꾸준히 하다 보면 새로운 기회가 올 가능성도 있죠.

내가 하고 싶은 디자인을 하는 것은 개인의 욕구 중 하나입니다. 이 경우에는 내가 하고 싶은 디자인을 진행하면서 하나씩 쌓아 나간다면 어느 정도 해소가 됩니다. 다만 이 방법은 야근이 많은 경우나 출퇴근이 불규칙하여 개인적으로 시간을 낼 수 없는 경우에는 추천하지 않습니다.

세 번째 방법은 회사가 원하는 디자인에 나만의 색깔과 방향성을 녹여내어 설득하는 방법입니다. 회사에서 원하는 디자인이 너무 명확한 경우가 아니라면 시도해 볼 수 있는 방법입니다. 보통은 완전히 정해진대로 디자인을 진행하지 않기 때문에 내 색깔을 조금이나마 녹여내 볼 가능성이 있습니다.

저는 시안 3종 중 1번 시안은 클라이언트(회사)가 원하는 시안, 2번 시안은 1번 시안에서 조금 더 제가 원하는 디자인을 적용해 보는 시안, 3번째 시안은 완전한 제 취향의 디자인 시안으로 준비하여 제안하는 방법을 주로 사용했습니다. 이 방법을 사용하면 회사 내부에서 시안 공유를 한 후 제가 하고 싶은 디자인이 선정되지 않았다 하더라도 추후 개인의 포트폴리오로 활용할 수 있어 이 정도만 하더라도 내가 원하는 디자인을 하지 못하는 문제를 조금이나마 해소할 수 있습니다.

회사를 선택하는 기준, 에이전시와 인하우스

에이전시와 인하우스는 경쟁 입찰(비딩)이나 의뢰를 받아서 디자인을 대행하는 것이 주력인가, 디자인이 아닌 회사의 제품이나 서비스를 위한 디자인을 하는가로 나누어 보면 쉽습니다.

광고대행사 에이전시 - 디자인 전문가 집단

장점으로는 디자인 작업 이외에 잡무를 하는 경우가 많지 않다는 것입니다. 클라이언트에게 디자인을 의뢰받거나 비딩을 통해 프로젝트를 수주하는 경우가 많기 때문에 온전히 디자인에 집중하게 됩니다.

또한 다양한 클라이언트의 디자인을 하기 때문에 한 분야가 아닌 여러 분야의 디자인을 경험할 수 있다는 장점이 있습니다. 일정 기간 동안 식음료 브랜드의 디자인을 하다가 다음 프로젝트로 주얼리 브랜드의 디자인을 하게 되는 것이죠. 특정 분야를 전문으로 하는 에이전시가 아니라면 인하우스에 비해 폭넓은 디자인 작업들을 진행할 수 있습니다.

일반적으로 신입, 주니어 디자이너가 디자인 경험과 경력을 쌓을 수 있도록 가장 추천하는 회사는 에이전시의 형태입니다. 디자인 의뢰와 대행으로 매출을 만들어 나가는 디자인 전문가 집단이기 때문에 상대적으로 디자인의 퀄리티가 좋을 수밖에 없습니다.

단점은 연봉이 대체로 높지 않은 편입니다. 디자인 대행의 단가 자체가 높지 않기 때문에 회사 입장에서도 디자인만 가지고는 매우 높은 매출을 내기가 힘듭니다. 그래서 자연스럽게 디자이너의 연봉도 낮을 수밖에 없는 구조입니다. 회사의 수입 구조가 대부분 비딩을 통한 프로젝트 계약인 경우에는 선정이 안 되면 수입 자체가 없는 경우가 발생할 수 있어 안정적이지 못한 매출로 인해 현금 흐름이 불안정한 회사들도 종종 볼 수 있습니다.

특히 비딩을 자주 진행하는 에이전시의 경우에는 짧은 기간 동안 최대의 퀄리티를 뽑아내야 하기 때문에 야근과 철야를 불사하고 프로젝트를 진행합니다. 회사 입장에서는 비딩 결과에 따라 프로젝트 진행 여부가 결정되기 때문에 인력을 갈아넣는다고 표현할 정도로 업무 강도가 높은 경우가 많습니다.

이처럼 대체로 연봉 수준에 비해 업무 강도가 상당히 높은 편에 속하는 경우가 많아서 워라밸을 중시한다면 에이전시는 추천하지 않습니다.

인하우스 - 회사 내부의 디자인 팀

자사의 제품이나 서비스를 판매하는 데 필요한 디자인을 하기 때문에 디자인을 통해 매출을 발생시키는 형태가 아닙니다. 따라서 에이전시만큼 최대치로 퀄리티가 필요한 작업을 요하지 않는 경우가 많습니다.

일반적으로 에이전시와는 다르게 특정 제품군이나 서비스에 깊이 파고드는 경우가 많아 다양한 디자인 경험을 하기 어렵습니다. 신제품이 있다면 기획 단계에서부터 참여하고 실제 제품이 판매까지 되는 과정에 필요한 디자인을 하게 되는 것이죠. 회사에서 신제품을 출시하더라도 같은 제품군에 속한 것들을 주로 만들기 때문에 해당 분야의 전문성을 쌓기에는 유리합니다.

장점은 대체적으로 에이전시에 비해 업무 강도가 높지 않은 편입니다. 신제품 출시나 프로모션 등을 진행하는 기간에는 야근도 하고 바쁠 수 있으나, 항시 고강도의 업무를 할 필요성이 없기 때문에 다양한 경험을 통한 성장보다 워라밸을 중시하는 성향이라면 인하우스 디자이너가 알맞습니다.

또한 복지를 포함한 연봉이 일반적인 에이전시보다 상대적으로 높은 경우가 많습니다. 매출이 불규칙하지 않고 영세하지 않은 회사라면 대체로 끊임없는 디자인 대행을 통해 매출을 발생시키는 에이전시보다 안정적인 이유도 있습니다.

단점은 인하우스의 디자인 팀에 속해서 업무를 보기 때문에 회사의 규모가 작다면 디자인 외의 잡무가 많은 회사들도 더러 있습니다. 규모가 큰 회사는 경우의 수는 덜하겠지만, 회사의 규모가 작다면 한정된 인원으로 회사가 해야 할 업무들을 처리해야 하기 때문입니다.

소규모의 인하우스는 디자이너 1인으로 유지하는 곳들도 상당수 있기 때문에 사수의 부재가 큽니다. 사수의 중요성을 잘 모르는 신입이라면 실무에서 일하며 경험치를 쌓는 것보다 지치는 것이 더 빠릅니다. 나보다 경험 많은 디자이너가 일하는 방법, 디자인을 풀어나가는 방법 등을 어깨너머로 경험하는 것도 배움이기 때문에 신입의 실력에서 크게 발전하지 못하는 불상사가 일어날 수도 있습니다.

스타트업

소규모이기 때문에 회사 성장에 필요한 디자인의 A to Z를 경험할 수 있는 곳입니다. 회사가 빠르게 성장할 경우, 직원의 처우개선과 연봉, 복지 등이 해가 다르게 업그레이드 되는 것을 느낄 수 있는 매력적인 곳입니다.

다만, 불안정한 환경인 경우가 많아 신입 디자이너가 스타트업에서 시작하면 사수가 없을 가능성이 높고, 디자인에 대한 핸들링 역량이 부족하면 버티기 힘들 수 있습니다. 또한, 최악의 상황을 고려하면 신입 디자이너가 스타트업에 취업하여 사수도 없이 고군분투하다 지쳐 퇴직하거나 회사가 하루아침에 문을 닫는 일도 생길 수 있습니다.

성장 가능성이 높고, 성장 속도가 빠른 스타트업은 디자인에 대한 충분한 경험을 갖춘 디자이너에게는 도전할 만한 회사이긴 하지만, 소규모의 한정된 인원은 신입이 빠르게 성장하며 일당백이 될 가능성보다는 체계 없는 주먹구구식의 업무 환경과 사수의 부재로 매우 힘든 환경일 가능성이 높기 때문에 추천하지 않는 편입니다.

체계 없는 회사

우리 회사는 체계가 없다

회사가 체계가 없다는 말은 회사원들이 많이 하는 단골 주제 중에 하나입니다. 디자이너도 다르지 않습니다. 보통의 디자이너들도 하는 일만 다를 뿐 똑같은 직장인이기 때문이죠. 그렇다면 객관적으로 회사의 체계, 프로세스라는 것이 정확히 어떤 것인가 하는 물음에 명확한 대답을 할 수 있는 사람이 몇이나 될까요?

회사에서 디자인 업무를 하는 데 있어서 체계가 있다는 것은 어떤 의미일까요? 디자인의 프로세스에 맞춰서 단계별로 진행하며 온전히 좋은 결과물을 낼 수 있는 체계가 확실하다는 것일 수도 있고, 타 부서나 클라이언트와 정확한 의사소통을 할 수 있도록 가이드가 마련된 것일 수도 있고, 하나의 프로젝트를 진행하는 과정에서 각 단계가 매끄럽게 흘러갈 수 있도록 단계별 과정의 모든 것이 종합된 것이라고 생각할 수도 있습니다.

브랜딩을 하는 회사를 예로 들자면 회사에서 정석적인 브랜딩 프로세스에 맞춰서 브랜드의 제품이나 서비스를 분석하여 전략을 도출하고 네이밍과 아이덴티티를 구축하며, 스토리를 만들고 고객에게 브랜드 경험을 기획하는 등의 브랜딩 프로세스를 온전하게 처음부터 끝까지 정해진 프로세스에 맞춰서 진행할 수 있는 회사가 과연 몇이나 될까요?

현실은 모든 클라이언트가 A부터 Z까지 디자인을 의뢰하지 않기도 하고, 필요한 디자인만 에이전시에 의뢰해서 해결하는 경우가 많기 때문에 작은 프로젝트들을 다수 진행하는 에이전시라면 명확한 프로세스를 갖추어 나가는 것보다 변수는 그때그때 대응하고 처리하는 것이 오히려 훨씬 현명할 수도 있습니다.

프로세스는 회사가 됐든, 프로젝트가 됐든 규모가 커질수록 중요해집니다. 따라서 규모가 작은 프로젝트를 주로 의뢰받는 소규모 에이전시에서는 프로세스의 필요성이 크지 않습니다. 현실적으로 큰 규모의 에이전시보다는 작은 규모의 에이전시가 압도적으로 많습니다. 그렇기 때문에 규모가 상대적으로 작은 회사에 다니는 디자이너들이 많은 것이죠.

프로세스가 없다고 불만을 표현하는 이유는 앞서 언급했던 것처럼 명확한 프로세스의 필요성이 그다지 필요하지 않은 회사들이 많고, 사실상 회사의 모든 부분에 프로세스를 만들 수도 없으며, 프로세스의 필요성이 중요하지 않은 작은 회사에 다니는 디자이너들이 많기 때문입니다.

종합해 보면, 브랜딩을 주로 하는 에이전시라고 해서 입사했는데 제품 설명과 회사 이름만 듣고 주먹구구식으로 로고만 찍어

내는 회사일 수도 있고, 웹 에이전시라고 해서 입사했는데 개발자는 외주 인력으로 대체하고 템플릿형 홈페이지만 공장처럼 찍어내는 회사들이 많다고 하는 것입니다.

디자이너가 입사하면 본인이 하는 업무에 대한 프로세스의 문제점이 크게 보이지만, 입장을 바꿔 보면 회사의 대표나 결정권자에게 있어 디자이너가 문제를 인식하고 불만을 표출하더라도 회사의 운영에 있어 작은 부분에 불과하기 때문에 굳이 인력을 소모하여 고칠 필요가 없는 문제일 가능성이 높습니다.

프로세스에 문제가 있다면 문제에 대한 불만보다는 해결책을 정리하여 제안해보세요. 문제 상황이 발생했다면 얼마나 자주 발생되는지, 어떤 해결책이 있을지, 어떤 효과를 가져올지 정리하고 제안하는 것이 나도 함께 성장하는 현명한 방법입니다.

물경력 디자이너

첫 번째 이유. 발을 뺄 타이밍을 잡지 못하는 경우

회사에 잘못 입사해서 물경력이 됐다는 디자이너의 고민 글을 종종 봅니다. 디자인 업무가 단조롭고 퀄리티보다는 속도가 중요한 회사에서 일하는 디자이너라면 비슷한 고민을 할 것입니다.

퀄리티보다는 속도전인 회사에서 디자인 업무를 하면 신입 디자이너에게는 오히려 좋을 수 있습니다. 빨리빨리 쳐내는 것도 능력이기 때문이죠. 툴 숙달과 빠른 업무 처리 능력이 디자이너에게 필요한 능력인 것은 맞습니다. 다만, 이런 상황이 고착화되면 물경력이라는 매우 불편한 현실이 기다리고 있습니다.

빨리 발을 빼는 것도 능력입니다. 툴러가 아닌 디자이너로 성장하고 싶은 디자이너가 판단하기에 이 회사가 디자인을 풀어내는 방식이 기획 단계를 무시하고 비핸스, 핀터레스트, 해외 홈페이지 등의 레퍼런스만 참고하여 빠르게 디자인만 뽑아내야 하는 회사라면 곧바로 이직 준비를 해야 하는 것이 맞습니다. 오래 다녀봐야 경력만 쌓일 뿐입니다. 왜 이런 디자인이 나왔는지 이유와 생각은 생략된 채 보고 따라하기만 하는 디자인을 계속 하기 때문입니다.

확실하게 알아볼 수 있는 방법은 상사가 어떤 업무를 하는지 보면 됩니다. 나보다 경력이 높은 상사가 나와 크게 다르지 않은 업무를 하고 있다면 이 회사에서 경력이 쌓인다고 하더라도 새로 들어올 신입들과 똑같은 업무를 할 것은 뻔한 미래입니다.

문제는 신입의 경우에는 발을 빼야 하는 즉, 이직의 타이밍을 알기 어려울 수도 있다는 것입니다. 회사에서 힘들지 않게 디자인 업무들을 처내는 능력은 충분해졌는데, 물경력이라는 생각에 지레 겁먹고 이직을 택하기보다 회사에 남아 툴러로서 고착화되는 안타까운 경우도 있습니다. 그러므로 앞서 언급한 상황들이 분명한 회사라면 해당 회사에서 1년을 넘기는 것은 권하지 않습니다. 1년이 넘었다면 이직을 준비하고, 1년이 넘지 않았다면 1년 정도 틈틈이 디자인 공부를 하면서 경력을 채운 후 이직하는 것을 권합니다.

두 번째 이유. '열심히 안 해서'

사실 성장을 위해서는 어떤 직종, 어떤 직업이든 워라밸을 내려놓아야 성장이 빠릅니다. 돈을 쉽게 버는 방법은 없으며 아무것도 안 하고 편하게 사는 방법 또한 없다고 봐도 무방합니다.

무조건 워라밸을 추구하며 물경력을 걱정하는 디자이너들에게는 사실 할 말이 많지 않습니다. 성장을 원한다면 역량을 쌓기 위한 실행을 하면 됩니다. 모르겠으면 찾아보거나 자문을 구하면 됩니다. 필요하다면 주변 디자이너에게 도움을 청하기도 하고 디자이너 커뮤니티에 참여하여 스터디를 진행하거나 프로젝트를 진행할 수도 있습니다. 소소한 외주 작업을 하거나 개인 작업을 할 수도 있죠. 내 시간을 투자한다면 어떤 것이든 발전할 여지는 충분히 있습니다. 정말 심각한 수준으로 감각이 없어서 디자인적 발전이 힘든 사람이 아니라면 일정 수준 공부하고 경험을 쌓아 나가는 과정을 통해 최소한 물경력은 피할 수 있습니다. 신입이라면 수준 높은 디자인 작업들은 조금 힘들겠지만, 3년차 정도만 되어도 충분히 개인 작업이나 외주를 통해 내 디자인을 할 수 있습니다. 3년 정도의 경력이 된다면 특별히 가르침을 받지 않아도 피드백을 통해 충분히 좋은 디자인 작업을 할 수 있기 때문이죠. 따라서 신입 디자이너라면 학원보다는 스터디를 추천하고 2~3년 정도 실무를 경험했다면 개인 작업이나 외주, 디자이너 커뮤니티에서 팀을 이뤄서 진행하는 프로젝트에 참여하면서 포트폴리오와 경험 쌓기를 추천합니다.

많은 디자이너를 만나고 교류하지만, 대부분은 고민에서 끝나는 경우가 많았습니다. 퇴근 시간이 지나고 따로 내 시간을 투자해서 공부하지 않으면 신입, 경력을 불문하고 도태되는 것이 현실입니다. 디자이너가 아닌 개발자도 마찬가지고 퍼블리셔도 마찬가지입니다. 트렌드를 좇아야 하는 직업을 가진 사람들은 모두 똑같습니다. 멈추면 도태됩니다.

내가 다니는 회사를 욕하는 사람들

내 회사를 내가 욕하는 것은 내 얼굴에 침뱉기

항상 회사를 욕하는 사람들이 있습니다. 디자이너뿐만 아니라 다양한 직군, 회사의 규모 상관없이 불평불만을 넘어서서 개선의 노력은 하지 않고 맹목적으로 비난과 욕을 하는 사람들이 있습니다. 개인적으로는 어느 순간부터 그런 사람들을 멀리하기 시작했습니다. 이유는 부정적 감정은 전염되기 때문입니다.

술자리나 여러 사람들이 모인 자리에서 회사 욕을 하는 순간 다른 사람들도 나서서 회사를 욕하는 모습은 어디서나 쉽게 볼 수 있습니다. 한 명이 시작하면 어느 순간 모두가 본인들의 회사와 같이 일하는 동료들을 비난하고 욕하며 공감해 주길 바라는 모습을 보면 옆에서 제가 괜히 불편한 기분이 들기도 합니다.

가끔은 그럴 수도 있지만 진짜 문제는 매번 그렇다는 것입니다. 이런 사람들의 특징은 매사에 불평불만이 가득합니다. 좋은 점을 바라보기보다 안 좋은 것들을 먼저 찾아내고 비난합니다. 지인이 아닌 같이 일하는 동료라면 사내정치가 되고 파벌이 생기는 좋지 못한 결과들도 가져옵니다.

부정적 감정은 쉽게 전염된다
그리고, 나도 그렇게 될 수 있다

부정적 감정은 전파가 정말 빠릅니다. 안 좋은 경험들은 좋은 경험에 비해 기억에 강하게 각인되고 쉽게 잊히지 않습니다. 적정 수준의 연봉에 과도한 업무를 하지 않아 만족하며 다니고 있는 직장에서 선배 디자이너가 회사의 나쁜 얘기들만 매번 한다면 거의 대다수는 동조합니다. 규모와 직군을 떠나 비슷한 반응을 보입니다. 이런 얘기를 한다는 것은 공감대를 형성하고 같은 편임을 확인하는 행동들이기 때문입니다.

부족한 사람일수록 남에게서 부족한 점을 찾을 확률이 높습니다. 속 빈 강정 같은 것이죠. 회사의 무능한 직원을 욕하면 내가 능력 있고 대단한 사람이 되는 것 같은 착각을 주고, 회사를 욕하면 나는 언제든지 다른 회사로 갈 수 있을 것 같지만 대체로 능력이 없는 사람들은 대부분 말한 대로 실행하지 못합니다. 매번 씩씩거리며 이런 거지 같은 회사를 때려치고 이직한다고 오랜 시간 말로만 하는 사람들을 흔하게 볼 수 있죠.

나까지 그런 사람이 될 필요는 없다

직접적으로 반응하지 않는 것이 좋습니다. 나도 그 대상이 될 수 있기 때문입니다. 같이 일하는 동료를 흠잡아서 욕하는 뒷담화는 언젠가는 당사자의 귀에 들어가게 되어 있습니다. 뒷담화를 듣게 된 동료가 나를 싫어하게 되는 것은 불 보듯 뻔합니다. 싸움 안 나면 다행인 상황입니다. 좋을 것이 하나도 없습니다. 마이너스면 마이너스지 절대로 플러스가 되는 일은 없습니다.

만약, 같이 일하는 동료가 뒷담화를 시작하거나 회사 욕을 한다면 나의 생각을 구체적으로 드러내지 않는 것이 좋습니다. 다소 재미없는 얘기라는 반응을 보이는 게 가장 낫습니다. 적극적으로 말을 돌릴 필요도 없습니다. 그저 그런 얘기에는 크게 관심없다는 반응 정도가 제일 대응하기 편합니다. 동료이기 때문에 나까지 그런 사람이 될 필요는 없습니다.

회사를 욕하고 남는 것은 없다

저는 본인이 다니는 회사를 맹목적으로 비난하고 욕하는 사람들을 보면 이런 생각이 듭니다. '더 좋은 곳으로 이직할 능력이 되면 이직을 하면 될 텐데.' 개인적으로 부정적 분위기는 굉장히 경계합니다. 실제로 저와 운영진 분들이 함께 운영 중인 디자이너 커뮤니티의 공지사항 중 이런 내용이 있습니다. '불평, 하소연, 비난 등 부정적 분위기 조성 금지' 해당 공지 위반 시에는 경고, 심할 경우 강퇴 조치를 하고 있습니다.

맹목적인 비난에 남는 것은 없습니다. 할 말 했다는 후련함만 남습니다. 성장하는 사람은 문제점을 발견하면 비난부터 하기보다는 어떻게 해결해야 할까를 먼저 생각합니다. 예를 들면 이런 것입니다. 기획자와 대화가 통하지 않는 상황이라면 '나에게 설득 능력이 부족한 것은 아닐까? 기획자를 어떻게 설득해야 효과적으로 설득할 수 있을까?'와 같은 의문으로 시작해 나름대로 조언도 구해보고 검색도 해보는 것이죠.

성장하는 사람들은 타인의 좋지 못한 점은 반면교사로 삼고, 좋은 점은 배워서 내 것으로 만듭니다. 나의 힘으로 해결할 수 없는 일이라면 어쩔 수 없지만, 충분히 해결해 볼 기회가 있다면 적극적으로 해결을 위한 행동을 하는 사람들이 멋진 사람들인 것처럼 성장을 위해 어떤 것에서든 배울 점을 찾는 것이 나의 성장에 훨씬 좋은 일입니다.

저는 인쇄할 줄 모르는데요?

회사는 이익집단이다

인하우스 디자이너는 회사의 이익을 위해 자체 브랜드의 제품을 제작하거나, 서비스를 제공하는 데 필요한 디자인을 담당합니다. 회사의 제품이나 서비스가 새로운 분야로 확장될 경우, 이에 필요한 다양한 디자인 작업을 수행하게 되며, 이는 회사의 성장과 직결됩니다. 예를 들어, 웹 에이전시에서도 회사에 충분한 이익을 가져다줄 경우, 진행 중인 프로젝트에서 파생된 패키지 디자인이나 인쇄물 디자인 등 다양한 분야의 디자인 작업을 맡을 수 있습니다.

반면, 에이전시 디자이너는 클라이언트의 의뢰를 받아 디자인 서비스를 제공하며 매출을 창출합니다. 웹 디자인을 전문으로 하는 에이전시의 경우, 다양한 클라이언트의 요청에 따라 여러 분야의 웹 디자인 작업을 주로 맡게 됩니다. 인하우스 디자이너가 하나의 프로젝트를 처음부터 끝까지 책임지고 진행하는 것과 달리, 웹 에이전시는 전체 디자인 중 웹에 필요한 부분만을 담당하는 것이 큰 차이점입니다. 이는 에이전시 디자이너가 보다 전문화된 역할을 수행하며, 다양한 클라이언트와의 협업을 통해 폭넓은 경험을 쌓을 수 있음을 의미합니다.

하지만 경우에 따라서는 웹 에이전시라고 하더라도 클라이언트의 요청에 따라 다른 부분도 프로젝트에 포함하여 진행하는 경우도 충분히 발생할 수 있습니다. 회사에 이익이 된다고 생각한다면 조금 부족한 부분이라도 충분히 진행할 수 있다고 판단하여 함께 진행할 수 있습니다. 회사 입장에서 내부의 디자이너가 배워서 처리하는 것이 외주로 추가비용을 지출하는 것보다 합리적이라고 생각이 드는 것은 당연합니다. 추가비용은 회사에 손실이기 때문입니다.

따라서 '웹 디자이너로 입사했는데 패키지를 시킵니다.'와 같은 경우는 매우 흔한 경우입니다. 웹 디자이너로 입사했는데 해보지도 않은 인쇄물을 담당하게 되는 경우, 반대로 패키지나 인쇄물 위주의 디자인을 하는 에이전시 디자이너가 갑자기 웹 디자인을 맡아서 하게 되는 경우도 있습니다. 이 경우는 회사의 규모가 작고 영세할수록 발생할 확률이 높습니다.

다른 업무를 시켜서 스트레스를 받는다면
이렇게 생각해 보기

매번 너무 다른 종류의 디자인을 하는 경우가 아닌 가끔 발생하는 경우이거나, 회사가 새로운 도전을 하는 것이라면 베타테스트를 한다고 생각해 보는 것도 좋은 방법입니다. 디자인을 따로 배우거나 개인 시간을 들여 작업하는 경우가 아니라면 생각보다 타 분야의 디자인을 접해볼 기회는 많지 않습니다.

어차피 책임은 회사에 있습니다. 회사가 무리해서 다른 분야까지 맡았다가 프로젝트가 망가지는 최악의 경우라도 최종 책임은 회사에 있기 때문에 심각하게 부담을 가질 필요는 없습니다. 처음 하는 것이라면 회사 측에 전문 분야가 아니라서 힘들다는 사실을 충분히 인지시키고 부담 없이 진행해 보길 바랍니다.

의외의 성공 경험, 실패 경험은 모두 내 경력과 경험으로 쌓입니다. 그 경험으로 언젠가 발생할 문제 상황을 해결하게 될 수도 있습니다. 지금 당장은 스트레스 받고 짜증나는 일일 수도 있지만 다른 분야의 디자인 경험도 나의 성장에 충분히 좋은 영향을 줄 수 있는 경험입니다.

회사에서 함께 일하기 좋은 디자이너

당연하게도 일을 잘하는 일잘러들이다

이런 사람들과 프로젝트 진행을 하면 항상 잡음이 없습니다. 문제 상황이 발생할 것 같으면 미리 인지하고 알맞게 문제 상황을 해결합니다. 어떤 일을 해도 휘둘리지 않고 협력 관계를 잘 유지하며 맡은 일들을 매끄럽게 처리합니다. 이런 사람들은 업무적인 평판과 더불어 개인의 평판도 대체로 좋습니다.

표현이 다소 올드하지만 사람 자체가 굉장히 나이스합니다. 일적으로 만나도 좋은 느낌을 주는 사람들입니다. 매너도 좋고 상대방을 배려하는 행동들이 디폴트값인 것처럼 행동합니다. 우물쭈물하거나 소심해 보이지 않고 어딘가 자신감도 있어 보이는데, 같이 지낼 때 신뢰를 주는 느낌을 많이 받습니다.

불평불만보다는 긍정적이며 탓하지 않는다

부장님 때문에, 대표님 때문에, 부하직원이 일을 제대로 못해서 등의 책임 전가, 불평불만이 없습니다. 디자인 팀에 소속된 디자이너들은 흔히 영업팀이 거지 같은 프로젝트를 가져와서, 기획팀이 방향성을 이상하게 잡아서 등등의 이유로 타 팀과 갈등의 골이 깊은 경우가 많습니다.

같은 목표를 가지고 같은 프로젝트를 진행하니 상호 협력을 해야 하는데, 프로젝트를 진행할 때마다 매번 갈등의 골이 깊어집니다. 제가 보기에는 커뮤니케이션 문제라는 생각이 듭니다. 같은 말도 기분 상하지 않게 충분히 협의할 수 있는데, 서로 양보하지 않는 것처럼 비춰지는 경우가 많은 것 같습니다.

일을 잘하고 나이스한 사람들은 수용할 줄 알고 제안도 잘합니다. 협의 과정에서도 상대방의 기분이 상하지 않도록 말을 하는 센스도 있습니다. 이를테면 피드백을 할 때에도 '그 시안 별로예요'가 아니라 '~~점은 좋은데, 방향성이 조금 벗어난 것 같아서 ~~한 점이 조금 더 잘 보일 수 있도록 수정해 보는 것은 어떨까요?'와 같이 말을 하는 것입니다.

나쁜 점과 불만스러운 점을 먼저 말하지 않는 것이 좋습니다. 좋은 점을 먼저 찾고, 개선점을 제안하는 방식으로 피드백을 한다면 피드백을 받는 사람이 공격을 받는다는 생각이 들거나 반감이 생기지 않습니다. '아 다르고 어 다르다.'라는 말처럼 같은 의견을 전달하더라도 표현 방식에 있어 상대방으로 하여금 배려받고 인정받고 있다는 느낌을 주는 것이 좋습니다. 사실 여부를 떠나 '내가 맞고 네가 틀렸다.'를 말한다면 상대방은 '네가 틀렸다.'라고 답할 것입니다.

맡은 것을 책임감 있게 처리한다

책임감이 높은 사람들은 같이 일하는 동료에게도 신뢰를 심어줍니다. 믿을만한 사람이 되는 것입니다. 이런 사람들은 비록 수직관계일지언정 사람과의 관계에서도 책임을 집니다. 팀원의 실수를 책임지고 커버하는 팀장이 있다면 해당 팀은 그렇지 못한 타 팀에 비해 결속력이 좋은 것은 말할 필요도 없습니다.

신뢰와 책임감이라는 것은 큰 자산입니다. 나를 대체하기 힘든 디자이너로 만드는 것에 필수적인 요소이기도 합니다. 종종 외주를 의뢰하시는 소규모 광고 대행사 대표님의 사무실에 미팅을 겸해서 방문했을 때 했던 대화 중, 더 낮은 페이로 작업할 수 있는 디자이너가 있음에도 저와 함께 일하는 이유 중 하나가 바로 책임감이라고 하셨던 적이 있습니다.

다소 빡빡한 일정과 넉넉지 못한 예산에도 이렇게까지 일을 도와주었던 사람이 없었다고 하시며 페이에 대해 제가 먼저 말을 꺼내지 않았음에도 다음에는 작업비로 조금 더 챙겨줄 수 있게 해준다는 약속까지 먼저 하셨습니다. 그 뒤의 프로젝트에서 약속대로 더 챙겨주셨습니다. 인간관계에서의 책임, 일에서의 책임 모두 나에 대한 신뢰감을 만듭니다. 나는 신뢰할 만한 사람인지 한번쯤 돌아보는 시간도 필요합니다.

선을 잘 지킨다

회사 동료와 선후배 관계에서 너무 친해지거나 사생활을 오픈하는 것은 최대한 지양하는 것이 좋습니다. 회사는 일을 하는 곳이지 친목을 다지는 곳이 아닙니다. 공적인 영역에 사적인 영역이 비집고 들어가면 좋지 못한 일들이 발생할 수도 있습니다.

나의 사생활이나 약점 등을 노출하는 것은 뒷담화나 불이익의 물꼬가 될 수 있습니다. 회사 내규에 겸업 금지 조항이 있는데 친한 동료와 이야기를 나누다가 외주를 한다는 사실을 얘기했을 때, 이 사실은 더이상 둘만의 비밀이 아니게 될 수 있다는 점입니다.

조직에서 소문은 생각보다 빠르고 와전될 가능성도 상당히 높습니다. 제 경우지만 오랜만에 거래처의 대표님을 만나 뵐 일이 있었는데, 근황 얘기를 나누다 보니 이상한 얘기가 나왔습니다. 제가 요즘 돈을 잘 벌며, 여자친구가 계속 바뀐다는 황당한 얘기였습니다. 아마도 한다리 건너서 가끔 같이 일하는 실장님과의 대화가 이상하게 와전된 듯합니다.

너무 거리감을 만드는 것이 아닐까 걱정하지 말고, 적당한 선을 잘 유지하고 민감할 수 있는 사생활 노출은 최대한 하지 않는 것이 좋습니다. 개인 사생활보다는 누구에게나 얼마든지 있을 만한 일들로 적당히 얘기하는 것이 낫습니다.

마찬가지로 개인의 선도 중요하지만 업무의 선도 잘 지켜야 합니다. 많이 발생하는 상황 중 하나로, 무리하는 게 뻔한 상황에서 동료가 도와달라는 말에 거절하지 못하고 일을 맡아버리는 경우가 있습니다. 회사에서 일어나는 일들은 항상 변수로 가득하기 때문에 서로 돕는 것은 당연합니다. 하지만 내가 원래 담당했던 일들을 처리하지 못할 정도로 부탁을 들어주는 것은 절대 해서는 안 되는 일입니다. 최악의 경우 데드라인을 맞추지 못하거나 작업 퀄리티 저하라는 큰 문제를 맞이하게 될 수도 있습니다.

거절을 너무 무서워하면 안 됩니다. 무언가 도와달라는 부탁을 받거나 무리할 것이 분명한 상황에서 업무 분장이 제대로 이루어지지 않는다면, 지금 상황을 간략하게 설명하고 한 번 더 확실하게 체크해보고 말씀드린다고 우선 전달합니다. 이후 어떠한 이유로 인해 할 수 없는지 재전달하는 것이 베스트입니다. 확인도 안 하고 못한다는 오해를 만들 일도 없어지는 것입니다.

저도 마찬가지로 어려운 부탁이나 당장 답하기 곤란한 견적 또는 수정 등의 요청이 오면 확인 후 30분 이내로 다시 연락을 드린다고 말합니다. 그리고 해당 사항을 정리하여 명확하게 재전달합니다. 문자나 카톡처럼 증거가 남지 않는 유선 통화를 한다면 해당 내용을 문서화하여 다시 한번 전달합니다. 인간관계의 선을 잘 지키는 일도 중요하지만, 그만큼 중요한 일이 선을 지키는 나이스한 거절입니다.

회사는 학교가 아니다

'회사에서 배워야지' 하는 마인드는 좋지 않다

　회사에서는 당연히 일을 시키기 위해 가르쳐주긴 합니다. 가르쳐야 일을 할 수 있으니까요. 문제는 학교나 학원처럼 모두가 친절하게 가르쳐주지 않습니다. 사수가 있더라도 사수는 회사의 업무가 먼저이지, 후배를 가르치는 것이 먼저가 아닙니다. 회사에서 전혀 가르쳐주지 않는다는 불만들을 종종 볼 수 있는데 명심해야 합니다. 회사는 돈을 벌기 위해 다니는 곳이지 디자인을 배우러 가는 학교가 아니라는 사실을요.

　회사는 학교가 아니므로 잘 배우려면 때로는 눈치도 봐야 합니다. 사수나 상사가 언제 여유가 있는지, 가르쳐주는 것에 인색한지 아닌지, 성격은 어떤지 등의 성향과 상황을 잘 파악해서 질문하는 게 좋습니다. 예를 들어 패키지를 진행하고 있는데 박스를 어떤 것으로 하는 게 좋은 선택인지 잘 모르겠다면, 바로 물어보는 것이 아니라 검색해보고 그 이후에도 헷갈리거나 잘 모르겠는 부분을 메모해놓고 질문하는 것입니다.

다만, 지금 진행 중인 디자인 작업에 관한 것이라면 헷갈리거나 문제가 발생할 것 같은 부분은 바로 문제 상황을 알리고 해결하는 것이 좋습니다. 뭔가 애매하거나 잘 모르겠는데 급하니까 맞겠지 하는 생각으로 진행하면 대참사가 기다리고 있습니다. 특히 인쇄나 패키지 등의 실제 제작물을 만드는 작업이라면 아주 사소한 문제가 있더라도 바로바로 해결 방법에 관한 질문을 하거나 사실을 알려야 합니다.

배우기 위해서는 질문도 잘해야 합니다

개인적으로 질문을 받았을 때 가장 먼저 드는 생각은 '문제 해결을 위해 얼마나 깊이 있게 고민을 했을까?'라는 것입니다. 빠르게 성장하는 디자이너와 그렇지 않은 디자이너는 질문 수준에서 매우 큰 차이가 납니다. 운영 중인 디자이너 커뮤니티에서는 여러 분야의 디자이너들이 질문과 답변을 하고 있는데, 질문의 유형을 4가지 정도로 정리하면 아래와 같습니다.

1. 검색해도 충분히 확인 가능한 기초적인 수준의 질문(feat. 스무고개)

2. 검색 후에도 의문이 해소가 되지 않아 상황 설명과 함께 도움이나 자문을 구하는 질문

3. 자신의 경력이나 직무 분야에서 쉽게 알기 힘든 질문을 나름대로 고민해 보고 정리한 후에 하는 질문

4. 경험이나 알고 있는 것이 있지만, 다른 디자이너들의 시각이나 의견 또는 다른 방법이 궁금해서 하는 질문

    회사에서는 사수나 상사의 성격이 아무리 좋더라도 1번 유형의 질문은 피하길 바랍니다. 이런 기초적인 수준의 질문 누적은 질문자의 수준을 안 좋게 인식시키기 딱 좋습니다. 제가 운영 중인 커뮤니티에서도 1번 유형의 질문을 금지하고 있습니다. 답변자로 하여금 피곤함을 유발하기 때문입니다. 커뮤니티 내부에서도 1번 유형의 질문을 막는 입장에서, 회사의 후배가 매번 수준 낮은 질문으로 스무고개와 피곤함을 유발한다면 좋게 볼 리가 없습니다.
    최소한 검색을 해보거나 충분히 생각한 후에 질문하는 것이 좋습니다. 상황 설명을 통한 질문이 명확할수록 답변도 명확하며, 질문 하나에서도 질문하는 사람의 수준이 보입니다. 회사에서 사수나 상사에게 질문을 할 때에는 2번~4번 유형 사이에서 질문하길 바랍니다.

회사에서 배울 수 없는 부분들은 알아서 배워야 합니다

    알아서 배우는 사람과 시키는 것 또는 해야 하는 것만 하는 사람은 차이가 있을 수밖에 없습니다. 단기적으로는 큰 차이가 보이지 않지만, 장기적으로 봤을 때 성장 속도 측면에서 매우 차이가 납니다.

자신의 직무 또는 모르는 것들을 깊게 파며 디깅하는 디자이너는 회사에서 무언가 배운다면 그것을 파고듭니다. 계속 파고들어서 깊이를 배우고 새로운 것들을 접합니다. 예를 들자면 회사에서 패키지 디자인을 처음 맡아서 단박스를 제작할 때, 시키는 일만 하는 디자이너는 진행하기로 한 단박스의 사양대로 디자인하고 제작하는 것에서 끝납니다. 딱 진행했던 디자인까지만 배웁니다.

　하지만 깊게 파고드는 디자이너들은 단박스에 적용해볼 수 있는 후가공이나 인쇄 기법, 코팅의 종류, 활용 가능한 지류, 다른 종류의 지류 패키지 등등 깊게 파며 사례를 찾아보고 공부합니다. 다음에 패키지를 진행할 때 아이디어를 내볼 수도 있고, 사수나 상사와 대화를 하다가 저번에 했던 패키지의 어떤 부분에 부분코팅을 넣었어도 예쁠 것 같다는 말로 열정적인 모습을 은근하게 노출할 수도 있습니다.

　패키지를 예시로 들었지만 성장하는 디자이너들은 모르거나 막히는 부분이 발생하는 시점에서 이미 성장하고 있습니다. 파고드는 디깅을 이미 실행하기 때문입니다. 특정 부분이 약하다는 생각이 들면 해당 부분을 직접 찾아보고 활용하여 디자인해 보고 다른 사례들도 찾아봅니다. 개인 시간을 들여서라도 배우고 내 것으로 만듭니다. 단지 눈으로만 보고 끝내지 않습니다.

입사를 피해야 하는 회사

저는 회사에 대한 기억이 좋지는 않습니다. 물론 회사 경험을 통해 많은 것을 배웠고 성장할 수 있었지만 좋지 않은 기억들이 더 크기 때문인지도 모르겠습니다. 첫 회사에서는 2년간 최저시급 수준의 연봉으로 디자이너 생활을 했고, 두 번째 회사는 망해서 퇴직금을 받지 못하여 고용노동부에 진정을 넣고 결국 소액체당금 제도를 통해서 퇴직금을 받았습니다.

당장 취직, 돈이 급해서 취직을 해야 하는 상황이라면 조금 더 생각해 보는 것이 좋습니다. 제 경험과 제 주변 다수의 디자이너들의 경험을 토대로 되도록 피해야 할 회사를 정리해 보았습니다.

상시근로자 5인 미만 회사

5인 미만으로 사업장을 쪼개는 회사

일반적인 상시근로자 5인 미만 사업장의 경우 근로기준법에 미적용 항목이 있습니다. 문제는 이를 악용하는 사업주들이 있다는 것입니다. 영세한 규모라고 해서 무조건 피해야 하는 회사는 아니지만 의도적으로 회사를 나누어 법을 피해 가려는 사업장은 주의해야 합니다. 상시근로자 5인 미만 사업장이 제외받는 조항 5가지(2023년 기준)는 다음과 같습니다.

- 정당한 이유 없이 해고를 당해도 부당 해고 구제 신청이 불가능합니다.
- 법정근로시간(1일 8시간, 1주 40시간)이 적용되지 않습니다.
- 연장, 야간, 휴일 근로 가산 수당을 합법적으로 지급하지 않을 수 있습니다.
- 유급 연차휴가를 부여하지 않을 수 있습니다.
- 직장 내 괴롭힘에 대해 노동청 진정 제기가 불가능합니다.

상시근로자 5인 미만이라도 연차나 야근에 대한 수당을 지급하는 회사들도 있지만, 이를 피하기 위해 의도적으로 5인 미만 사업장으로 쪼개놓은 회사는 직원 입장에서 좋을 것이 없습니다. 보통 이런 회사들은 겉으로 보기에는 5인 이상이 상시 근무 중이지만 가족의 명의 혹은 타인의 명의로 사업자를 두 개 이상으로 만들어 쪼개놓아 사실상 직원들이 소속된 회사가 서로 다른 경우입니다. 저 또한 상시근로자 5인 미만 사업장에서 근무를 한 경험이 두 번이나 있지만, 눈치라도 보면서 연차를 쓰는 게 부러울 정도로 아프거나 다쳐서 출근이 불가능한 경우를 제외하고 3년간 연차를 써본 적이 없었습니다. 마찬가지로 야근수당이나 성과금 같은 수당을 받은 적이 단 한 번도 없었습니다. 영세사업장 혜택을 받고, 실질적으로 불리한 부분을 회피하려는 회사는 피하는 것이 좋습니다.

퇴직금 포함 연봉
12로 나누지 않고 13으로 나누는 연봉

퇴직금 포함 연봉을 왜 걸러야 하는지 알기 전에 먼저 연봉을 이루는 요소에 대해 간략하게 알아보겠습니다.

기본급 / 수당 / 성과금
- **기본급(기본임금)** : 월급으로 보장된 금액
- **수당, 상여금(보너스)** : 명절이나 휴가 시 지급
- **성과금(인센티브)** : 성과에 따라 지급하는 급여

연봉은 크게 3종류의 급여 합산으로 이루어집니다. 이 중 가장 중요한 부분은 '기본급'입니다. 기본급은 근로를 하며 특별히 큰 성과를 내지 않아도 보장된 금액으로, 이직할 때 가장 중요하게 영향을 미치는 부분입니다. 절대적인 판단 요인은 아니지만 이직 시 직전 연봉의 '기본급'은 이직을 하려는 회사에서 이전에 내가 얼마의 금액으로 일을 했었는지, 어느 정도의 노동력 가치를 지녔었는지 판단하는 기준이 됩니다.

- 퇴직금 미포함 연봉 3,600만 원

  → 3,600만 원 ÷ 12개월 = 월급 300만 원

- 퇴직금 포함 연봉 3,600만 원

  → 3,600만 원 ÷ 13개월 = 월급 276만 원

만약 이전 연봉이 3,600만 원이었다면, 12로 나눈 금액인 300만 원이 기본급입니다. 퇴직금 포함 연봉이라면 13으로 나눈 금액인 약 276만 원이 기본급이 됩니다. 13으로 나눈다면 실제 연봉은 3,600만 원이 아닌 약 3,312만 원이 되는 것입니다. 결국 연봉을 높아 보이게 하려는 일종의 편법입니다.

개인적으로 연봉으로 말장난을 하는 회사는 근로자에게 정당한 대우를 해주는 회사가 아니라고 생각합니다. 연봉을 12로 나누는 것이 아닌 퇴직금을 포함하여 13으로 나눈다고 설명하는 회사는 거르는 것이 맞습니다. 정식 입사 전 근로계약서를 작성할 때에도 무턱대고 사인할 것이 아니라 연봉 부분은 꼼꼼히 확인해야 합니다. 면접 때 협의된 금액이 아닌 다른 금액이 근로계약서에 명시되어 있다면 뒤도 돌아보지 말고 입사 취소를 해야 합니다.

연봉에 국가 지원금 금액 포함
청년내일채움공제와 같은 국가 지원금은 연봉과 별개

구직자가 지원하면 좋은 청년 지원 제도 중의 하나인 청년내일채움공제는 2년간 국가 지원금과 기업 기여금, 근로자 적립금을 합쳐서 목돈 1,200만 원을 모을 수 있도록 국가에서 지원해 주는 제도입니다. 하지만, 구인 공고나 면접 이후 연봉을 협상할 때 청년내일채움공제를 포함한 연봉이 ~~만 원 수준이라고 설명한다면 되도록 피하는 것이 좋습니다.

- **청년내일채움공제 포함 연봉 3,600만 원**
  → 실제 연봉 3,000만 원

청년내일채움공제를 포함한 연봉이 3,600만 원이라면 청년내일채움공제를 제외한 실 연봉은 3,000만 원이 되는 셈입니다. 합계 금액만 보고 덜컥 지원하면 낭패를 볼 수 있습니다. 국가 지원금을 회사에서 지급하는 연봉에 포함되는 것처럼 공고를 올리거나 면접 자리에서 설명하는 것 자체가 문제의 소지가 큽니다. 지원금과 연봉은 별개라는 것을 꼭 기억하길 바랍니다.

발전 없는 개인 회사

발전 없는 개인 회사를 피해야 하는 이유

기업 정보 확인을 꼭 해야 합니다. 기업 정보에 직원 수, 매출액, 업종, 설립 연도 등 기본적인 회사의 정보가 있어야 하는데, 공란이 대부분인 개인 회사들이 있습니다. 작은 규모의 개인 회사라고 할지라도 대표자의 운영에 따라 좋은 회사도 얼마든지 있습니다. 하지만 정보조차 제대로 나오지 않는 회사라면 추천하지 않습니다.

특히 설립 연도가 10년 전인데 직원 수는 그대로 3~4명이고 매출액 변동도 없는 상태로 오래 유지된 회사는 발전이 없는 회사이므로, 성장을 원한다면 피하는 게 좋습니다. 취업하더라도 제대로 된 정보가 있는 회사에서 일하는 것을 권장합니다.

작은 개인 회사일수록 업무의 체계가 없고 대표 마음대로 운영하는 경향이 있을 확률이 높습니다. 직원들이 뜯어말리던 거래처 재고관리를, 일감을 몰아준다는 말뿐인 약속에 인수인계도 제대로 없는 상태로 떠안아 결국 택배, 행낭 발송, 재고관리, 디자인 업무, 인쇄 납품까지 전부 제가 했던 기억이 있습니다.

어처구니없는 운영 방식과 운영 철학 자체가 없는 회사의 낌새가 조금이라도 보인다면 나의 시간을 투자하며 다닐 필요는 없습니다. 결과는 상처만 남은 퇴사가 될 수 있습니다. 무조건적으로 개인 회사를 가지 말라는 말은 아니지만, 가능하다면 되도록 성장 중인 법인회사를 가는 편이 좋습니다.

법인회사를 확인하는 방법은 회사명을 확인하는 것입니다. 회사명에 '(주)' 혹은 '주식회사'란 말이 붙는다면 법인회사입니다. 간혹 회사명에 주식회사를 빼놓는 경우도 있으니 인터넷 등기소(http://www.iros.go.kr/) [법인등기]-[열람하기]-[전체 등기소]-[상호 검색]으로 찾아보는 방법도 있습니다.

계약직 이후 정규직 전환
가능 or 검토는 신중하게 선택하기

일정 기간(3개월~2년) 계약직 혹은 인턴 이후 '정규직으로 전환을 한다.'가 아닌 '정규직 전환 가능' 혹은 '정규직 전환 검토'라고 구인하는 회사는 심사숙고하는 것이 좋습니다. 계약직에서 정규직으로 전환을 해줄 가능성이 있다는 말로 사회 경험이 부족한 초년생들에게 희망을 심어주고, 계약 기간이 만료됨과 동시에 '아쉽지만, 정규직 전환으로는 어렵겠다'라는 말을 끝으로 새로운 계약직을 뽑는 경우도 있습니다.

계약직은 계약직일 뿐 회사 입장에서는 인턴이나 계약직에게 높은 임금을 제시할 필요도 없고 마음에 안 들면 계약이 끝나기도 전에 해고하기 편하니 소모품 교체하듯이 인원을 갈아치웁니다. 이런 악덕 업주들은 어느 정도 사회생활을 해본 경력직들에게는 통하지 않으니 사회 경험이 부족한 신입이나 주니어 디자이너를 대상으로 이런 행위를 많이 자행합니다. 잘하면 정규직으로 전환해 준다는 회사의 말을 의심 없이 믿었다가 배신당하지 않기를 바랍니다.

채용 공고가 자주 올라오는 회사
3명이 입사하면 5명이 도망가는 회사

구직 활동을 하다 보면 항상 보이는 상시 구인을 하며 채용 공고 게시를 자주 하는 회사들이 있습니다. 채용 공고를 자주 올리다면 사세 확장보다 높은 확률로 기존의 직원들이나 신입들이 자주 퇴사하는 경우입니다. 혹시나 하고 지원했다가 역시나 하고 퇴사할 확률은 나에게도 적용됩니다. 1년 동안 채용 공고를 얼마나 자주 올렸는지 체크하고 인원 충원인지, 회사의 성장에 따른 사세 확장인지 잘 확인해야 합니다.

퇴사율이 50% 이상이라면 지원을 재고하는 게 좋습니다. 힘들게 입사한 회사에서 퇴사하는 사람들의 숫자가 많다면 내부적으로 문제가 많은 회사일 가능성이 큽니다. 제대로 운영되지 않는 회사에 입사한다면 이전에 퇴사했던 사람들과 같은 이유로 퇴사하게 될 가능성이 큽니다.

원티드인사이트(insight.wanted.co.kr)를 활용하여 입사율 대비 퇴사율을 체크해서 50%가 넘는 수치가 나온다면 입사를 피해야 하는 회사입니다. 스타트업의 경우 기존의 회사들보다 조금 더 높은 편이 맞지만 업력이 짧지 않은 회사인데 퇴사율이 높은 경우는 지원 자체를 보류하는 편이 좋습니다. 다수의 사람들이 퇴사하는 데에는 이유가 있습니다.

장비가 노후화된 회사

디자이너는 컴퓨터가 없으면 디자인을 할 수 없습니다. 즉 디자이너에게 컴퓨터는 필수품입니다. 그런데 몇몇 자리가 아닌 대부분의 자리에 설치된 컴퓨터와 모니터가 노후화된 경우 되도록 입사를 피하는 것이 좋습니다.

이런 회사의 특징은 완전히 고장 난 경우가 아니라면 업그레이드해주거나 교체해 주는 일이 거의 없습니다. 업무가 원활히 돌아가기 위한 최소한의 장비조차 지원해 주지 않는 회사일 가능성이 매우 큽니다. 실제로 지인인 디자이너는 하드디스크 용량이 부족한데 외장하드를 구입해 주거나 하드디스크 추가 설치를 해주지 않아서 개인 외장하드를 회사에서 사용하는 경우도 있었고, 입사 당시 컴퓨터 자체가 없어서 구입할 때까지 당분간 개인 노트북을 회사에서 사용하라고 했던 경우도 있었다고 합니다.

면접에 가게 된다면 사무실의 환경이나 컴퓨터 등 디자인 작업에 직접 영향을 주는 요소들을 직접 눈으로 확인해 보시기 바랍니다. 개인적인 팁이지만, 규모가 작은 회사라면 화장실을 꼭 확인해 보는 것도 방법입니다. 필요한 장비조차 제대로 지원되지 못하는 회사는 회사의 매출이나 경영자의 마인드 등에 문제가 있는 회사일 경우가 매우 높습니다. 업무를 위한 필수 장비조차 제대로 지원해 주지 못하는 회사는 피하는 것이 맞습니다.

우리가 회사에 취업하는 이유는 돈을 벌기 위함이지만, 돈만 벌기 위해서 회사에 다니지는 않습니다. 성장에 목마른 디자이너라면 회사에서 뭔가를 배우고, 발전하는 과정의 경험을 위해서 연봉을 조금 포기하더라도 배울 점이 있는 회사를 찾기도 합니다.

내가 생계를 유지할 수 있고 배울 점이 많은 곳에서 일하는 게 나에게도 좋습니다. 회사는 잠깐 다니는 게 아니니 급하다고 아무 회사에 덜컥 취업하지 말고, 조금만 더 여유를 가지고 내가 일할 곳을 잘 알아보고 취업하셨으면 좋겠습니다.

퇴사의 기준점은 1순위 정신을 포함한 건강, 2순위 나의 발전 가능성, 3순위 연봉과 복지입니다. 정신을 포함한 건강이 무너지면 아무리 발전 가능성, 연봉과 복지가 좋아도 소용이 없습니다. 2순위인 나의 발전 가능성이 좋지 못하다면 연봉과 복지가 좋더라도 물경력이 될 것이 뻔해집니다.

그러므로 1순위를 최우선으로 놓고 2순위와 3순위 중 어떤 것에 가치를 더 부여할지 결정한 후 충분한 고민을 해보고 퇴사나 이직을 생각해야 합니다. 퇴사에는 이유가 명확히 있어야 합니다. 퇴사에 이유가 있어야 그 뒤에 새로운 회사에 입사하더라도 내가 정한 이유에 따라 흔들리지 않을 수 있습니다.

퇴사 or 이직을 해야 할 때

직원을 기계 부품처럼 갈아 넣는 것이 분명할 때

이 경우는 인력 충원이 반드시 필요하여 회사 측에 요청을 했음에도 적은 인원으로 많은 업무를 처내야 하는 상황이 길어지는 경우에 해당합니다. 두 명이 해야 할 일을 혼자 매일 야근하며 간신히 버티는 중인데도 인력 충원이 이루어지지 않는다면 퇴사가 맞습니다. 100% 확률로 몸 상합니다.

회사는 당연히 인건비를 줄이는 것이 매출을 늘리는 것에 도움이 되므로 직원이 몸 상해가며 열심히 일한다고 하더라도 회사 운영에 문제가 발생하지 않는다면 추가 비용을 늘려가며 인력 충원을 해주지 않는 경우가 많습니다.

제 경우에는 리터칭이 주력이기 때문에 지인 디자이너들을 통해서 종종 외주 의뢰를 받습니다. 주로 회사 내부의 디자이너들이 충분한 퀄리티를 뽑아내기 어려운 수준의 작업들입니다. 간혹 외주를 맡기는 것이 비용 부담이 된다며 자체적으로 해결해 보려고 했으나, 며칠간 야근을 하며 작업을 해도 클라이언트가 원하는 퀄리티가 나오지 않아 외주를 맡기는 경우도 있습니다.

안 그래도 업무량이 많아 야근을 자주 하는데, 회사 내부에서 해결 불가능한 업무가 발생할 때 내부 인력으로 무리하게 야근과 철야를 불사하며 진행하는 경우가 자주 있다면 내가 부품처럼 소모되고 있지는 않은지 확인해 보기 바랍니다.

사람이 너무 힘들 때

사람이 좋지 못한 곳들은 대체로 퇴사율이 높습니다. 회사의 대표자, 임원 등 회사의 방향성과 운영을 결정하는 데 영향력을 끼치는 사람들이라면 더욱 심각해집니다. 회사의 대표자와 임원들의 방향성이 너무 엇나가거나 실무자들과 소통에 심각한 문제가 생기면 줄퇴사를 피할 수 없고, 이후에 입사하는 사람들도 버티지 못하고 퇴사하게 되는 것은 불 보듯 뻔한 일입니다.

신입, 주니어 디자이너의 경우에는 소규모의 회사가 아니라면 대표자 혹은 회사의 임원들과 직접 소통하는 경우가 많지 않기 때문에 임원급 이상보다는 동료나 상사가 가장 큰 고민인 경우가 대부분입니다. 다만, 직장 상사나 동료 직원들과 친하게 지내거나 좋은 관계를 만드는 그런 인간관계가 어려운 것은 퇴사를 고민할 정도의 문제는 아닙니다.

신입, 주니어 디자이너의 경우에 나를 힘들게 하는 사수나 상사가 나를 싫어하는 이유가 능력의 문제라면 열심히 하는 모습, 발전하는 모습을 보여준다면 인식을 충분히 뒤집을 수는 있습니다. 주변의 디자이너와 이야기를 나눠보면 해당 사례가 종종 있습니다. 새로 입사한 신입이 너무 일을 안 하려 한다, 너무 대충한다, 발전하는 모습이 보이지 않는다, 메모하지 않는다, 잘 모르는 문제를 물어보지 않고 독단적으로 하다가 문제가 발생한다 등입니다.

    상사들이 보기에 충분히 똑부러지게 일하고 동료들과 친밀도도 높으며 센스 있게 일하기란 쉽지 않습니다. 실무 디자인에서 디폴트로 가져가야 하는 디테일을 챙기기도 힘들뿐더러 대체로 경력직의 디자이너들과 속도 면에서도 큰 차이가 나기 때문입니다. 그러므로 연차가 낮을수록 열심히 하는 모습을 보여주는 것이 유리합니다. 이미지를 심어주는 것입니다. 너무 늦지만 않았다면 지금까지 문제되어 왔던 사항을 개선해 나갈 경우 충분히 문제를 해결할 가능성이 있습니다.

    프리랜서처럼 혼자의 힘과 능력으로 프로젝트를 끌고 가야 하는 것이 아닌 회사에 소속된 신입이나 사원급의 디자이너들은 회사 내에서 열심히 하는 모습, 무엇이든 배우고 적용하려는 모습만 충분히 보여줘도 능력의 문제로 꼬투리 잡히는 일은 많지 않습니다. 너무 장기적으로 성장이 더딘 사람이 아니라면 당장의 역량이 조금 부족해도 '열심히 하는 친구니까' 하며 이해하는 경우가 많습니다.

    해결 가능한 능력의 문제가 아닌 해결이 불가능한 사람이 힘든 경우에는 문제의 그 사람이 곧 퇴사하는가, 앞으로도 이 상황이 계속 발생할 것인가를 보고 결정하면 됩니다. 일이 힘든 것은 버틸 수 있어도 사람이 힘든 것은 상상을 초월하는 스트레스가 발생하기 때문입니다. 억지로 계속 회사에 출근하는 것만으로도 극심한 스트레스가 쌓이고, 자존감은 바닥을 치게 되며 우울증이 생기는 것은 시간 문제입니다.

하지만 특별한 이유 없이 무엇을 해도 변함없이 괴롭히는 수준으로 깔보거나 폭언을 하는 경우, 인격 모독으로 자존감을 계속 낮아지게 만드는 사람이 직속 상사인 상황이라면 당장 이직이나 퇴사를 해야 합니다. 사람이 힘든 경우는 나의 노력만으로는 해결 불가능할 정도로 힘듭니다. 이직과 퇴사를 '고려'하는 것이 아닙니다. 이 경우에는 당장 이직 준비를 하거나 퇴사를 권합니다.

줄퇴사로 업무 독박이 이어질 때

줄퇴사의 원인 제공자는 임원급 이상이거나 회사의 오너일 경우가 많습니다. 계속된 회사의 적자로 인한 인원 감축도 마찬가지입니다. 생각보다 줄퇴사로 인한 업무 공백을 홀로 버티면서 고강도의 업무를 지속하며 언제 퇴사하지를 고민만 하는 사례도 종종 보입니다.

계속되는 악수를 두는 임원과 오너의 판단에 더이상 이 회사에 다닐 이유가 없어지거나 계속된 악수로 인해 누가 봐도 회사가 몰락하는 과정이라면 눈치가 빠른 사람들은 빠르게 이직을 준비합니다. 사회생활을 하다 보면 임금체불과 퇴직금조차 제대로 지급받지 못해 고용노동부의 도움을 받는 사례가 상당히 많다는 것을 알고 있기 때문입니다.

제 경우도 다니던 회사가 비록 작은 회사였지만 겉으로는 문제없이 운영되고 있는 것처럼 보였습니다. 클라이언트의 거래처들에서 포기했던 짐덩이같은 업무들을 하나둘씩 받아오기 시작하는 것을 기점으로 업무량은 많아졌는데 회사의 수입은 큰 변화가 없었고, 제작을 맡겼던 거래처들의 결제 독촉 전화 빈도수가 점점 높아지더니 하루 아침에 폐업을 했습니다. 그리고 저는 퇴직금을 2년 후에 고용노동부를 통해서 받게 되었습니다.

업무 독박이 될 상황이 장기화될 것 같으면 이직을 준비하세요. 다만 포트폴리오에 하나라도 더 넣을 것은 만들어야 한다면 진행 중인 프로젝트를 마무리하는 시점을 기준으로 잡으면 됩니다. 말로만 곧 해결할 것이라는 회사 오너의 말을 조금은 경계하면 좋겠습니다. 회사는 나를 책임져 주지 않습니다.

이 회사에 다니는 나의 미래 모습이 잘 그려지지 않을 때

나의 미래가 물경력이 될 것이 확실한 것 같다면 주변의 선배 디자이너들에게 연봉 수준은 어떤지, 지금 어떤 프로젝트를 주로 하는지, 회사의 규모는 어떤지, 다른 회사의 경우들은 어떤지 등등 조언을 구해보는 것이 첫 번째입니다. 단, 회사의 나쁜 점만 얘기하기보다는 좋은 점과 나쁜 점을 정리 후 해당 내용으로 조언을 구하는 것이 좋습니다.

경력이 적다면 내 경우를 객관적으로 판단하기 어려울 수 있습니다. 나의 상황을 나의 생각만으로 주관적으로 판단하기에는 고려해야 할 상황들이 많아 잘못된 판단을 할 가능성도 있기 때문입니다. 충분히 조언을 구해보고 판단이 확실하게 섰을 때 행동해도 늦지 않습니다.

연봉 문제

디자이너로서 연봉의 한계선에 도달하지 않은 상태이고 충분히 회사에 기여하는 성과가 있음에도 연봉이 동결되거나 상승폭이 현저하게 작은 경우에는 이직 또는 퇴사를 고려하는 것이 맞습니다. 물론 속도전의 단순 디자인 업무를 주로 하는 회사라면 연봉 상승에 대해 큰 기대를 할 수 없겠지만, 그렇지 않은 경우와 함께 내가 회사에 기여하는 것이 충분함에도 복지나 연봉에 대해서 인색하다면 앞으로도 그럴 확률이 높습니다.

회사 자체의 매출이 오르고 성장하는 중임에도 직원들에게 적절한 보상이 이루어지지 않는 경우에는 조용히 이직을 준비하는 것이 좋습니다. 분명 회사가 성장하고 있는 것 같은데, 항상 들려오는 말은 회사 사정이 힘들다고 말한다면 의심해 보세요. 단골 레퍼토리이기 때문입니다. 회사는 힘들다고 하는데 오너의 차량이 점점 더 비싼 차량으로 자주 바뀌는 경우도 심심치 않게 있습니다.

연봉을 포함해 보상에 인색한 회사라면 앞으로도 크게 달라지지 않습니다. 이직을 통해 연봉 상승을 주로 하는 디자인업계의 특성상 3년, 4년 아주 조금씩 오르는 연봉을 받다 보면 이직을 한다고 해도 직전 연봉이 발목을 잡는 일도 허다합니다. 만족할 만한 연봉을 받고 싶고, 직전 연봉으로 발목 잡히는 것이 고민된다면 답은 정해졌습니다. 당장 포트폴리오를 정리하고 회사에 다니며 연차를 활용하여 면접을 보는 등의 이직을 준비하기 바랍니다.

퇴사 or 이직을 결정했다면?

퇴사 시에 챙겨야 할 서류

퇴사할 때 챙겨야 할 서류, 필요할 때 없으면 퇴사하고 회사에 연락해야 합니다.

1. 재직증명서

대출 등 은행 업무를 볼 때도 종종 재직증명서가 필요합니다. 이직 시에는 나의 경력을 증명할 수 있는 증빙 서류로 이직하는 회사에서 요청하기도 합니다. 이직이나 파견근무 등에 필요할 수 있고 경력을 증명할 수 있는 증빙 자료이기 때문에 챙겨두어야 합니다.

2. 경력증명서

경력증명서는 퇴사한 후에도 재직 경력이 있었다는 사실을 증명해 주는 문서입니다. 이직 시 경력 확인차 이직하는 회사에서 요청할 수 있기 때문에 꼭 챙기기 바랍니다.

3. 퇴직 증명서 (=권고사직서)

실업급여를 받을 수 있는 권고사직이라면 꼭 챙겨두어야 합니다. 회사 측에서 구두로만 권고사직에 대한 얘기를 하고 서류상으로는 권고사직이 아닌 자발적 퇴사로 처리한다면 실업급여를 받지 못하게 되는 경우가 발생할 수 있습니다. 불필요한 수고로움을 미연에 방지하기 위해서 권고사직이라면 그 사실을 증명할 수 있는 서류를 꼭 발급받기 바랍니다.

4. 근로소득 원천징수 영수증

연말정산 시 꼭 필요한 서류입니다. 이직 시에도 연말정산 시 전 직장에 대한 소득까지 포함시켜서 신고해야 하기 때문에 퇴사할 때 미리 챙기면 퇴사 후에 전 직장에 다시 연락해야 하는 귀찮은 일을 방지할 수 있습니다. 홈택스에서도 발급이 가능하지만, 공인인증서 등 귀찮은 일이 발생하므로 먼저 챙기길 바랍니다. 퇴직소득 원천징수 영수증이 필요하다면 함께 요청해서 받는 것이 좋습니다.

5. 급여명세서 12개월분

급여명세서의 경우 이직 시 필요할 수 있습니다. 이직하는 회사에서 퇴사 직전 3개월 급여명세서를 요청하는 경우가 있을 수 있는데요. 직전 연봉을 증명할 수 있는 서류이기 때문에 꼭 챙겨놓아야 합니다. 3개월 이상의 급여명세서를 요청하는 회사도 있기 때문에 넉넉하게 12개월분을 챙기는 것이 좋습니다.

간혹 이직 시에 연봉을 큰 폭으로 인상하고 싶어서 직전 연봉을 부풀리는 분들이 있습니다. 연말정산 시 확인 가능하기 때문에 직전 연봉을 거짓으로 하는 행동은 하지 않는 것이 좋습니다.

은행 업무
대출, 신용카드, 마이너스 통장

1. 대출 계획 체크하기

대출은 직장인이 아니라면 받기가 까다롭습니다. 퇴사를 하고 재취업의 기간을 길게 잡거나 프리랜서를 생각 중인 디자이너라면 전향을 했을 때 지출이 얼마나 생길지, 사무실이나 전세 등 얼마를 대출받아야 하는지 꼼꼼히 체크하고 퇴사 전에 미리 준비해야 합니다. 직장이 없다면 대출 자체가 불가능할 확률이 매우 높습니다.

2. 필요한 신용카드 미리 만들기

신용카드 발급은 대출 승인보다는 훨씬 쉽지만, 소득 증빙이 필요한 경우가 있어서 미리 발급받는 게 좋습니다. 회사 다닐 때는 문제 없이 발급이 가능하던 신용카드가 퇴사 후에는 거래 내역서 등 추가 서류를 제출해야 하거나 발급이 거절되는 경우도 있습니다.

3. 마이너스 통장

무직자, 프리랜서는 발급 대상에서 제외되기 때문에 필요하다면 회사를 다니고 있을 때 발급받는 게 좋습니다. 퇴사하고 바로 사업자를 등록해도 최소 1년 이상 되어야 조건이 충족되기 때문에 사업 등 필요할 가능성이 높다면 미리 발급해 놓는 것이 좋습니다.

통장 잔고
퇴사 시 몇 달간 버틸 수 있는 자금이 있는지 체크하기

1. 생활비 체크하기

환승 이직이 아닌 퇴사 이후 프리랜서로 전향 예정이거나 이직 준비의 시간이 필요한 경우에는 최소 평소 받던 월급의 2~3배 정도는 마련해 놓는 것이 좋습니다. 통신비, 보험료, 대출금, 월세 등 고정지출과 지출 예정인 부분들을 전부 다 체크하고 줄일 수 있는 부분은 줄이는 게 좋습니다.

수입이 없는 상태에서 여유자금까지 줄어든다면 초조한 마음에 당장 돈이 급하니 가고 싶은 회사의 취업을 기다리지 못하고 급하게 취직을 하는 등 원래 계획했던 것보다 좋지 못한 결과와 악순환을 가져올 가능성이 큽니다. 프리랜서로 전향하는 경우에도 초반에는 꾸준히 의뢰가 들어오지 않는다면 생계가 많이 불안할 수 있기 때문에 꼭 여유자금을 준비한 후에 퇴사하는 것이 좋습니다.

2. 고정지출과 채무가 얼마나 있는지 체크하기

내가 갚아야 할 돈이 얼마나 있는가, 얼마나 긴 기간 동안 갚아야 하는가 확실하게 체크해야 퇴사 후 재정 악화로 인해 아무 회사에나 재취업하는 불상사를 막을 수 있습니다. 생각보다 고정지출이나 채무가 얼마나 있는지 대충 계산하는 분들이 많이 있습니다.

월세, 대략적인 공과금 또는 관리비, 보험, 자동차나 고사양 장비 등의 할부, 대출 등 모든 고정지출과 적금 등의 저축까지 전부 정리를 해봐야 버틸 수 있는 기간을 알 수 있습니다. 오래 버틸 수 있을 것 같았는데 막상 생각했던 것보다 빠르게 잔고가 소진되면 마음이 조급해지고 급한 대로 취업을 하는 악순환을 가져올 수 있습니다.

유종의 미 거두기

업계가 생각보다 좁다

업계 좁다는 말을 종종 듣습니다. 그리고 실제로 생각보다 좁아 유종의 미를 거둘 필요가 있습니다. 제가 다니던 회사의 후배가 퇴사 후 새로 입사한 회사의 대표님은 저와 함께 일하는 실장님의 지인분인 경우도 있었고, 제가 담당했던 프로젝트의 아트웍 작업을 했던 디자이너를 커뮤니티에서 만나기도 합니다.

같이 일했던 동료가 새로 입사한 회사의 거래처에 담당자로 있기도 하고 다른 회사에서 동료나 상사가 되는 경우도 간혹 경험담으로 들려옵니다. 그러므로 퇴사가 결정되기 이전에도 회사 생활은 최대한 원만히 하는 것이 좋습니다. 다소 원만하지 못했다고 하더라도 최소한 퇴사할 때는 트러블을 만들기보다는 원만하게 마무리하는 것을 권합니다.

잘 지내지는 못했더라도 퇴사하기 전 같이 일했던 사람들에게 진심을 담은 감사 표현 정도는 하는 것이 좋습니다. 그래야 다음에 우연히 만나더라도 머쓱한 상황은 피할 수 있습니다. 디자인업계를 완전히 포기하는 것이 아니라면 우연히 일로 만날 가능성은 있습니다. 그 상황에서 상대방에게 부정적인 감정부터 떠오르게 할 필요는 없기 때문입니다. 나쁜 감정부터 떠오르게 해봐야 좋을 것이 없습니다.

동료 직원과 상사뿐만 아니라 재직하는 회사의 대표님도 마찬가지입니다. 저는 첫 회사에서 화보의 합성이나 보정 작업을 주로 진행했었고, 퇴사할 때 앞으로 리터칭을 하고 싶다고 직접 말씀을 드리고 퇴사했습니다. 두 번째 회사에서 퇴사 후 얼마 지나지 않아 연락이 왔습니다. 안부 인사와 함께 리터칭 작업을 할 수 있는지 물어보셨죠.

신입으로 입사했던 회사에서 퇴사 후 오랜 시간이 흐른 지금도 회사 내부에서 진행하기 힘든 리터칭 작업은 종종 저에게 의뢰합니다. 폐업했지만 두 번째 회사의 거래처 대표님들, 같이 일했던 실장님들과 같이 일하거나 새로운 업체를 소개받아 일하기도 하죠. 함께 프로젝트를 진행했던 디자이너와 인연이 이어지기도 합니다. 디자인업계는 생각보다 좁으며 어떤 인연으로 다시 만날지는 아무도 모릅니다.

거래처와도 좋은 관계로 남기

직접 거래처와 소통을 했던 상황이라면, 소통했던 직원분이나 대표님에게 퇴직 소식과 감사인사를 남기는 것이 좋습니다. 제 경우에도 비록 회사가 폐업을 했지만, 회사에서 거래하던 거래처 대표님들이나 실장님들과 연락이 이어지게 되었고 퇴사 후에 지속적으로 외주를 맡겨주셨습니다.

지금까지도 연락하고 지내는 실장님이나 대표님들도 계시고 자주는 아니지만, 종종 연락드리며 사무실에도 방문하고 식사를 같이 하기도 합니다. 직접 같이 일하는 것은 아니어도 파견근무를 해야 하는 프로젝트를 제안받아 진행한 적도 있고 해당 프로젝트를 같이 진행했던 분들과 인연이 되어 후에 좋은 자리를 제안받기도 했습니다.

일이나 외주가 아니더라도 좋은 관계를 맺는 것은 나에게도 좋은 일입니다. 당장 내일 어떤 일이 벌어질지 모르는 우리 인생에서 작은 일이라도 도움을 받거나 기회가 될 수 있는 사람들을 늘려가는 것은 삶을 사는 것에 있어서도 현명한 행동입니다. 그것은 회사 내부에 한정된 것이 아니라 거래처라고 할지라도 마찬가지입니다.

퇴사를 알리는 시기

퇴사를 알리는 것은 최소 한 달 정도의 시간을 가지고 말하는 게 좋습니다. 단, 퇴직금이나 인센티브, 진행 중인 프로젝트, 연봉 협상 시기 등을 고려하여 퇴사일 한 달 전 정도의 통보 날짜를 정하는 것이 베스트입니다. 고려해야 할 상황이 모두 충족되는 날짜를 정했다면 나를 대신할 사람이 회사의 업무를 이어나갈 수 있도록 인수인계를 준비하면 됩니다.

퇴사 통보 후 한 달의 시간을 두는 것은 퇴직일 협의가 제대로 되지 않는 경우 근로자가 사직을 통보하고 일방적으로 출근을 하지 않는다면 결근 처리로 인한 퇴직금 등의 문제가 발생할 수도 있고 이것으로 나에게 피해가 발생하지 않도록 하기 위한 이유도 있지만, 법적 문제를 떠나 도의적으로 회사에서 나를 대신할 후임자를 채용할 시간을 주는 것이 좋습니다. 트러블을 만들면서까지 퇴사하는 것은 좋지 않습니다.

회사 내부에서 발생한 문제나 잘못으로 인해 신체적·정신적으로 문제가 생긴 것이 아니라면 도의적으로라도 급작스러운 퇴사는 권하지 않습니다. 아무리 회사에서 일을 잘했다고 하더라도 마무리가 좋지 못하면 같이 일했던 사람들 모두에게 책임감 없는 사람으로 남는 행동입니다.

사이다 퇴사썰은 잠시 잊기

정말 디자인업계를 떠나고 새로운 일을 할 생각으로 회사에 악영향을 주고 퇴사할 생각이 조금이라도 있다면 그 생각은 상상으로만 하고 잠시 넣어두었으면 합니다. 주변에서도 퇴사할 때 몇몇 파일을 병합해 버리거나, 회사 서버의 데이터에 손을 대거나, 빼돌리는 행동을 했다는 얘기는 심심치 않게 들을 수 있습니다.

보통은 회사에 심각한 피해를 주지 않는 경우가 많지만, 회사의 재산인 데이터를 건드렸다면 법적 책임을 피하지 못할 수도 있기 때문입니다. 심각한 상황이 아니라면 회사 측에서도 법적 대응을 하지 않을 가능성이 크지만, 중요한 작업 파일의 원본을 병합해 버리거나 데이터를 지우는 등의 행동을 했다면 법적 책임을 각오해야 합니다.

회사를 운영하는 대표님들은 사회 초년생들이 생각하는 것 이상으로 산전수전 다 겪은 분들이 많습니다. 당연히 법이나 소송에 대한 것들도 훨씬 많이 경험하셨거나 알고 계실 테고, 회사 측의 피해가 적더라도 괘씸하다는 생각이 들면 내용증명부터 보내실 수도 있습니다. 사안이 심각하다면 내용증명 이후 소송까지 진행하게 될 것이고, 개인인 디자이너가 이길 확률은 제로에 가깝습니다.

실제로 지인 디자이너분은 퇴사할 때 재직했던 회사의 대표님과 다소 심각한 마찰이 있었고, 데이터 손실을 유발하거나 금전적 피해를 끼쳤던 사항은 아니어서 소송까지 진행된 것은 아니지만 내용증명을 받았다고 저에게 고민을 털어놨던 분도 있습니다.

회사가 진절머리가 날 정도로 싫어졌다고 하더라도 최대한 원만히 퇴사하기 바랍니다.

퇴사를 결정했다면 붙잡혀줄 필요는 없습니다

퇴사하기로 했는데 회사의 사정을 봐달라고 계속 붙잡혀서 일하는 경우는 굉장히 흔합니다. 규모가 큰 회사보다는 규모가 작은 회사에서 흔한 경우입니다. 보통은 회사에서 일을 잘하던 디자이너가 퇴사한다고 했을 때 사람을 구할 때까지만 있어 달라고 하지만, 막상 도와준다는 생각으로 예정된 퇴사일을 지나서까지 계속 일을 해도 사람이 잘 안 구해진다며 시간을 질질 끄는 사례도 있습니다.

이직이 확정된 것이 아닌 경우에 계속 회사 사정을 봐달라며 조금 더 일을 해 달라고 할 때는 퇴사 날짜를 확실하게 통보하고, 그 이후에는 프리랜서 형식의 재택근무 등으로 전환하는 것이 좋습니다. 어차피 퇴사를 결정한 시점에서 퇴사의 이유는 확실해졌으며 미래를 위해서는 결정했다면 빨리 행동하는 것이 좋습니다.

건당, 일당제, 월급제 등 어떤 형식이든 정규직인 아닌 프리랜서 형식으로 전환해서 일하며 여유 있게 구직 활동을 하고, 새 회사로 이직하며 프리랜서 형태를 정리하는 것이 개인이 양보해서 회사의 편의를 봐주면서 의 상하지 않고 회사와 깔끔하게 이별을 할 수 있는 방법 중 하나입니다.

Part 2

성장하는 디자이너
The Growing Designer

디자이너와 아티스트

아티스트, 아트
내가 표현하고 싶은 나의 작품

예술을 하는 아티스트들에게 표현이란 내가 표현하고 싶은 것을 실현하는 주관적인 창작 활동에 가깝습니다. 즉, 아티스트는 나를 표현하는 '창작' 활동을 하는 사람입니다. 아티스트 중에는 화가, 조각가, 작곡가처럼 작품을 생산하는 직업을 가진 사람들도 있고, 작품을 연기하는 배우나 가수 같은 대중 아티스트도 있습니다.

본인이나 사회를 바라보는 자신만의 시각이 있으며, 타인이 쉽게 따라할 수 없는 재능이 있는 사람들이라고 볼 수 있습니다. 그들의 표현에 있어 트렌드가 어떻고, 타깃이 어떻고, 브랜딩이 어떻고 등의 외부적인 요소는 크게 중요하지 않습니다. 표현에 대한 가이드나 제약이 없기 때문에 구체적인 표현보다 추상적인 표현들도 모두 허용됩니다.

알리기 위해 마케팅 활동을 할 수는 있겠지만 부의 축적을 목적으로, 유명세를 목적으로, 마케팅만을 목적으로 활동을 한다면 본인의 내면이나 사회에 대한 생각이 아닌 대중의 입맛대로 창작하는 오류가 발생할 수도 있기 때문에 진정한 의미의 아티스트가 아니라고 생각합니다.

가수를 예로 들면 작곡가, 작사가, 프로듀서, 안무가가 만든 곡을 가지고 녹음을 하고, 무대에 오르고, 앨범 발매를 했을 때 그 가수는 아티스트일까요? 제 생각에는 해당 노래에 주관이나 그만의 목소리 등으로 표현은 가능하기 때문에 어느 정도의 범주에 속해 있지만, 좁은 의미로서 완전한 아티스트는 아니라고 생각합니다.

표현하고 싶은 것을 멜로디로 표현하여 작곡을 하고, 표현하고 싶은 말을 가사로 쓰고, 나의 스타일대로 노래를 하는 싱어송라이터 분들이 훨씬 더 진정한 의미의 아티스트에 가까운 것 같다는 생각이 듭니다.

디자이너, 디자인
문제를 해결하기 위한 표현과 창조

'디자인을 하랬더니 예술을 하고 있네' 제가 운영하는 디자이너 오픈채팅 커뮤니티 '뉴타입 디자이너'에서 오프라인으로 디자이너 소모임을 가지던 중 언급되었던 주제입니다. 많은 디자이너 분들이 한 번쯤은 들어봤을 문장입니다. 물론 저도 신입 시절 시안 작업을 할 때 종종 들어본 말입니다. 디자이너는 항상 창의적이어야 하고 새로운 것을 만들어내야 한다는 부담감을 갖고 그에 대한 고민을 했기 때문에 예술하려고 한다는 말을 들었던 것 같습니다. 그리하여 신입 디자이너가 실무를 하게 되면 흔히 많이 겪는 병이 '예술병'입니다.

디자이너는 직업 특성상 창의적인 생각과 창의적인 디자인을 해야 한다는 생각을 디폴트로 가지는 경험이 있습니다. 실무를 하다 보면 이게 맞는 건가? 싶은 생각과 고민을 합니다. 이제는 '내가 하는 디자인은 왜 창의적이지 못할까'라는 고민은 조금 내려두어도 괜찮습니다.

디자이너는 '창조'라는 점에서 아티스트와 같은 창작의 영역에 걸쳐있는 직업입니다. 하지만 우리가 하고 있는 디자인은 예술보다는 상업에 가깝기 때문에, 내면의 표현이 아닌 클라이언트와 소비자의 니즈를 파악하고 그에 맞게 감각적 표현과 결과물을 만들어 내야 합니다.

디자인 분야마다 정도의 차이가 있기 때문에 조금씩 다르겠지만 디자이너는 디자인을 하기 위한 미적 감각이 필요한 것은 맞습니다. 하지만 아티스트처럼 무조건적으로 창의력이 좋아야 한다거나 독특한 색깔을 가지거나 매번 새로운 것을 창조하는 것은 아닙니다. 항상 새로운 것을 만들어내는 것은 불가능에 가깝습니다. 이미 어떤 디자인 분야든 있을만한 디자인은 상당히 많이 나와 있는 상태이며, 새로운 것과 창의력이 들어갈 자리는 생각보다 많지 않고 기존의 틀 안에서 조금씩 바꾸어서 디자인이 만들어지는 경우도 많습니다.

상업 디자이너, 상업 디자인
클라이언트의 문제를 해결하기 위한 디자인

우리는 상업 디자이너입니다. 상업 디자인은 기본적으로 클라이언트가 가진 문제를 해결해 주는 것입니다. 클라이언트는 디자인을 의뢰할 때 어떠한 '목적'을 가지고 의뢰를 합니다. 예를 들어 브랜드를 알리는 데 디자인이 필요하거나, 사업의 매출을 증가시키기 위해 필요한 수단으로 디자인이 필요한 경우입니다. 디자인 전문 회사나 디자이너 개인에게 디자인을 의뢰합니다.

즉, 필요와 목적을 위한 디자인 작업을 합니다. 디자이너들이 시장의 흐름, 트렌드, 클라이언트의 요청 등을 무시하고 본인만의 창작 활동을 하는 경우는 아마 없을 겁니다. 알아서 만들어 달라는 클라이언트의 말에 내가 원하는 방향과 나만의 색을 가진 디자인을 하면 클라이언트가 '좋네요, 이 디자인으로 하겠습니다.' 하는 경우가 과연 얼마나 있을까요?

실무를 충분히 경험해본 디자이너라면 촉박한 데드라인과 언제 끝날지 모르는 무한 수정의 늪에 빠져 당장 눈앞의 디자인을 쳐내기에 급급했던 경험이 많이 있을 겁니다. 현실적으로 창작을 위한 충분한 시간조차 허락되지 않을 경우가 많고 무한 수정의 끝에는 포트폴리오로 사용하기에 민망할 정도의 디자인 결과물이 만들어지는 경우도 상당수입니다.

그래서 아티스트의 창작 활동과 디자이너의 창작 활동은 다를 수밖에 없습니다. 창작을 통해 디자인을 만들지만 우리가 디자인을 하는 과정을 보면 아티스트들이 창작 활동을 하는 것과는 많이 다릅니다. 시장을 분석하고, 경쟁사의 디자인을 참고하고, 레퍼런스를 참고해서 클라이언트의 니즈에 맞춘 디자인을 하는 우리 디자이너들은 예술적 감각은 표현하되 제한적인 표현만이 가능합니다.

일반적으로 대부분의 디자이너들이 하고 있는 디자인은 '내면의 표현'이 아닌 '상업'에 초점이 맞춰져 있습니다. 디자이너가 아닌 다른 직업으로 예를 들면 테일러와도 비슷하다고 볼 수 있겠죠. 고객이 원하는 정장을 만들기 위해 치수를 재고, 정장의 트렌드, 컬러, 패턴 등을 제안하고, 고객이 원하는 사이즈대로, 원단과 패턴에 맞춰서 정장을 만드는 전문가인 테일러에 대입해 본다면 공통점이 많다고도 볼 수 있습니다.

디자인을 구성하는 요소들

- **폰트** : 고딕, 명조, 필기체, 장식체 등의 정보를 전달하는 요소
- **컬러** : 검은색, 파란색, 노란색 등으로 따뜻한 느낌, 밝은 느낌, 신뢰와 같은 느낌적 요소
- **레이아웃** : 시선의 방향, 대비, 여백 등을 활용하여 효과적인 정보 전달을 위한 요소
- **이미지** : 흑백 이미지, 비비드한 이미지 등으로 제품 정보 전달 혹은 장식적 요소
- **일러스트** : 캐릭터, 장식 등의 정보 전달을 위한 요소
- **기타 장식 요소** : 도형, 기하학, 패턴, 라인 등의 통일감을 주거나 장식적인 효과를 주는 요소

디자인을 구성하는 것에는 많은 요소가 있습니다. 가령 패키지 디자인을 한다면 보여주어야 할 정보를 가지고 디자인 결과물을 만듭니다. 지기구조를 결정하고 해당 지기구조의 재단선에 맞춰 폰트와 이미지, 면이나 선 등을 배치하여 해당 구조에 적절한 레이아웃을 짜고, 제품 콘셉트나 특징에 맞는 컬러를 선정하며, 폰트의 종류를 정하고 변형하거나 강약 조절을 하여 잘 보이고 잘 읽히게 만듭니다. 법적으로 정해져 있는 필수 정보 등을 한곳에 모아서 정보를 기입해 주는 작업도 해야 합니다. 그 뒤에는 클라이언트의 컨펌과 수정을 거쳐 실제 패키지를 제작합니다.

폰트나 이미지의 강약을 매우 강하게 대비시켜서 강렬한 디자인을 만들거나 색상에 대비를 강하게 주어서 화려한 느낌을 만들어낼 수도 있고 레이아웃이나 내용을 부분적으로 변형하거나 뒤틀어서 아트적인 느낌을 낼 수도 있지만, 디자이너 개인의 생각이나 내면을 표현하는 것에는 자유도가 매우 떨어집니다. 또한 표현에서 끝나는 것이 아닌 클라이언트에게 최종 결정권이 있기 때문에 디자이너가 디자인에 대한 결정권을 가지고 있지 않은 경우가 대부분입니다.

자신만의 스타일을 가지고 브랜딩 과정을 거쳐 자신만의 디자인을 추구하는 프리랜서 디자이너 분들의 경우에는 조금 더 본인의 스타일대로 표현하는 것에 자유도가 높을 수는 있습니다. 하지만 그마저도 직장을 다니는 회사원 디자이너라면 해당 사항이 많지 않습니다.

일반적으로 상업 디자이너는 넓은 의미에서 '창조'를 한다는 점에서는 아티스트와 태생이 같을 수는 있겠지만, 창조의 방향성과 성격이 다르기 때문에 아티스트라고 보기에는 무리가 있습니다. 디자이너라는 직업은 분명 예술의 영역에 걸쳐있지만, 클라이언트의 '문제'를 디자인을 통해 '해결'해주는 서비스업에 더 가깝습니다. 디자이너는 아티스트와 공통점이 있을 뿐, 아티스트가 아니기 때문입니다.

내가 하고 싶은 디자인에 대하여

조금 더 깊은 단계의 디자인에 대한 욕구, 내가 하고 싶은 디자인을 하고자 한다면 앞서 언급했던 것처럼 현실적으로 방법이 많지 않습니다. 상업 디자인은 클라이언트의 문제를 해결해 주는 디자인이기 때문에 온전하게 나의 색깔을 녹여내는 것도 쉽지 않습니다. 회사가 원하는 디자인과 내가 원하는 디자인의 불일치를 없애는 가장 좋은 방법은 내가 하고 싶은 디자인 결과물을 내는 회사에서 일하는 것입니다. 이 경우가 아니라면 회사가 요구하는 불만족스러운 디자인을 하며 디자인 자체에 애정이 식는 안타까운 과정을 피하기 힘듭니다.

트렌디한 작업물을 하고 싶고, 누구에게나 자랑하고 싶은 완성도가 높은 디자인을 하고 싶고, 실력으로 인정받고 싶은 욕구는 거의 모든 디자이너들이 원하는 일입니다. 하지만 안타깝게도 현실은 공장처럼 양산을 하는 디자인 회사에서 하루가 멀다 하고 야근을 하지만 남들에게 자랑하고 싶고 나도 만족스러운 디자인보다는, 시작부터 내 마음에 들지 않는 디자인을 하게 되는 경우가 상당히 많습니다. 이런 현실적인 이유로 인해 하고 싶은 디자인과 해야 하는 디자인 사이에서 극심한 스트레스가 발생합니다.

경험이 많지 않은 주니어 디자이너들은 본인이 하고 싶은 디자인의 방향이 잘못되었거나 기대치가 상당히 높은 경우가 종종 있습니다. 이 책을 쓰는 저도 마찬가지로 신입 시절, 경력 20년에 가까운 실장님께 디자인이 아닌 예술을 하려 한다고 자주 혼났던 경험이 있습니다. 예를 들면 불필요한 장식 요소, 좋지 않은 방향으로 디자인의 목적과는 거리가 있는 크리에이티브한 작업물, 제품이나 서비스의 특징에 맞지 않는 독특한 방향성의 디자인 등이 이에 해당합니다.

단순히 눈에 보이는 요소 등에 치중한 예쁜 디자인, 힙한 디자인, 키치한 디자인 등은 회사에서 특별히 원하지 않는 이상 그들에게는 목적에 맞지 않는 불필요한 디자인일 가능성이 높습니다. 내 취향의 디자인이나 해외의 눈이 즐겁고 화려한 디자인 레퍼런스 같은 디자인은 회사가 원하는 디자인이 아니라는 말입니다.

저는 오랜 시간 해야 하는 디자인을 하기에 급급했습니다. 표면적으로만 어떤 디자인을 하고 싶다는 깃털같이 가벼운 생각만 가지고 디자이너 생활을 했던 기간이 길었습니다. 전형적인 오퍼레이터(툴러)에 가까운 디자이너였습니다. 정신 차려보니 타성에 너무 오래 젖었습니다. 씁쓸하지만 닳고 닳아버린 디자이너가 됐다는 말을 농담처럼 하기도 합니다.

저처럼 길을 잃지 않았으면 좋겠습니다. 지금 당장은 정신없이 돌아가는 실무 현장에서 해야만 하는 현실의 디자인이 우선이 될 수도 있습니다. 하지만 길을 잃지 않기 위해서는 해야만 하는 디자인이 아닌 진정으로 하고 싶은 디자인이 무엇인지 찾는 과정이 필요하다고 생각합니다. 나의 니즈를 넘어 조금 더 깊은 단계인 원츠를 적극적으로 찾아보셨으면 좋겠습니다.

나는 디자인에
재능이 없는 사람일까?

오퍼레이터(툴러)와 디자이너

제가 생각하기에 디자이너와 툴러의 차이점은 '주관과 근거'입니다. 주관과 분석을 통해 근거가 있는 디자인을 만들어 내는 사람들은 디자이너, 주관과 근거 없이 클라이언트가 시키는대로만 디자인을 하는 사람들은 오퍼레이터에 가깝습니다.

무엇이 맞고 무엇이 틀린 것은 아닙니다. 업무 특성에 따라서, 상황에 따라서 둘 다 필요한 직무이기 때문입니다. 상황에 따라서 주관과 철학이 명확한 디자이너가 툴러의 포지션에서 디자인 작업을 할 수도 있고, 툴러에 가까운 디자이너가 새로운 아이디어를 내보라는 지시사항에 맞춰 분석을 통한 근거로 문제 해결자의 포지션에서 디자인을 하기도 합니다.

경험이 적은 디자이너는 디자이너라기보다는 오퍼레이터, 툴러에 가까운 경우가 많습니다. 주관과 근거를 토대로 디자인을 하기보다는 시간이 급하니 일단 뭐라도 만들어내야 하고, 결과적으로 급한 대로 레퍼런스를 찾아가며 눈으로 봤을 때 그럴듯한 디자인이나 예쁜 디자인을 만들려고 하는 경우가 많습니다. 주관과 근거가 있는 디자인이 아닌 시간에 쫓기며 작업한 근거가 없거나 빈약한 디자인 결과물을 만들어 내는 셈입니다.

이런 현상이 오래 지속된다면 기계적으로 디자인을 만들어 내는 디자이너가 되기 쉽습니다. 문제 해결을 위한 디자인이 아닌 타성에 젖어 일을 처내기 위한 디자인을 하게 됩니다. 단순히 손이 빠르고, 디자인을 구체화하는 데 시간이 적게 걸리며, 클라이언트가 원하는 디자인을 빠르게 만들어서 일을 빨리빨리 하는 디자이너는 툴러에 가깝습니다.

물론 디자인 경력이 얼마 되지 않은 신입과 주니어 디자이너들이 시니어 디자이너들처럼 디자인의 흐름을 만들고 논리적으로 디자인을 끌고 가기에 역량이 부족한 것은 사실입니다. 하지만 디자인을 어떻게 해야 하는지, 좋은 디자인이 무엇인지 끊임없이 생각해 보고 분석하며 모작도 해보는 과정을 통해 디자인에 대한 이유와 논리를 설명하는 연습을 꾸준히 한다면 오퍼레이터에서 한 단계 더 높은 수준의 디자이너로 성장할 수 있습니다.

지금 내가 일을 위한 디자인을 하고 있는지, 클라이언트에게 끌려다니며 매번 의견을 묵살당하고 있지는 않은지, 내가 작업한 디자인에 내 생각을 얼마나 담아내고 있는지 곰곰히 생각해 보고 툴러인지 디자이너인지 판단해 보는 시간을 가졌으면 합니다.

나는 디자인에 재능이 없는 사람일까?

디자인 분야와 무관하게 디자인 일을 하는 디자이너라면 무조건적으로 따라오고 괴롭게 하는 고민 중에 하나입니다. 저 또한 디자인을 전공하는 그 순간부터 주니어 디자이너 시절을 보내는 몇 년간 정말 많이 고민했고 시행착오가 많았던 문제입니다.

첫 회사에서 디자인을 못한다고 혼나기 일쑤였고 뭘 해야 하는지, 어떻게 해야 감각이라는 재능을 키울 수 있는지 전혀 알 수 없었습니다. 신입과 주니어 시절을 돌이켜보면 디자인을 풀어나가는 방법을 제외한 채 감이라는 추상적인 것을 가지고 디자인 실력을 키우려고 했습니다.

잘못된 판단에 따라 보여지는 표현에 집중했고, 표현을 하기 위한 디자인 툴 활용 역량을 키우는 데 많은 시간을 투자했습니다. 결과적으로 근거라는 알맹이가 빠진 예쁜 디자인을 하려고 했고 어떻게 디자인에 접근을 해야 하는지는 알지 못하는 상태가 오래 지속됐습니다. 있어 보이는 디자인에 집착하게 된 것이죠.

있어 보이는 디자인에 집착하게 된다면 문제 해결을 위한 디자인에서 멀어집니다. 있어 보이는 디자인을 위해 표현을 위한 툴

공부에 치중하게 될 것이며, 문제 해결을 위해 필요한 레퍼런스 서치가 아닌 있어 보이고 예쁜 디자인 레퍼런스만 찾게 됩니다. 문제점을 알지 못하고 오래 방치될수록 당연하게도 시키는 것만 하는 툴러에 가까워집니다. 저 또한 툴러에 가까운 디자이너였습니다.

디자이너는 감각이 전부일까?

디자인은 미적 영역이 많이 차지하는 영역이기 때문에 감각이라는 단어는 자연스럽게 꼬리표처럼 따라붙습니다. 하지만, 디자이너 입장에서 감각 있다는 말은 다소 모호하고 추상적입니다. 정확히 정의내리기 어렵기도 하고 단순히 감각이 좋다고 해서 모든 디자인을 잘하는 것도 아니기 때문입니다.

감각만 가지고는 디자인을 할 수 없습니다. 디자인을 잘하기 위해서 감각이라는 요소는 물론 중요하지만 그것이 전부는 아닙니다. 디자인은 시각화를 하기 위한 표현 외에 고려해야 할 사항들이 정말 많습니다. 디자인 대상의 여러 부분들을 분석해야 하며 시장 상황은 어떤지, 경쟁사는 어떤 곳들이 있는지, 클라이언트는 어떤 디자인을 원하는 것인지 등 디자인에 필요한 것들을 고려해본다면 감각은 디자인에 있어서 일부분일 뿐입니다.

디자이너는 아티스트보다는 문제 해결자에 가깝기 때문에 너무 감각에 의존하려고 하는 것은 좋지 않습니다. 오히려 커뮤니케이션 능력, 분석 능력, 아이디어 발상법 등이 중요합니다. 지금에 와서 느끼는 것이지만, 신입과 주니어 시절 툴과 표현에만 집중

하지 않고 다르게 접근했다면 더 좋은 결과가 있지 않았을까 하는 생각마저 듭니다.

　초보 디자이너들에게 있어 경험하지 못하면 알기 힘든 점은 바로 디자인에는 논리력이 상당히 중요하다는 것입니다. 논리적으로 근거 있고 설득할 수 있는 디자인, 팔리는 디자인을 만들어 내거나 사용자들의 불편함을 해결해 주는 디자인 등 일반적인 상업 디자이너에게는 아티스트적 재능과 감각보다 논리적으로 근거 있는 디자인을 하는 것이 중요한 능력입니다.

　그러므로 나보다 예쁘게 디자인하고, 감각 있어 보이게 이미지를 잘 만들어 내는 디자이너를 보며 자책하고 불안해하지 않아도 됩니다. 툴에 대한 집착은 잠시 내려두고 생각하는 힘을 길러 문제점을 발견하고 해결할 수 있는 논리적인 분석을 통해 좋은 디자인을 만들어 나갈 수 있는 디자이너가 되는 것을 목표로 삼기 바랍니다.

성장하는 것은 생각보다
시간이 오래 걸린다

성장하는 것은 생각보다 시간이 오래 걸린다

경험이 적은 초년생 디자이너가 단시간에 문제 해결자 포지션의 디자이너가 되는 것은 불가능에 가깝습니다. 전공자라면 디자인으로 특정 문제를 해결하는 방법을 자주 접하긴 하지만, 배우는 과정의 디자인과 실무의 디자인은 다릅니다. 짧게는 2년에서 길게는 4년까지 디자인을 전공한 후에 실무에 발을 들이는 순간, 가장 처음의 순간을 마주하게 됩니다. 전공자가 아닌 학원에서 디자인을 배우거나 독학했던 신입 디자이너들 역시 마찬가지입니다.

지금껏 배웠고 작업했던 디자인은 별것 아닌 게 되어버리는 순간이 기다리고 있습니다. 나와 나이 차이가 얼마 나지 않는 선배 디자이너의 작업물과 비교해 보면 내 디자인은 아주 형편없어 보이기까지 합니다. 시키는 작업을 하기는 하는데 어딘가 어설프고 부족해 보입니다. 다들 빠르게 디자인을 만들어 나가는데, 나만 속도가 느려서 제시간에 완료하는 것만 해도 굉장히 힘에 부칩니다.

경력이 있는 디자이너라면 거의 모두가 과거에 경험했던 상황입니다. 만약 이런 상황이라고 하더라도 너무 기죽을 필요는 없습니다. 작업물에 대한 부정적인 피드백을 받게 된다고 하더라도 괜찮습니다. 마음속으로 '니들은 처음부터 잘했냐' 한 문장만 외쳐 보세요. 그러고 나서 맡은 일 열심히 하고, 회사에 적응하고, 공부하면 됩니다.

선배 디자이너 입장에서는 신입 디자이너들이 디테일이 떨어지고 작업 속도가 더딜 수밖에 없다는 사실을 잘 알고 있습니다. 인성이 나쁜 사람이라면 비난을 하겠지만, 그게 아니라면 뻔히 알면서도 비난이 아닌 후배를 위한 쓴소리를 한마디씩 하기도 합니다. 선배 입장에서는 쓴소리를 해보면 압니다. 이 후배 디자이너가 받아들이고 발전을 위해 액션을 취하는지, 한 귀로 흘리고 무시하는지 다 보이기 때문이죠.

꼰대같은 말이지만 사회생활은 원래 그렇습니다. 사회 초년생은 열심히 하는 모습을 보여주고, 지금 당장은 조금 모자라지만 발전하는 모습을 보여주며, 다른 사람들에게 잘하고 윗사람에게 싹싹하면 인정받습니다. 앞에서는 혼내기도 하지만, 뒤에서는 열심히 한다며 다른 사람에게 칭찬을 합니다. 다들 그러면서 천천히 성장합니다. 그러니 너무 겁먹거나 걱정하지 않아도 됩니다. 원래 그런 것입니다.

질문과 답변을 찾는 과정이 있어야 성장한다

'뭐가 문제인지 모르겠어요, 뭐부터 해야 할지 어떻게 해야 할지 모르겠습니다.' 지금 당장 어떻게 해야 할지 모르겠다는 고민 상담을 종종 합니다. 내세울 만한 포트폴리오도 없고, 디자인 툴을 잘 다루는 것도 아니고, 디자인에 기초도 없는 것 같다고 느끼는 디자이너들이 많습니다. 경력과 경험이 적을수록 어떻게 해야 할지 잘 모를 수밖에 없습니다.

열심히 하다 보면 어떻게든 발전하게 되어있습니다. 하지만 올바른 방향으로 발전하고 성장하기 위해서는 꼭 필요한 전제 조건이 있습니다. 바로 질문입니다. '이게 잘하고 있는 것일까?', '이 방향이 맞는 것일까?'와 같이 나에게 하는 질문이 없다면 올바른 방향으로 성장하기는 힘듭니다.

디자이너라는 직업을 선택한 이상 실무를 하며 조금씩 자연스럽게 성장합니다. 제 생각에는 그 과정에서 경험을 통해 배우고 고민하고 질문하는 과정이 있어야만 시키는 일만 하는 오퍼레이터 포지션에서 디자이너로 발전하게 된다고 생각합니다. 무엇이 부족한지 어떻게 해야 할지 고민하고 실행하는 과정을 거치다 보면 어느새 신입을 벗어나 경험과 경력이 쌓입니다. 전과 다르게 클라이언트나 회사 동료에게 직접 제안을 하기도 하며 전문성을 토대로 자연스러운 소통을 이어나갈 수 있게 됩니다.

올바른 질문은 올바른 방향으로 성장하게 합니다. 고민이 생긴다면 생각으로만 해결하려 하지 말고 당장 펜과 노트를 꺼내놓고 고민이 무엇인지, 현재 상황이 어떤지, 무엇을 하면 해결을 할 수 있을지 천천히 질문과 답변의 꼬리를 물어가 보시기 바랍니다. 머리로만 생각하는 것보다 훨씬 구체화 되고 정리가 잘 됩니다. 문제 상황을 글로 적은 후에 단 두 가지만 하면 됩니다. 첫 번째 '왜'와 두 번째 '어떻게'가 그것입니다.

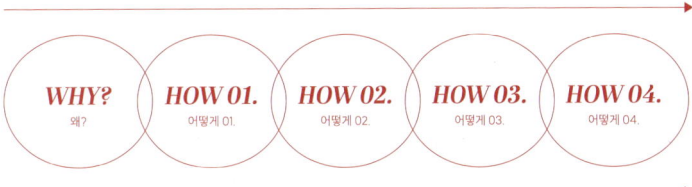

저도 종종 사용하는 방법입니다. 머리가 복잡해질 때쯤 답을 찾기 위해 노트와 펜을 들고 조용한 카페에서 글을 씁니다. 마음에 드는 음악을 고른 다음 문제를 적고, 무엇이 문제인지 왜 문제인지 적은 후에 그 문제를 어떻게 해결해야 할지 생각나는 대로 꼬리를 물며 써 내려갑니다. 지금은 브랜드를 운영하고 있지만, 문제 해결 방법은 비슷합니다.

가령, 유입에 비해서 구매 전환율이 낮다면 '왜 구매 전환율이 낮을까?'로부터 시작합니다. 질문과 답변을 이어나가면서 가설을 세우고 사례를 찾아보며 실마리를 찾게 됩니다. 유입 후 이탈까지의 시간이 너무 짧다면 '유입 후 어떻게 시선을 붙잡아둘까?', '어떻게 구매하고 싶게 만들까?', '타깃을 조금 더 좁혀보는 방법을 사용해 보면 어떨까?' 등으로 나만의 답을 찾아 나갑니다.

아무리 목표가 확실하다고 해도 목표를 향해 달려가다 보면 벽을 마주합니다. 당황하지 말고 펜을 들고 뭘 해야 할지, 무엇이 부족한지 글로 써 내려간다면 발견할 수 있습니다. 문제는 생각보다 자주 발생하고, 나도 모르게 길을 잃는 일도 자주 있을 수 있습니다. 그때마다 어떻게 해야 할지 스스로 답을 찾는 것부터 시작해야 성장할 수 있습니다. 스스로 질문과 답변을 하다 보면 잃었던 길을 다시 찾을 수 있습니다. 브랜드가 되었든, 개인이 되었든 다르지 않습니다. 펜을 들어 문제를 적어보고 답을 찾아보기 바랍니다.

만약 혼자서 해결이 안 된다고 해도 너무 걱정할 필요는 없습니다. 혼자가 어렵다면 동료나 선배 디자이너들에게 고민을 털어놓거나 조언을 구하기도 하고, 디자이너를 위한 콘텐츠를 보기도 하며 답을 찾아나가면 됩니다. 필요하다면 디자이너 커뮤니티를 찾아서 고민을 상담받아 보는 것도 좋고, 오프라인 모임에 나가는 것도 좋은 방법입니다. 다만, 어렵고 답답하다고 해서 모든 답을 다른 사람을 통해서 찾으려는 것만 지양했으면 합니다. 주체적인 질문과 답변의 과정이 있어야 내가 단단하게 성장할 수 있습니다.

나도 모르게 성장하고 있다

가끔 데이터 백업을 하면서 전공 시절 작업했던 디자인을 보게 됩니다. 그때의 작업물을 볼 때마다 '이걸로 취업을 어떻게 했을까?'라는 생각이 들죠. 어린아이들이 몇 달 사이에 훌쩍 크는 것처럼 오랜만에 보는 내 디자인 작업물을 보고 '아, 이거 뭔가 이상한데..? 왜 이렇게 별로지? 내가 이렇게 작업했다고?' 하는 생각이 든다면 지금 성장하고 있는 중입니다.

그러므로 '나는 왜 이렇게 성장이 느리지?', '왜 이렇게 실력이 안 늘까?' 하는 답이 없는 고민으로 조급해질 필요가 없습니다. 성장은 내 눈에 직접적으로 보이지 않고 체감하기도 쉽지 않지만, 멈추지만 않는다면 계속 쌓이고 있기 때문입니다.

성장은 계단 형식이라고 합니다. 맞는 말이지만 조금 더 보태보자면 일자로 올라가는 계단이 아닌 J커브 형태의 계단에 가깝습니다. 중간중간 배우고, 고민하고, 방향을 찾아가는 과정에서 잠깐의 정체기가 오기도 하고, 다시 성장하는 시간을 보내다가 잠깐 쉬는 시간을 가지기도 합니다. 분명 계단 형태처럼 성장하지만 시간이 지날수록 성장의 속도는 J커브를 그리는 것처럼 빨라집니다.

성장은 복리 같은 겁니다. 실력이 쌓이고 그 위에 경험이 쌓이고 그 위에 다른 분야의 경험도 쌓여가며 성장합니다. 그렇게 쌓이면서 어느 순간 실력과 경험이 풍부한 전문성을 갖춘 디자이너로 성장하게 되는 것입니다. 조금 돌아가더라도 포기하지 않는다면 충분히 할 수 있습니다. 그저 그런 오퍼레이터였던 제가 생각을 확장하고, 글을 쓰고, 콘텐츠를 만들고, 브랜드를 론칭하고 운영하며 책까지 집필하게 되었던 것처럼요.

다른 사람들이 저에 대한 평가를 할 때 성장이 빠른 편이라고 이야기합니다. 정작 저는 다른 사람들의 생각과는 다르게 고민과 스트레스로 잠을 못 이루는 날도 굉장히 많고, 정체기라는 생각 또한 자주 합니다. 저도 남들과 똑같이 열심히 하다가 후회와 함께 좌절하기도 하고 며칠간 무기력에 빠져 힘들어할 때도 종종 있습니다.

자괴감과 무기력에 오랫동안 빠져있지 않기 위해서 지금 잘 하고 있다고 생각하며 하루하루 무엇을 했는지 기록합니다. 한 달 단위로 무엇을 했는지 돌아보기도 합니다. 무엇이 되었든 하루에 하나씩 디벨롭을 위한 노력을 쌓아 나가고 있습니다. 이 책을 읽는 분들도 다르지 않습니다. 아무리 작은 일이라도 하루에 하나씩만 디벨롭하고 기록으로 남겨보기 바랍니다.

우리가 시간이 지난 후 과거의 디자인 작업물을 볼 때 성장했음을 느낄 수 있는 것처럼, 하나씩 디벨롭했던 기록을 되짚어 봤을 때 디자이너로서 성장한 것 이외에도 다른 것에서 많은 성장을 했음을 체감할 수 있습니다.

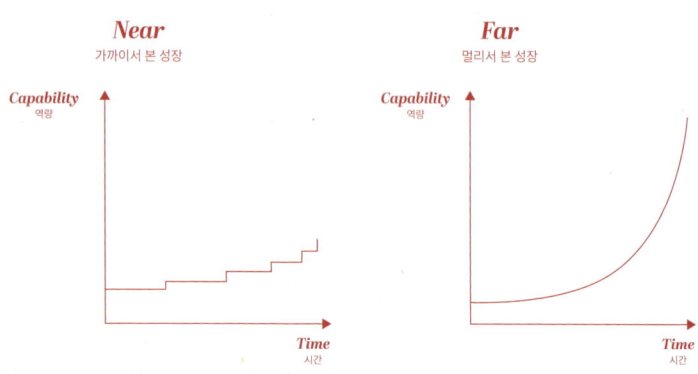

내 주위에서 배우기

실력자의 방식을 내것으로 만들기

- **김 사원님** : 다른 디자인들을 새로운 디자인으로 재조합하는 능력이 좋음, 색감의 활용과 표현을 잘하는 편
- **이 대리님** : 빨리빨리 쳐내는 것을 중요하게 생각함, 업무가 많아 다소 디테일이 떨어지거나 잔실수가 종종 있음.
- **박 과장님** : 시안을 디벨롭하는 것에 있어서 완성도와 디테일을 가장 중요하게 생각하며 꼼꼼한 성격
- **최 팀장님** : 프로젝트의 방향성을 어떻게 이끌어 나갈지에 관련한 통찰력, 클라이언트와 커뮤니케이션하는 능력이 뛰어남.

이런 상황이라면 나에게 부족한 것이 무엇인지 먼저 찾아보고, 다른 동료가 일하는 과정을 직접 해봄으로써 배우는 것도 좋은 방법입니다. 흔히 말하는 어깨너머로 배우는 것입니다. 모두가 처음부터 잘할 수 없고, 혼자 일하면 오래 걸리지만 회사를 다니고 눈썰미만 있다면 어깨너머로 배울 수 있는 것들이 생각보다 많습

니다. 함께 일하며 다른 사람들이 일하는 방식을 어깨너머로 하나씩 배우고 나에게 적용해 보는 것입니다.

그림도 그렇고 디자인도 그렇듯이, 디자이너로서 빠르게 성장하기 위해서는 다른 사람의 일하는 방식과 방법을 모방해 보는 것이 먼저입니다. 나에게 적용해 보고 나만의 방식으로 조금씩 바꾸는 것이 시행착오가 가장 적고 빠른 방법입니다. 하지만 처음부터 모든 사람들의 방식을 따라하는 것은 당연히 힘든 일입니다. 따라서 너무 조급하지 않게 내가 부족한 부분을 특별히 잘하는 사람들의 방식을 하나씩, 천천히 모방해 보고 내가 활용할 수 있도록 만들어야 합니다.

속도가 느리다면 작업 속도가 남들에 비해 빠른 이 대리님이 일하는 방식을 유심히 지켜보고 물어보기도 하면서 배우면 됩니다. 마찬가지로 색감의 활용과 표현이 부족하다면 색감을 잘 활용하는 김 사원님이 디자인을 풀어나갈 때 색상을 어떻게 적용하는지, 어떤 것을 주로 참고하는지 유심히 지켜보기도 하고 조금씩 질문해 보기도 하면 됩니다.

질문을 통해 배우기

질문을 너무 무서워하지 않아도 됩니다. 평소에 열심히 하는 후배는 밉지 않습니다. 질문의 방식이 올바르고 잘하고자 하는 마음으로 하는 질문이라면, 바쁘고 귀찮더라도 모르쇠로 일관하는 선배는 없습니다. 후배에게 가르침 없이 꼬투리 잡고 비난만 하는 선배는 선배가 아닙니다. 그런 사람들만 피하면 됩니다. 내가 후배라고 하더라도 선배를 보는 눈이 필요합니다.

기술이라고 생각되면 알려주지 않는 입장도 이해는 갑니다. 디자인 업계는 디자이너끼리 다소 폐쇄적이기도 합니다. 본인의 작업물을 잘 보여주지 않는 성향이 있는 것도 맞습니다. 하지만 상업 디자이너는 있는 것을 토대로 새롭게 조합하여 더 새로운 것을 만들어 내는 직업이기 때문에 특정한 제품을 만들기 위해 본인만 가지고 있는 기술과 노하우라고 할만한 게 크게 없지 않을까 하는 생각도 듭니다.

그렇기 때문에 디자인에서 특별히 본인만의 독자적인 기술이라고 할만한 것은 툴 활용 능력을 제외하고는 많지 않습니다. 그럼에도 기술이니 알려줄 수 없다는 사람이 혹시라도 있다면 배울 점이 없는 사람이라고 가정하는 것이 좋습니다. 배울 수 있는 것도 별로 없고, 밑에서 배울 가치가 없는 사람이라고 생각합니다.

- ▶ 1번. 질문을 하면 짜증을 내더라도 어떻게든 가르쳐주는 유형
- ▶ 2번. 이런 것도 못하냐며 끝내 가르쳐주지 않는 유형

1번과 2번 유형. 1번의 유형이 없는 회사라면 오래 다녀도 배울 것이 없는 회사입니다. 주체적으로 배우되 1번 유형의 선배가 있다면 충분히 고민해 보고 많은 질문을 해보기 바랍니다. 선배로 인정해 주고 잘 따른다면 배울 것이 많은 유형의 사람들입니다.

저는 작은 회사를 다녔지만, 운이 좋게도 1번 유형의 선배 디

자이너들이 계셨습니다. 물론 제 사수 분들은 저와 경력이 15년 이상 차이가 났고, 나이 차이 또한 많이 났기 때문에 처음에는 다가가기 정말 어려웠습니다. 꾸준히 질문하고 꾸준히 혼나며 배우다 보니 시간이 오래 지난 지금까지도 연락하며 가끔 만나 뵙고 술 한잔 하기도 합니다.

 시간이 지나 제가 프리랜서로 자리를 잡아갈 때쯤 연락을 드리고 술 한잔을 하다가, 얼큰하게 취해갈 때 그 당시 많은 지원자 가운데 왜 저를 뽑았냐고 여쭈어본 적이 있습니다. 제 사수였던 실장님은 이런 말씀을 해주셨습니다. 디자인을 잘하지는 않았지만 대학 생활부터 이 회사에 지원하기까지 열심히 살아온 흔적이 보여서 뽑았다는 말씀을요.

 여러분도 꾸준하고 열심히 하는 모습을 보여주었으면 합니다. 아무리 각자도생의 시대가 되었다고 하더라도 회사도 결국 사람이 일하는 곳입니다. 지금 당장 성장해야 한다면 평소의 태도와 행실에도 신경을 써야 인정받고 하나라도 더 배울 수 있습니다.

다른 것에서 배우기

내 주변의 모든 것이 인사이트

디자이너는 많은 것에서 영감을 받는만큼 디자인이 아니더라도 다른 것에서 많은 것을 배울 수 있고, 배워야 합니다. 또한 디자인이라는 일을 오래 할수록 디자인 역량 외에 필요한 역량들이 많아집니다. 아는 것도 많아야 하고 표현하고 비교해서 설득하는 역량도 필요합니다.

내 주위의 디자인을 통해 배우는 것부터 해보는 것도 좋은 방법입니다. 가장 손이 많이 가는 휴대폰이 왜 이렇게 디자인되었는지, 책상 위에 있는 책은 표지가 왜 이렇게 디자인되었는지, 이 패키지는 왜 이렇게 디자인되었는지, 이 디자인이 불편한 부분은 어떤 부분인지, 왜 이런 폰트를 사용했는지, 왜 이런 레이아웃을 사용했는지, 왜 이 컬러를 사용했는지 등에 대해 생각해 보는 것입니다.

디자인을 분석하고 확장하는 습관을 들이면, 디자인을 보는 눈이 높아집니다. 저는 개인적으로 어떠한 디자인을 내가 똑같이 따라한다면 툴의 어떤 기능으로 표현했는지, 나라면 어떻게 바꿔 볼지 생각하곤 합니다. 디자이너의 직업병 같은 것이죠.

화면상으로 보는 디자인들과 실물의 디자인들을 보는 것은 다릅니다. 화면에서 보이는 폰트와 이미지의 크기를 실제 사이즈대로 출력해보면 생각과는 많이 다릅니다. 편집을 오래 했던 디자이너가 아니라면 폰트와 컬러가 실제로 출력되는 사이즈와 색상의 감을 잡기가 생각보다 어렵기도 합니다.

직접 보고 비슷하게 만들어 보는 것으로 차이점을 배울 수도 있고, 출력을 해보며 다른 것들을 배울 수도 있습니다. 그러므로 인쇄물을 주로 하는 디자이너가 아닌 웹 작업을 주로 하는 디자이너라도 실물 디자인을 통해 배울 수 있는 부분들은 경험 삼아 배우는 습관을 들이기를 바랍니다. 내 디자인 직무 분야가 아니더라도 배울 수 있는 부분들을 스펀지처럼 배우려고 하는 사람들은 무섭게 성장합니다.

브랜드의 브랜딩 과정과 결과물

브랜드에서 디자인으로 표현하고자 하는 것들, 키 비주얼, 메시지, 카피라이팅 등에서 많은 것을 배울 수 있습니다. 브랜드가 브랜딩을 하는 과정에서 디자이너들의 피나는 디자인 작업 결과야말로 브랜드가 표현하고자 하는 디자인입니다. 그러므로 하나의 브랜드를 공부해 보는 과정에서도 많은 인사이트를 얻을 수 있습니다.

대형 브랜드들에서는 어떻게 디자인을 진행하는지, 고객에게 무엇을 보여주고자 하는지, 어떤 방법으로 고객에게 보여주는지, 각 브랜드의 차이점은 무엇인지, 트렌드를 어떻게 반영하는지 등의 많은 것을 배울 수 있습니다. 반대로 작은 브랜드들에서는 브랜딩을 어떻게 전개하는지, 대형 브랜드와 다른 점은 무엇인지 등의 인사이트를 얻을 수 있습니다.

오설록이라는 브랜드를 예로 들면, '차'라는 제품에서 시작해서 티푸드, 라이프 스타일을 반영한 제품으로 확장할 때에 어떤 무드를 유지하고 어떤 부분에서 변화를 주는지, 오프라인 매장에서는 어떤 것을 보여주고 고객들에게 어떤 경험을 주는지, 어떤 콘텐츠를 만드는지 등 거의 모든 부분에서 인사이트를 얻을 수 있습니다.

•• 출처 : 오설록 홈페이지 (https://www.osulloc.com/kr/ko)

브랜드의 광고와 마케팅

마케팅은 알리는 과정입니다. 마케팅은 마케터가 공부해야 하는 것이 아닌가 생각하는 디자이너도 많지만, 상업 디자이너와 마케팅이라는 분야는 밀접한 관계가 있습니다. 상업 디자인은 목적을 가지고 있습니다. 무엇을 판매하기 위한 디자인이 될 수도 있고, 알리는 목적이 되는 캠페인이 될 수도 있습니다. 거의 대부분 최종 목적은 클라이언트의 매출을 위한 것입니다.

마케팅도 마찬가지로 클라이언트의 매출에 필요한 분야입니다. 마케터가 디자인에 대한 이해도가 높으면 훨씬 역량이 높은 마케터가 되는 것처럼, 디자이너도 마케팅 분야에 이해도가 높다면 소통 과정에서 더 좋은 결과물을 낼 수 있는 것이 당연합니다.

조금 다르게 보면, 판매하기 위한 디자인에서도 제품의 디자인이나 패키지 디자인 등이 될 수도 있고 판매를 위한 상세 페이지, 프로모션 디자인 등이 될 수도 있습니다. 기존의 패키지를 프로모션에서 보여줄 수도 있고, 제품의 판매를 위한 상세 페이지 제작이 될 수도 있습니다. 당연하게도 하라는 대로 디자인하는 것과 왜 이렇게 해야 하는지 이해하고 디자인하는 것의 차이는 상당할 수밖에 없습니다.

브랜드에서 진행하는 광고와 마케팅에서 활용하는 비주얼과 카피라이팅의 연결, 어떤 메시지를 전달하는지, 어떤 타깃에게 메시지를 던지는 것인지 유심히 살펴보면 좋겠습니다. 지금 당장 볼 수 있는 브랜드 광고와 마케팅 활동들은 브랜드의 브랜딩 과정과 마찬가지로 전문 카피라이터와 마케터, 광고를 만드는 디자이너들이 협업하여 만들어낸 결과물입니다.

　브랜드의 성격과 종류에 따라 다르지만 트렌드의 흐름을 잘 적용하는 브랜드의 광고에서는 트렌드의 적용 방법 등을 배울 수 있고, 유행이나 트렌드를 좇지 않지만 브랜드의 핵심 가치를 표현하는 브랜드의 광고에서는 브랜드의 핵심을 디자인으로 풀어나가는 방법을 배울 수 있습니다.

　광고는 분석해 보는 것만으로도 디자이너에게 큰 도움이 되는 공부입니다. 디자인을 잘 하고 싶지만 디자인의 표현 방법에만 집중하고 있다면 기존의 광고와 마케팅 활동의 결과물을 레퍼런스 삼아서 '나라면 어떤 메시지를 썼을까?', '다른 비주얼이라면 어떤 비주얼로 표현할 수 있을까?' 하는 분석을 해보기를 바랍니다.

　디자이너라면 위의 브랜드와 마케팅의 분야는 필수로 배우고 활용할 줄 알아야 합니다. 클라이언트가 어떻게 판매하려고 하는지, 다른 브랜드들은 어떻게 판매하는지, 어떤 소구점을 내세우는지 참고해 보기도 하고 아이디어를 내보기도 하며 인사이트를 꾸준히 쌓는다면 내 디자인에 근거를 만드는 데 도움이 됩니다.

인풋 중독과 실행

성장하는 '기분'만 느끼게 하는 인풋 중독

남들의 좋은 아이디어, 성장과 성공 등 정보가 너무 많습니다. 서점에 가면 자기계발서는 베스트셀러에 항상 자리 잡고 있고, 그 책을 읽지 않으면 뒤처질 것 같은 느낌이 들기도 합니다. 유튜브도 마찬가지입니다. 자극적인 제목으로 '무엇'만 하면 성공할 수 있다는 제목으로 현혹합니다. 마찬가지로 저도 자기계발서를 나름 많이 읽은 편이라고 생각하지만, 읽고 난 후에 이전과 다른 사람이 된다거나 그 책들과 영상으로 인해 큰 성공을 거두지는 못했습니다.

가장 큰 문제는 간접 경험으로 인해 성공의 '느낌'만 받는다는 것입니다. 내 상황과 동떨어진 다른 세상의 성공담을 읽거나 보고, 나도 곧 성장하고 성공할 것이라는 근거 없는 자신감이 생겨납니다. 착각입니다. 경험을 보고 듣는 것만으로는 아무런 변화가 없을뿐더러 정리해서 적재적소에 직접 실행하는 출력이 없다면 나에게 필요 없는 정보까지 무질서하게 쌓입니다. 지금 당장 필요 없는 정보인 셈입니다.

중독은 술과 담배에만 해당하는 것이 아닙니다. 무분별하게 정보를 받아들이는 것에도 충분히 중독이 될 수 있다고 생각합니다. 현재 상황에 만족하지 못하고, 나에게 어떤 문제가 있는지 모르며, 어디에 있는지 정확히 모르니 무엇인가 비어있음을 느끼게 되고 그 결과로 다른 사람의 성공담을 통해 간접 경험만 채우게 되는 것이 아닐까 하는 생각마저 듭니다.

인풋은 필요한 상황이 생길 때 쌓기

뾰족한 목적 없이 성장하고 싶은 생각에 무엇인가 계속 채우고 싶은 생각이 든다면, 자기 계발에 관련된 책을 읽거나 영상을 먼저 볼 것이 아니라 무엇이 부족하고 무엇이 필요한지부터 알아야 합니다. 무엇이 부족한지 알았다면 그때 필요한 부분만 찾아보고 하나씩 실행해 보는 것이 무조건 많이 보는 것보다 훨씬 효과가 좋은 방법입니다.

마찬가지로 제가 브랜드를 론칭하고 운영하는 과정에서도 이전에 보고 배웠던 것들을 전혀 활용하지 못하거나, 알면서도 적용하지 못했던 상황이 매우 빈번하게 발생했습니다. 어떤 필요성에 의해 배우고 그것을 실제로 적용하는 직접적인 경험이 없었기 때문입니다. 실행해보지 않은 간접 경험만 있었던 것이죠. 때문에 어렴풋이 알고 있는 것들만 많고, 정작 필요할 때 적용하지 못했던 것입니다.

사업의 기본은 가치 대 가치의 교환이라고 합니다. 제가 운영하는 브랜드와 제품의 가치가 소비자의 필요성에 의해 화폐라는 가치와 맞교환되어야 합니다. 교환이 많이 일어나기 위해서는 브랜드와 제품의 가치가 실제 화폐의 가치보다 매력이 있어야 합니다. 소비자의 입장에서 내가 가진 화폐보다 가치가 높은 제품으로 교환한다면, 그 교환에서 좋은 경험을 쌓고 브랜드에 대해 긍정적인 기억을 가지게 됩니다. 제품 외적인 부분들도 마찬가지입니다.

실제로 브랜드 론칭을 해보니 시작 단계에서부터 가장 기본조차도 지키지 못했습니다. 당장 눈앞에 매출이라는 문제가 생기다 보니 마음은 조급해지고 그동안 쌓았던 인풋은 소용이 없는 경우가 많았습니다. 가치 대 가치의 교환이라는 가장 기본을 잊고 가치를 어떻게 가져올 것인가를 고민했던 실수를 했습니다. 그래서 이 시행착오를 만회하기 위해 다시 처음으로 되돌아가 현재의 문제를 파악하고 나에게 필요한 방법들을 찾아보고 정리해서 한 가지씩 다시 적용하고 있습니다.

아마도 제가 브랜드를 운영하는 동안에는 반복적으로 각기 다른 문제 상황이 발생할 것입니다. 브랜드 운영이라는 경험이 적기 때문에 해당 문제가 발생한다면 보완하기 위한 정보들을 다시금 읽거나 보고 정리한 뒤에 내 브랜드에 적용해 보는 과정이 끝없이 이어지겠죠. 브랜드를 만들었으니 브랜드가 살아남기 위한 브랜딩의 과정을 끊임없이 수행해야 하는 것입니다.

무분별하게 인풋을 계속 쌓기보다는 지금 내 상황에 필요한 인풋만 쌓고 빠르게 적용해야 합니다. 정보가 과다하면 길을 잃기

십상인 것 같습니다. 디자인을 하기 위해 레퍼런스를 볼 때도 해야 할 디자인에 초점을 맞추어서 레퍼런스를 참고해 보는 것과 다르지 않습니다. 내가 읽고 보는 정보들이 나에게 꼭 필요한 인풋인지, 실행을 위한 레퍼런스로 삼을 수 있는 정보인지 체크해 보세요.

인풋의 다음 스텝, 아웃풋

무엇이든 쌓았다면, 실행해야 합니다. 자기 계발이 됐든 동기부여가 됐든 실행하지 않으면 아무 소용 없습니다. 앞서 언급했던 것처럼 저 역시 자기 계발 중독에 빠진 적이 있습니다. 성공한 사람들의 이야기를 읽고, 영상으로 보고 들었습니다. 한참 인사이트를 쌓겠다고 닥치는 대로 읽고 보고 들을 때는 나도 잘할 수 있고 뭐든 할 수 있을 것만 같은 느낌이 들었습니다. 아무것도 실행하지 않음에도 뭔가 될 것 같은 기분만 느꼈던 겁니다. 남는 것도 없이 의미 없이 쌓기만 했습니다. 시간을 날리는 것도 모르는 채로. 물론 지금도 유튜브를 켜면 알고리즘에 의해 자주 제게 노출되긴 하지만, 필요한 정보 외에는 '관심 없음' 처리를 하고 있습니다.

실행은 고통스럽습니다. 레퍼런스, 타인의 경험과 사례 등 인풋을 토대로 무엇인가 열심히 아웃풋을 내기 위해 실행하고 있음에도 잘하고 있는 것인지 모르겠다는 생각이 자주 들 수도 있습니다. 실행을 통해 아웃풋을 내는 과정은 성장이나 성과가 쉽게 눈에 띄지 않기도 하고, 대체로 재미없고 하기 싫은 일을 하게 될 경우가 많기 때문에 그 과정이 매우 힘듭니다.

불확실하고 고통스러운 일을 하기에는 힘드니 다시금 동기부여 영상을 보고, 긍정 확언을 해보고, 루틴을 만들어서 해보려고 해도 의지가 어지간히 강한 것이 아니라면 지속하지 못합니다. 다시금 준비가 안 되었다며 합리화를 하고 중독의 굴레에서 벗어나지 못하는 결과가 돌아올 수도 있습니다. 잘하고 싶고, 목적 달성에 성공하고 싶기 때문에 더 그런 것일 수도 있습니다. 하지만, 모든 일들은 한 번에 처음부터 끝까지 완벽하게 잘할 수 없습니다. 오히려 한 번에 잘하면 그게 더 이상한 것입니다.

잘하고 싶더라도 욕심을 조금만 내려놓고 작게나마 하나씩 아웃풋으로 바꿔보는 것으로 천천히 쌓아나갔으면 좋겠습니다. 어떠한 일을 하든 남과 비교하지 않고, 작은 성공을 쌓아나가고, 나의 사례를 만들고, 과정이라는 경험을 통해 조금씩 성장시켜 나갔으면 좋겠습니다.

무엇을 위해 성장하려고 하는가?
- 명확한 목적과 목표

너무나도 당연한 말이지만, 목표가 명확하지 않으면 무엇을 해도 흐지부지 됩니다. 회사를 다니려면 큰 금액의 할부를 하라는 농담 같은 말이 괜히 나온 게 아닙니다. 당장 돈을 벌어야 하는 목표가 생기게 되니 회사가 힘들어도 다닐 수밖에 없게 되기 때문입니다. 회사 뿐만 아니라 '성장'이라는 목표가 있다면, 하고 싶다를 넘어 갈망하는 수준이 되어야 아무리 힘들어도 멈추지 않고 계속할 수 있습니다.

앞에서 언급했듯이 저는 현재 브랜드를 론칭하여 운영하고 있습니다. 또한 리터칭 강의를 하고, 종종 리터칭 의뢰를 받아 작업을 하기도 합니다. 그리고 디자이너 커뮤니티를 운영하며 디자이너를 위한 글을 씁니다. 제가 하는 일에는 각각의 목표가 있습니다. 브랜드를 성장시키는 이유는 브랜드를 통해서 생활과 브랜드의 성장에 필요한 돈을 벌어야 한다는 목표가 있기 때문이고, 리터칭 강의를 하는 것은 제가 가진 노하우를 통해 부수익을 얻고 추후에 영상 강의 등을 통해 해당 분야를 확장한다는 목표가 있기 때문입니다.

수익 활동은 아니지만 디자이너 콘텐츠를 만들고 커뮤니티를 운영하는 일은 디자이너보다는 단순 오퍼레이터에 가까웠던 제가 다른 방향으로 제 것을 쌓아가는 활동이며, 활동의 목표는 저의 개인적 성장입니다. 이 경우에는 일단 하다 보니 더 큰 목표가 생겼습니다. 주변을 좋은 사람들로 채워가며 그들과 함께하기 위해 단단하게 잘 키워보자는 목표입니다. 수익 자체를 목적으로 하는 일은 아니지만, 덕분에 많은 것을 얻으며 성장하고 있습니다.

목적이 무엇인지, 목표가 무엇인지 명확하지 않다면 무엇이든 오래 지속하기 힘듭니다. '어떤 것'을 해봐야지 하는 것만으로는 오래 지속하기 쉽지 않습니다. 돈을 많이 버는 것, 인정받는 디자이너가 되는 것, 대기업 디자이너가 되는 것, 프리랜서 디자이너로 독립하는 것 등 목표만 명확한 것이라면 어떤 것이라도 괜찮습니다.

낫 투 두 리스트 작성하기
— 방해 요인 제거

뭔가 하려면 꼭 집중을 흐리는 것들이 있습니다. 각종 방해 요소들 때문에 오랜 시간을 일해도 짧게 집중하는 것보다 효율이 현저히 떨어집니다. 저에게는 숏폼 콘텐츠가 그렇습니다. 숏츠를 보다 보니 어느샌가 짧은 영상에 익숙해지고, 러닝타임이 긴 장편이 지루해지기 시작했습니다. 잠깐이라도 여유가 생기면 시간을 때우는 용도로 숏폼 콘텐츠를 보며 의미 없이 시간을 때웠습니다. 게임도 마찬가지입니다. PC 게임은 오래전에 그만뒀지만, 모바일 게임은 언제 어디서든 접속이 가능하기 때문에 잠깐잠깐 하는 것에서 집중력을 흐리고 일의 효율을 떨어트립니다. 한참 집중이 될 만할 때 10분만 해야지 하다가 30분 이상 시간을 날리기 일쑤죠.

습관적인 행동들도 모두 포함됩니다. 카카오톡 채팅, 인스타그램 등의 SNS는 머리가 아파질 때 환기시킨다는 이유로 시간을 때우기 딱 좋습니다. 집이라면 잠깐 누웠다 할까 하는 행동들도 마찬가지입니다. 모두가 나의 성장을 방해하는 요소들이죠.

실행을 하기 위해서는 방해 요소들을 먼저 제거하는 것이 첫 번째입니다. 해야 할 일에 방해가 되는 것들을 하지 않는 것이 먼저이므로 투 두 리스트가 아닌 낫 투 두 리스트를 작성해야 합니다. 일상생활에서는 큰 문제가 없지만, 짧은 시간이라도 목표를 위한 활동을 할 때만큼은 몰입을 방해하는 행동은 제한해야 합니다.

머리가 복잡하거나 힘들 때 습관적으로 하게 되는 행동들을 먼저 찾은 후 리스트로 적어보시기 바랍니다. 처음부터 모든 것들을 제한하면 오래 지키기 힘듭니다. 따라서 가장 치명적인 것 한 가지만 먼저 제한을 하고 익숙해지면 다음 순서의 방해 요소를 제한하는 방법으로 한 단계씩 나아가야 합니다.

예를 들면 멀티태스킹 금지, 특정 시간 동안 SNS 금지, 자기 전 유튜브 시청 금지 등 킬링타임으로 낭비되는 시간을 줄이고 시간을 조금 더 효율적으로 활용할 수 있도록 만드는 것입니다. 그리하면 실행력은 눈에 보이게 좋아지고, 목표 달성에 필요한 많은 시간이 단축됩니다.

NOT To Do List
낫 투 두 리스트

01. 숏폼 콘텐츠 금지
02. SNS 금지
03. 모바일 게임 금지
04. 누워있기 금지

꾸준히 하기 위한 작은 습관 만들기

성장하는 것은 멈추지 않고 꾸준히 쌓아나가는 과정이 필요합니다. 하다 말다 하는 불규칙은 꾸준히 무언가를 쌓을 수 없습니다. 루틴을 만드는 이유는 성과를 위해서 꾸준히 작은 성공을 쌓아나가기 위함입니다. 그러므로 꾸준하게 지키지 못하는 어려운 것들을 무리해서 루틴으로 만들기보다는 쉽고 작은 성공일수록 좋다고 생각합니다.

저에게는 어렵지 않은 간단한 루틴이 있습니다. 직접 전화가 오거나 급한 일이 아니라면 기상 직후 30분~1시간 가량은 휴대폰을 되도록 사용하지 않습니다. 그 시간 동안에는 방을 정리하고 커피를 준비한 후에 해야 할 일을 체크합니다. 그 뒤에 필요에 따라서 책을 읽거나 필요한 인사이트를 쌓는 시간 등으로 활용합니다. 큰 틀에서는 바뀌지 않되, 조금씩 조정하여 되도록 온전한 개인 시간을 활용합니다.

그 외에는 지키기 힘든 루틴들은 만들지 않습니다. 혼자 일을 하다 보니 변수에 대응하려면 오후 시간에는 지키지 못할 확률이 높습니다. 번번이 실패했고 지키지 못했다며 자책하기 일쑤였습니다. 실패가 쌓이면 지속할 수 없기 때문에 온전하게 제 시간을 보낼 수 있는 기상 직후의 오전만 활용합니다.

루틴은 꾸준히 지켜지지 않으면 안 하느니만 못합니다. 실패의 반복은 실패 경험만 만들기 때문입니다. 루틴을 활용해보고 싶다면, 변수가 없는 시간대를 활용하여 아주 간단한 일부터 루틴화를 만들고 10분~30분 정도의 짧은 시간부터 시도해 보는 것이 좋습니다. 그래야 지속 가능한 나의 루틴으로 만들 수 있습니다. 목표를 달성하기 위해서 아주 작은 성공부터 꾸준히 쌓아보면 좋겠습니다.

나의 주변 사람들

주변에 누가 있느냐에 따라 내가 바뀐다

저는 제 주변을 열정이 넘치는 분들로 채워나가고 있습니다. 나쁘게 말하면 재고 따져서 사람을 가려 사귀는 것이냐고 할 수도 있겠지만, 확실하게 가려 사귀어야 한다고 생각합니다. 아직은 젊지만 나이를 조금씩 먹어가며 사회생활을 하다 보니, 언제부턴가 인간관계로 인한 피로도가 상당하고 시간을 할애해서 불필요한 모임이나 약속을 만드는 것 자체가 시간을 낭비하는 것 같다는 생각이 자주 들기 시작했습니다.

오랜 친구들을 만나면 항상 술을 마시게 되고, 집에 돌아오는 길에는 매번 회의감이 들었습니다. '이 시간에 일이나 할걸' 하는 후회가 밀려왔습니다. 친구들이 대부분 직장인이기 때문에 항상 대화의 주제는 회사 불만, 동료의 험담, 나 없으면 회사가 안 돌아간다며 회사는 그만한 대우를 하지 않는다는 내용과 함께 날것의 표현들이 상당히 많았습니다. 어찌 매번 새로운 불만들이 나오는 것인지 신기할 정도였습니다.

예전에는 저도 마찬가지였습니다. 세상에 대한 불만, 회사에 대한 불만, 상황에 대한 불만 등 매번 불만만 가지고 있었던 것 같습니다. 시간이 지남에 따라 조금씩 깨닫기 시작했습니다. 불만만 가지고는 아무것도 바뀌지 않는다는 것을. 점차 부정적인 사람들을 멀리하기 시작했습니다. 부정적인 생각을 하지 않으려고 해도 부정적인 사람들이 곁에 있다면 어느새 동화되어 있는 내 자신을 보았기 때문입니다.

좋은 일을 얘기하고 좋은 감정을 쌓는 일만 해도 시간이 부족한데, 부정적인 일들만 얘기하는 사람들과 어울린다면 나도 동화됩니다. 신세를 한탄하고 현실을 도피하는 것은 성장에 전혀 도움이 되지 않습니다.

프리랜서 초반에는 일을 구하기 힘들 때도 종종 있었습니다. 그래서 친구의 회사 일을 도와 각 지역 실내 운전면허 연습장의 시뮬레이터 기계를 조립하는 아르바이트를 하며 본업을 병행할 때에는 가까운 사람들에게 그럴거면 왜 독립했냐는 등 별소리를 다 듣기도 했습니다.

의류 브랜드를 준비할 때에도 몇몇의 사람들이 그랬습니다. 해봐야 망할 것이라고. 주변의 누구누구가 했는데 하나같이 망했다며 시작도 하기 전에 초를 쳤습니다. 론칭을 한 뒤에 제가 만든 브랜드의 제품을 선물하고 그 뒤로 만나지 않고 있습니다. 다른 이유보다도 당신이 말한 대로 실패할 것이라 했던 일을 나는 해내고 있다는 것을 증명하고 싶었습니다. 되돌아보면 가까운 사람이기 때문에 더 그런 것일지는 모르겠지만, 열심히 하는 사람을 실패자로 만드는 말을 했어야만 했는지는 아직까지 잘 모르겠습니다.

부정적인 사람들을 멀리하는 것이 첫 번째입니다. 뭘 해도 안 될 것이라는 사람, 작은 실패에도 그럴 줄 알았다는 사람, 모든 일에 부정적인 사람, 항상 자책하는 사람, 열심히 하는 사람들을 무시하는 사람 등 부정적인 사람들은 되도록 멀리하셨으면 좋겠습니다. 득과 실을 따지고 계산적이면 뭐 어떻습니까? 나의 성장에 1%의 도움도 되지 않는 사람들입니다. 같이 있어봐야 좋을 일이 없습니다.

긍정적인 사람

긍정적인 사람들은 존재만으로도 나에게 힘을 주는 사람들입니다. 준비한 일이 잘 풀리지 않더라도 자책하지 않도록 힘을 줍니다. 본인의 일처럼 공감해 주고 필요하다면 아낌없이 조언을 해주기도 합니다. 특정 주제가 없는 일상적 대화에도 편안함을 주는 사람들입니다. 함께 하는 것만으로도 힘이 되는 사람들입니다.

긍정적인 사람들을 만나면 나 또한 바뀝니다. 저는 감정 기복이 거의 없는 편이어서 기분이 좋은 상태인지, 나쁜 상태인지 가끔 구분이 잘 안될 때도 있습니다. 그럼에도 어떤 사람을 만나고 오면 확실하게 기분이 별로인 경우가 있고, 아주 조금이라도 기분이 나아졌다는 생각이 드는 사람이 있습니다. 후자의 경우에는 아마도 저도 잘 모르는 새에 긍정적인 에너지를 많이 받고 와서 그런 것 같습니다.

다른 상황이나 타인과 비교하지 않고, 좋은 점들을 찾으려 노력하는 사람들. 지금보다 더 나은 내일을 위해 방법을 찾으려는 그런 사람들을 주변에 채웠으면 합니다. 제가 힘들 때 그들에게 위로받고 공감받으며 다시금 나갈 길을 나아갈 수 있도록 했던 분들. 그분들에게 느꼈던 긍정의 힘을 이 책을 읽으시는 여러분들도 꼭 느꼈으면 좋겠습니다.

꾸준한 사람

굉장히 꾸준한 사람들이 있습니다. 꼭 대단한 꾸준함이 아닌 사소한 것이라도 마찬가지인 것 같습니다. 인스타그램의 팔로워나 블로그의 이웃이 잘 늘지 않음에도 본인의 콘텐츠를 계속 쌓아나가고 발전시키며 본인 것을 만들어 나가는 사람들. 비가 오나 눈이 오나 꾸준히 본인을 가꾸기 위해 운동을 하러 나가는 사람들. 원래의 기상 시간보다 30분 먼저 일어나서 출근 전에 책을 읽는 사람들. 저는 그런 사람들을 존경합니다.

하루에 5분, 10분 투자해서 하는 사소하고 짧은 것들이라도 꾸준히 하는 것은 정말 어렵습니다. 무언가를 이뤄내는 사람은 꾸준합니다. 작은 것에 일희일비하지 않고 누가 뭐라해도 흔들리지 않는 단단함이 없으면 할 수 없습니다. 꾸준한 사람들은 대부분의 사람들이 그러는 것처럼, 오늘의 핑계를 대며 '내일부터 다시 해야지'라고 하지 않습니다.

제 주변의 정말 꾸준한 사람들은 합리화하거나 핑계를 대지 않습니다. 치열함의 유무와 상관 없이 꾸준함이라는 자체가 정말 힘든 일이기 때문에 꾸준한 사람들은 당장 두각을 나타내지 못하더라도 꾸준히 성장하며 언젠가는 크든 작든 성공이라고 할 수 있는 결과를 얻는 것 같습니다. 꾸준한 사람들 곁에서 같이 무언가를 해보며 함께 성장하는 것도 좋습니다.

항상 새로운 것을 경험하고 배우는 사람

직업을 주기적으로 바꾸는 사람을 말하는 것이 아닙니다. 디자이너가 아니더라도 본인의 직업과 직무에서 새로운 것들을 끊임없이 배우고 경험하는 사람들은 나와 분야가 다를지라도 간접적으로 얻을 수 있는 인사이트들이 상당히 많습니다. 주변 사람들을 보면 대부분 타성에 젖어 생각 없이 하던 일만 하지 않습니다. 항상 새로운 것들을 생각해 보려 하고 배워서 적용해 보려고 합니다.

현실에 갇혀있지 않은 사람들과의 어울림은 일방적으로 배우는 것보다는 상호작용을 할 때 빛을 발하는 것 같습니다. 나에게 어려움이 있다면 분야가 다르기 때문에 생각지도 못한 아이디어를 내주기도 하고, 내 시야에서는 보기 힘든 다른 문제점들을 짚어주기도 합니다.

이런 이유 때문에 제가 의류 브랜드를 준비할 때에도, 론칭 이후에도 각기 다른 분야에서 열려있는 사람들의 피드백을 받으려 노력했습니다. 아버지의 제작 노하우와 의견, 각 분야 디자이너들의 의견, 패션 디자이너의 의견. 디자인과는 전혀 관계없는 사람들의 피드백까지 종합하여 브랜드의 방향성을 벗어나지 않는 선에서 반영해 보는 과정도 거치고 있습니다.

내 주변에 채우고 싶은 좋은 사람들이 생겼다면

나도 그들에게 도움을 줄 수 있고, 도움을 받을 수 있는 선순환이 생길 수 있도록 나부터 변화해야 합니다. '나는 좋은 사람인가?', '지금은 어떤 사람인가?', '받는 것만 하고 주는 것에는 인색하지 않은가?', '주변에 도움을 주는 사람인가?' 하는 생각을 끊임없이 해야 합니다.

저도 마찬가지로 베풀어야겠다는 생각을 자주 합니다. 내 기대와 다르게 흘러가는 일들도 때때로 있겠지만, 물질적인 것이 아니더라도 작은 친절을 베풀고, 어려움을 얘기하면 잘 들어주는 것처럼 작고 사소한 것들이 충분히 쌓이고 나면 지금 당장은 아닐지라도 언젠가는 돌아올 것이라고 믿습니다.

모든 것은 아니겠지만 대부분은 등가교환이라고 생각합니다. 주는 것이 있으면 돌아오는 것도 있다는 것, 반대로 주는 것이 없으면 받는 것도 없는 것. 이는 나의 능력과 시간을 대가로 월급을 받는 직장에서도 마찬가지이고, 사업에서도 마찬가지입니다. 오히려 내 쪽에서 더 좋은 가치를 주려고 하면 그에 상응하는, 어쩌면 더 큰 보답이 돌아온다고 생각합니다. 그러니 내 주변을 좋은 사람들로 채우고 싶다면, 먼저 베풀면 좋겠습니다.

디자이너의 포트폴리오

포트폴리오를 어떻게 만들어야 할까?

디자이너 커뮤니티의 단골 질문입니다. '포트폴리오를 어떻게 해야 할까요?'라는 질문은 굉장히 추상적입니다. 때문에 굉장히 답변하기 곤란합니다. 어디서부터 얘기해야 할지 무엇을 얘기해줘야 할지 막막합니다. 디자인에서도 '가족의 느낌이 들게 디자인해 주세요', '화려한 심플함' 같은 추상적인 요구에는 작업하기가 상당히 곤란한 것처럼 말이죠.

디자이너의 취업에는 포트폴리오가 전부라고 할 수도 있을 만큼 매우 큰 비중을 차지합니다. 디자이너에게 포트폴리오란 성장의 결과물과도 같습니다. 어떤 디자인을 해왔으며 어떻게 성장을 했는지 나의 역량을 증명하는 증명서와도 같은 존재입니다. 그만큼 큰 비중을 차지하는 포트폴리오는 만들기가 굉장히 어렵습니다. 정답이 없기 때문이죠. 보는 회사가 다르고, 보는 사람이 다르고, 포트폴리오를 만드는 사람 또한 다르기 때문입니다. 관점에 따라 다르기 때문에 어떤 기준에 맞춰서 만들어야 할지 고민되는 것은 당연합니다.

포트폴리오는 조금 단순하게 말하자면 나랑 같이 일하고 싶게 만드는 작품집 겸 증명서입니다. 저는 개인적으로 제품을 판매하기 위한 상세 페이지와 비슷하다고 생각합니다. 제품의 특징, 디자인, 성능과 같은 것들을 상세 페이지에 효과적으로 보여주고 구매하고 싶게 만드는 것처럼, 포트폴리오도 마찬가지로 학력, 이력, 자기소개서와 함께 이를 통해서 우리 회사와 일하면 좋을 것 같다는 생각이 들게 만들어야 합니다.

그러므로 아무런 정보 없이 '포트폴리오를 어떻게 만들어야 할까요?'라는 추상적인 질문에는 답변하기 곤란합니다. 질문이 구체적일수록 구체적인 답변이 돌아오는 것처럼 포트폴리오를 만들고자 한다면 구체적으로 '무엇을 보여주고 싶은가?'부터 생각하길 바랍니다.

취업하고 싶은 회사가 있다면 그 회사는 어떤 것들을 하는 회사고, 나는 어떤 것들을 보여줄 수 있는지부터 무엇을 보여주고 싶은지 충분히 고민한 뒤에 포트폴리오를 채워나가도 늦지 않습니다. 오히려 시행착오를 줄이는 가장 빠른 길로 가는 질문입니다.

무엇을 보여줘야 할지 결정했다면 이제 보는 사람의 입장에서 생각해 보면 됩니다. 보는 사람을 위해서 적절한 분량을 정해야 하지만 역시 마찬가지로 정답은 없습니다. 다만 해당 직무의 커뮤니티에서 구체적인 질문 혹은 서치를 통해 사례를 참고하여 대략적인 분량을 정한 뒤에 조정하면 됩니다.

무엇을 보여줘야 할지, 무엇을 가지고 있는지, 분량을 어느 정도 하면 좋을지 결정했다면 페이지네이션을 통해 전체적인 구성을 정리합니다. 부족한 부분은 노트폴리오(notefolio.net) 등에서 다른 디자이너의 포트폴리오 사례 분석을 하기도 하고, 잘 만들어진 편집 디자인의 좋은 점들을 적용해서 콘셉트에 맞는 레이아웃을 적용한 후에 채워나가면 됩니다.

우리가 상세 페이지를 볼 때 한 글자 한 글자 꼼꼼하게 읽지 않는 것처럼 포트폴리오를 보는 사람도 모든 것을 보고 읽지 않습니다. 대충 넘기면서 관심이 생기는 부분에서 조금 유심하게 봅니다. 너무 길거나 너무 짧지 않도록 배치하되 페이지네이션의 강약 조절에 신경쓰는 것이 좋습니다. 지원하는 회사에 맞는 디자인을 앞단에 배치하거나, 자신 있는 작업물을 앞단에 배치하는 등의 2~3가지 버전의 포트폴리오를 준비해 보세요.

회사에서 했던 디자인 작업물만 넣어야 할까?

결론부터 말하자면 아닙니다. 오히려 개인 작업이 자신 있고, 회사의 작업물에 크게 자신이 없다면 먼저 보여주고 싶은 개인 작업을 앞단으로 배치하고 회사의 작업물을 개인 작업 이후에 배치해도 문제는 없습니다. 다만 실무와 너무 동떨어진 디자인 등은 경계할 필요가 있습니다.

실무와 동떨어진 작업물은 '이런 것도 할 수 있다'와 같이 역량 정도만 보여주는 것이 바람직합니다. 회사는 개인적으로 하는 작업과는 다른 디자인을 하는 곳이기 때문에 상업과 관련 없는 개인적인 디자인 작업물들만 나열되어 있다면 그대로 창 닫기를 눌러버릴 가능성이 높습니다. 상업과 관련 없는 다른 것을 보여주고 싶다면 참고 정도만 할 수 있도록 뒤쪽에 배치하는 것이 좋습니다.

단, 회사에서 하지 않은 디자인이라도 상업 디자인에 포함되는 디자인이라면 넣어도 괜찮습니다. 오히려 회사를 다니면서 개인 작업까지 하는 열정을 좋게 보는 면접관이 있기도 합니다. 이 역시도 면접관마다 경우에 따라 차이가 날 수 있으므로 정답은 아닙니다.

PDF는 기본, 홈페이지는 플러스 알파

지금은 제가 운영하는 브랜드 이외에 따로 외주 프로젝트를 진행하지 않습니다. 리터칭 이외에 디자인 의뢰를 받지 않고 있음에도 디자이너이기 때문에 홈페이지를 유지하고 있습니다. PDF 외에 홈페이지를 만들어야 하는가, 안 만들어도 되는가의 여부는 의견이 분분한 편이지만, 운영 중인 커뮤니티의 의견대로라면 '있으면 좋다'가 우세합니다.

개인적으로도 편집 디자이너, 패키지 디자이너, 그래픽 디자이너 등 직무 구분 없이 포트폴리오를 업로드해 놓은 개인 홈페이지를 가지고 있다면 없는 것에 비해 훨씬 낫지 않을까 하는 생각이 듭니다. 물론 프리랜서라면 신뢰성과 전문성을 위한 홈페이지가 당연하게 있어야 하지만, 프리랜서가 아니더라도 혹시 모를 급작스러운 제안 등으로 좋은 기회가 생겼을 때 활용하는 경우도 심심치 않게 있습니다.

　불특정 다수에게 오픈되는 것이 부담스럽다면 링크로만 접속할 수 있도록 제작해 두는 것도 좋은 방법입니다. 무엇이든 없는 것보다는 있는 것이 좋기 때문이기도 하지만, 추후에 충분히 활용할 수도 있기 때문에 기회가 생긴다면 만들어 두는 것이 여러 모로 좋습니다.

　포트폴리오를 첨부할 때 홈페이지 링크와 같이 첨부해도 괜찮고, PDF 페이지 내에 링크로 첨부하는 것도 좋습니다. 실력과 작업물의 수준이 비슷한 지원자라면 준비가 조금 더 되어있는 지원자를 조금이나마 좋게 보는 것은 당연합니다. 크리에이터링크(www.creatorlink.net), 아임웹(imweb.me) 같은 간편하게 홈페이지를 만들 수 있는 웹 빌더를 활용해도 좋고, 어도비 포트폴리오를 활용해서 제작하고 비핸스에 연동하는 방법도 활용할 수 있습니다.

직장인 디자이너에게 개인 채널이 꼭 필요할까?

　제가 디자인을 전공하고, 취업하여 신입 시절을 거쳐 프리랜서로 진입할 때까지만 해도 주위 디자이너들이 개인적으로 SNS 디자인 계정을 꾸준히 운영하는 경우가 많지는 않았습니다. 열정이 넘치는 소수의 디자이너들 이외에는 그게 꼭 필요할까? 하는 분위기였습니다.

　하지만, 몇 년 새 꼭 디자인에 관련한 계정이 아닌 개인 계정이라도 SNS가 필요하다는 목소리가 늘어났습니다. 회사에서 직원을 채용할 때 포트폴리오를 직접 보고 면접을 보는 면접관이 SNS를 확인하는 경우도 많아졌으니, 잘 운영하는 SNS가 좋은 영향이 될 수 있는 것은 당연합니다. 우리 생활 속에서도 누군가 궁금하다면 인스타그램 계정을 찾아보기도 하는 것처럼요.

따라서 SNS는 면접 자리에서 '나는 어떤 디자이너다.', '어떤 생각으로 일을 한다.'와 같은 증명하기 힘든 말 대신 나라는 디자이너를 증명하기 위해 활용할 수 있습니다. 디자인에 대한 생각이나 작업물들을 기록하는 공간, 전시나 좋은 디자인을 기록하는 공간 등의 성실함이나 감각과 같은 것을 증명할 수 있습니다. SNS를 나의 무기 중 하나로 활용하고 싶다면 사적인 용도의 개인 계정이 아닌 부계정을 활용해 보길 바랍니다.

Part 3

일 잘하는 디자이너
The Efficient
Designer

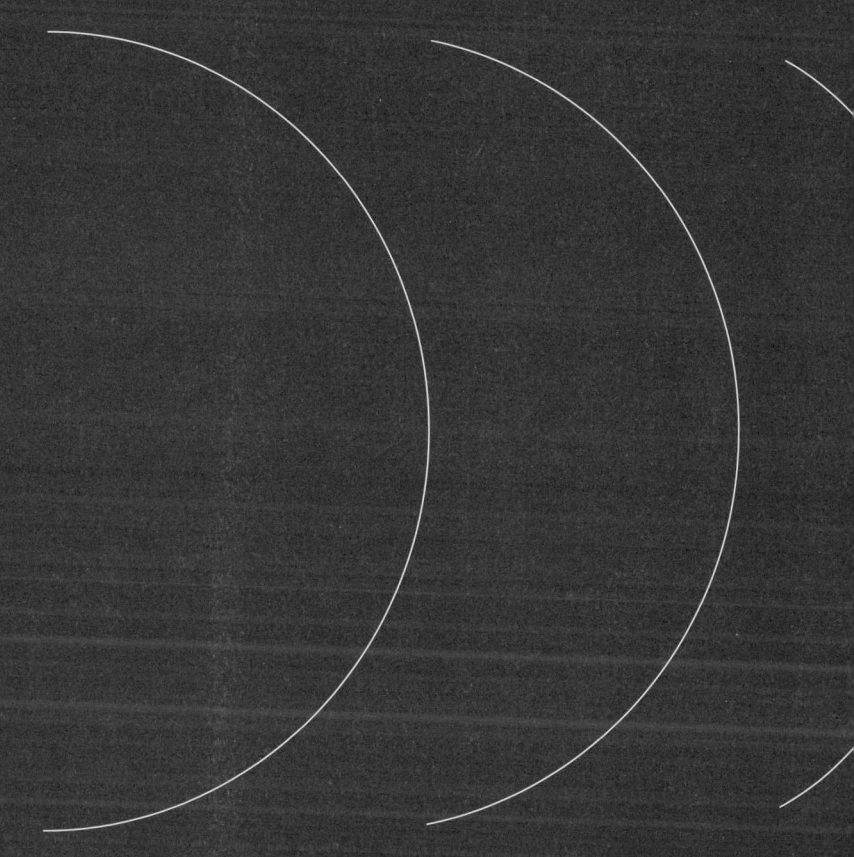

일 잘하는 디자이너

일 잘하는 디자이너

일을 하다 보면 같이 일하기 좋은, 일 잘하는 사람들이 있습니다. 디자이너는 일반적인 사무직과는 직무의 성격이 조금 다릅니다. 어떤 것이 되었든 주제와 내용을 가지고 아이디어를 더하여 시각화하는 과정이 필수이며, 그 결과물은 디자이너가 아닌 사람들이 컨펌을 하고 평가를 내리는 경우가 상당히 많습니다.

주로 진행하는 프로젝트의 규모에 따라 조금씩 차이는 있지만, 디자이너는 직무 특성상 협업을 하는 일이 많습니다. 디자이너가 아닌 사람들의 개입도 많은 편입니다. 또한 특정 제품이나 서비스를 정해진 대로 만들어내는 직업이 아닌, 새로운 주제를 가지고 디자인을 처음부터 만들어나가는 맞춤형 서비스와 가까운 특징을 가지고 있습니다.

그래서 디자이너는 미적 표현으로 좋은 디자인을 잘하는 것에서 끝나지 않습니다. 클라이언트의 프로젝트를 처음부터 끝까지 매끄럽게 진행하기 위해서 공통적으로 필요한 다른 역량들이 있죠. 이를테면 내 디자인에 대해 고집을 조금 내려놓을 줄도 알아야 하고, 의견을 잘 수용할 줄 알아야 합니다. 또한 수정을 거치는 과정에서 피드백을 수용하고 디벨롭을 통해 완성을 해나가는 동안 매끄럽게 프로젝트를 진행할 수 있는 부가적인 역량들이 매우 중요합니다.

직무 특성상 경력이 쌓일수록 디자인 자체보다는 다른 역량들이 점점 더 중요해지는 특성이 있습니다. 개인적인 생각으로는 작업자에서 조율자로 조금씩 포지션이 이동하게 되는 것 같습니다. 몇 가지 간단한 예를 들면 클라이언트의 니즈를 파악하는 역량, 올바르게 제안하는 능력, 협업과 조율을 매끄럽게 할 수 있는 커뮤니케이션 역량, 마무리까지 문제 없도록 진행 상황을 수시로 체크하고 점검하는 습관 등입니다.

이런 능력들은 경험과 경력이 별로 없는 주니어 디자이너가 곧바로 갖추기에는 힘들기도 하지만, 신입 디자이너나 주니어 디자이너에게 이러한 능력이 조금 부족하다고 하더라도 프로젝트에 큰 문제가 발생하지는 않습니다. 주니어 디자이너보다는 경험과 경력이 쌓인 후에 시니어 디자이너로 넘어가는 과정에서 점점 더 중요해지는 역량들이기 때문입니다.

대부분의 경우 선임 디자이너들은 이런 부분들에서의 문제점이 반복적으로만 발생하지 않는다면 조금 모자라도 대부분 이해하고 넘어가는 편입니다. 하지만 중요성을 미리 알고 남들보다 빠르게 역량을 쌓는다면 더 빠르게 성장하고 어디서든 인정받는 일잘러가 될 수 있습니다.

질문

　제 경우에는 그 사람만 알고 있는 정보 혹은 생각 등이 필요하다면 직접 질문합니다. 예를 들면 클라이언트의 제품이나 서비스에 대한 포지션, 성격과 특장점 같은 것들은 클라이언트 측에서만 알고 있는 정보이기 때문에 이런 경우에는 곧바로 직접 질문을 해야 합니다. 그러나 일반적으로 알 수 있는 정보라면 모른다고 바로 질문을 하기보다는 한 번쯤 정보를 찾아보고 질문을 하는 편입니다.

　단, 질문은 간략한 상황 설명과 함께 최대한 간결하고 구체적으로 합니다. 예를 들어 편집물의 자간과 행간이 조금 애매한 경우라면 직접 작업 파일을 보여주며 질문을 합니다. '본문 작업 중인데, 행간이 조금 애매한 느낌이 들어서 봐주셨으면 좋겠습니다. 대리님이 보시기에 어떠신 것 같으신가요?' 이렇게 질문하는 것입니다.

　상대방에게 문제 상황을 확실하게 인지시키고 질문하는 것과 상황 설명 없이 장황하게 질문하는 것은 차이가 큽니다. 질문을 하는 입장보다는 답변을 하는 사람이 확실하게 이해가 되어야 하고, 정확하게 이해할 수 있어야 질문에 대해 올바른 답변을 할 수 있습니다.

　질문의 답변을 들었다면, 필요에 따라 확실하게 정리를 해야 할 필요가 있을 수도 있습니다. 질문에 대한 답변이 간략하지 않고 장황하다면 이야기의 마무리에 간략하게 요약한 내용과 함께 되묻는 것입니다. '제가 이해한 게 이게 맞나요?', '이렇게 하라는 말씀

맞나요?' 이해가 안 된다면 이해가 될 때까지 질문하고 최종적으로 이해한 내용이 맞는지 되물어보는 습관을 들여야 합니다. 이는 직장 상사에게도 마찬가지고, 클라이언트에게도 마찬가지입니다.

- ▶ 첫 번째, 질문을 할 때는 상황 설명 + 간결하고 구체적으로 하기
- ▶ 두 번째, 답변이 장황하다면 간략하게 정리해서 이해한 것이 맞는지 되묻기

종이와 펜

종이와 펜을 항상 들고 다니는 것이 좋습니다. 무조건 메모하세요. 메모를 하지 않아서 잘못된 작업을 하게 되어 재작업을 하는 경우가 종종 발생합니다. 인쇄물 디자인이라면 사이즈가 될 수도 있고, 수량이 될 수도 있습니다. 가장 흔한 경우는 수정 사항을 귀로만 듣고 작업하다가 누락시키는 경우입니다. 메모만 했어도 일어나지 않았을 일을 두 번 하게 되면 시간이 낭비될 뿐 아니라 꼼꼼하게 일하지 못한다는 인식을 심어주기 딱 좋습니다.

데드라인을 숙지하지 못한다면 대참사가 일어나는 것은 당연합니다. 기억력만 믿고 사고를 내는 사람을 정말 많이 봤습니다. 회사에서 무엇인가 기억해야 하는 것들은 전부 메모합니다. 작은 떡 메모지 하나만 구비해 놓고 바로바로 쓰는 것이 좋습니다. '아 맞다' 하는 순간 야근 확정입니다.

갑자기 떠오르는 아이디어, 전화로 전달받은 체크 사항, 구두

로 전달받은 내용 등 기억이 필요한 부분은 간략하게라도 항상 메모를 하는 습관을 들이면 좋겠습니다. 사람은 생각보다 기억력이 좋지 않습니다.

종합과 예측

종합과 예측 능력은 연습과 경험이 많이 필요합니다. 디자인을 잘하기 위해서는 정보, 필수사항, 경쟁사, 시장 상황, 요청 사항, 기획 방향, 아이디어 등을 종합해서 더 나은 것을 제안해야 합니다. 그런데 이러한 정보를 종합해서 클라이언트나 회사가 원하는 퀄리티와 방향성이 맞는 디자인을 만들어 내는 것은 경험이 적을수록 어려운 일입니다.

디자이너는 보고 따라 하거나 정해진 대로 제작을 하는 직업이 아닙니다. 여러 조건들을 종합해서 디자인이 완성되는 모습을 머릿속에서 충분히 시뮬레이션 해보고 예측할 수 있어야 합니다. 이는 당연하게도 많은 작업 경험이 있어야 하기 때문에 주니어 디자이너들에게는 쉽지 않은 일입니다.

가장 빠르게 능력을 키울 수 있는 방법은 디자인 툴을 이용하여 작업하는 것이 아닌 손으로 하는 스케치입니다. 레이아웃이나 폰트의 종류를 구상해 보고 어울리는 컬러를 적용해 보는 등의 연습 작업을 툴로 진행한다면 십중팔구 러프한 작업에서 벗어납니다. 러프하게 스케치 단계만 해야지 하다가도 나도 모르게 디테일을 신경 쓴다거나 폰트 목록에서 한참 동안 어울리는 폰트를 찾는

데 시간을 씁니다.

프로젝트를 시작한다면 꼭 손으로 간단하게 스케치를 해보고 최종 디자인과 비교해 보기 바랍니다.

니즈 파악

클라이언트(회사)가 무엇을 원하는지 정확히 캐치할 수 있는 역량은 없어서는 안 될 중요한 역량 중 하나입니다. 원하는 것이 무엇인지 모르는데 제대로 된 디자인을 할 수 없는 것은 당연합니다.

시니어 디자이너들은 경험이 있기 때문에 클라이언트가 원하는 것이 무엇인지 빠르게 캐치하고 어떤 방향성으로 디자인을 풀어갈 것인지 제안을 하지만, 경력이 오래되지 않은 신입과 주니어 디자이너들이 클라이언트의 니즈를 정확하게 캐치하기에는 다소 버거울 수 있습니다.

그렇기 때문에 디자이너 입장이 아닌 클라이언트의 입장에서 무엇을 원하는 것인지 생각해 볼 필요성이 있습니다. 가령 클라이언트가 세련된 이미지를 원한다면, 클라이언트의 입장에서 세련된 디자인이 무엇인지 확인할 필요성이 있습니다. 디자이너인 나와 클라이언트가 생각하는 '세련된'이라는 키워드가 다를 수도 있기 때문입니다. 이 과정에서 앞서 언급했던 종합과 예측이 필요하고, 질문이 필요합니다. 클라이언트가 원하는 것을 종합하고, 이해가 필요한 것들에 대해 질문까지 했다면, 그 뒤에 비슷한 방향성의 레퍼런스나 기존 작업물들을 제안하여 방향성과 느낌에 대한 부분까지 정리를 합니다. 시작하기 전 단계에서 잘 정리를 한 다음에 디자인을 해야 무한 수정의 늪 혹은 '왜 내가 얘기한 거랑 다른 디자인이 나오는 겁니까?'라는 클레임을 방지할 수 있습니다.

니즈를 파악하기 위해서는 디자이너인 내가 아닌 의뢰자인 클라이언트의 입장에서 생각해 보기 바랍니다.

제안

여기서 말하는 제안은 제안서를 작성하거나 대단한 것을 제안하는 것이 아닙니다. 설득을 위한 제안입니다. 클라이언트가 말하는 대로 주관 없이 '넵'만 하고 고객이 왕이니 해달라는 대로 다 해주려고 하는 넵무새가 맞다고 생각한다면 미리 축하드립니다. 무한 수정의 늪이 기다리고 있습니다.

클라이언트 입장에서 이해하기 편하도록 선례를 들어 제안해야 합니다. 디자이너가 아닌 사람들은 디자이너에 비해 디자인을 상상하고 머릿속에 그려보는 능력이 다소 부족할 수 있습니다. 그래서 디자이너가 아닌 클라이언트에게 제안을 하려면 구체적인 디자인 사례를 들어 제안하는 것이 설득을 위한 가장 빠른 방법입니다.

이 방법은 디자인을 시작하기 전인 사전 미팅, 커뮤니케이션에 활용할 수 있습니다. 디자이너가 흔히 접하는 레퍼런스 이미지, 디자인 사례를 활용하면 됩니다. 미팅에서 방향성 조율을 한 뒤에 비슷한 사례를 보여주고, '어떠한 부분'을 반영하여 느낌은 가져가되 미팅에서 정리되었던 '방향성'을 적용하여 디자인을 진행하겠다고 한다면 클라이언트 입장에서는 훨씬 이해하기가 쉽습니다. 눈에 보이는 이미지가 있기 때문입니다.

클라이언트의 입장에서 이해하기 쉽도록 설명과 함께 레퍼런스를 예시로 제안해 보기 바랍니다.

조율

일을 하다 보면 변수로 인해 조율이 필요한 시점이 생깁니다. 어쩔 수 없이 조율을 해야 하는 입장이라면 최대한 합리적인 방향으로 조율해야 합니다. 직장에 다니는 주니어 디자이너라면 이 조율에 대해서는 직급이 높은 선배 디자이너나 팀장을 맡고 있는 디자이너가 주로 하겠지만, 이는 경력에 따라 점점 더 중요해지는 역량입니다. 디자이너가 나 혼자라서 직접 소통을 해야 하거나, 따로 외주를 하거나, 프리랜서로 일하는 디자이너라면 당장 필요한 중요도가 높은 역량이 되겠죠.

조율을 잘 하기 위해서는 대안을 제시할 수 있어야 합니다. 만약 치명적인 문제가 발생하여 약속된 시안 전달 시기가 늦어진다면, 아무 말도 없이 시안을 늦게 전달하는 것이 아니라 명확한 상황 설명과 함께 전달할 수 있는 시간을 먼저 제안해야 합니다. 가능하다면 최대한 열심히 해서 만족스러운 결과물을 전달할 수 있다는 말을 덧붙여서 이해를 구할 수 있도록 하는 것도 좋습니다.

'안녕하세요, 담당자님. OO의 OOO입니다. 죄송하게도 ~~한 이슈가 발생하여 불가피하게 약속드린 0월 0일 0시에 전달을 드리기 힘들 것 같습니다. 현재 해당 문제를 해결 중에 있으며, 0월 0일 0시까지는 만족스러운 시안 작업물을 전달드릴 수 있도록 하겠습니다.'와 같은 말을 메시지 혹은 전화로 남긴 후 추가로 필요한 내용을 최대한 원만하게 협의해야 합니다.

프리랜서 시장에서 몇 년 일을 해보니 문제가 생기면 회피를 하는 사례들을 종종 봤습니다. 아닐 것 같지만 생각보다 자주 일어나는 일이고, 이런 일들로 인해 프리랜서 디자이너들을 못 믿겠다는 클라이언트 분들도 계십니다. 문제 상황이 발생한다면 지체 없이 연락하고 조율을 통해 더 큰 문제 상황이 발생하지 않도록 하는 것이 좋습니다.

디자인을 풀어나가는 방법

디자인을 풀어나가는 방법

디자인은 문제 해결 과정이라는 유명한 말이 있습니다. 그렇다면, 디자이너는 '문제'를 '디자인'으로 해결할 수 있는 사람이 됩니다. 상업 디자이너라면 클라이언트의 '문제' 해결을 위한 '디자인'을 제작합니다. 멀리 생각하지 않아도 예시는 아주 많습니다.

새로 출시하는 기초화장품을 예로 들어보겠습니다. 화장품을 판매하려면 화장품의 내용물을 담을 용기와 패키지가 필요합니다. 내용물을 담기 위한 용기 제작이 1차 문제, 용기를 어떤 재질과 모양으로 만들지, 용기의 모양을 디자인하고 용기를 담아낼 패키지를 어떻게 만들 것인지가 2차 문제, 브랜드의 로고와 방향성, 제품의 기획 등을 토대로 패키지 제작에 적용할 디자인을 구현하는 것이 3차 문제입니다. 단계마다 구체적인 분야는 조금씩 다르지만 모든 단계에 디자인이 필요한 셈입니다.

세상에 존재하는 모든 제품과 서비스에는 디자인이 필요합니다. 기획, 방향성, 소비자의 니즈와 원츠, 트렌드, 디자인 등 모든 요소가 잘 조화되어야 좋은 디자인이 나옵니다. 상업 디자이너라면 단순히 예쁘고 화려한 디자인이 아닌, 계획한 목적을 달성하고 팔리는 디자인을 하는 것이 좋은 디자인을 하는 것입니다.

냉정한 말이지만 팔리지 않는 디자인, 목적을 달성하지 못하는 디자인은 실패한 디자인입니다. 상업 디자인은 예술이 아니기 때문에 표현에 집중하는 예술과는 다릅니다. 목적을 달성하는 디자인을 하려면 고려해야 할 것들이 생각보다 많습니다. 직무마다 성격은 조금씩 다르겠지만, 디자인을 기획하고 구현하는 과정에서 필요한 사항들이 있습니다. 해당 사항들을 생각하고 정리한 뒤에 디자인을 구현한다면 적어도 실패하는 디자인은 피할 수 있을 것이라 생각합니다.

- ▶ **첫 번째, 데드라인**: 설명이 필요 없는 제일 중요한 1순위 고려 사항
- ▶ **두 번째, 브랜드의 방향성**: 브랜드(제품, 서비스)의 이미지, 컬러, 변화 혹은 유지 등의 의도 캐치
- ▶ **세 번째, 키워드 도출**: 브랜드(제품, 서비스) 특징과 성격
- ▶ **네 번째, 시장 상황과 트렌드**: 프로젝트 분야의 현재 트렌드와 타깃층의 니즈
- ▶ **다섯 번째, 디자인 콘셉트와 모티브**: 심플한, 젊은, 키치한 등의 형용사
- ▶ **여섯 번째, 필수 사항과 제한 사항**: 베리에이션, 필수 기재 사항, 금지 사항
- ▶ **일곱 번째, 피드백과 수정**: 피드백 수용과 수정 사항 반영

데드라인
설명이 필요 없는 제일 중요한 1순위 고려 사항

어느 정도의 퀄리티를 낼 수 있는지, 프로젝트가 실행 가능한지의 여부를 확실하게 하기 위해 데드라인을 먼저 체크해야 합니다. 시간이 촉박한데 가능하다는 의견을 전달하는 순간 데드라인을 지켜야 하는 책임은 나에게 있습니다. 우리는 아마추어가 아닌 프로이기 때문에 확실하게 약속을 지킬 수 있도록 동시 진행 중인 프로젝트를 주기적으로 확인하고, 불가피하다면 일정을 조율하여 완료 시간을 지켜야 합니다.

가령 일정이 촉박하기 때문에 내용 정리가 되지 않은 상태에서 '10일 안에 서브 페이지를 포함한 기업의 홈페이지를 제작해야 한다', '일주일 안에 12p 카탈로그 디자인을 완료하고 인쇄까지 완료해야 한다'와 같이 시간에 쫓기고 작업 완료를 장담할 수 없는 일을 맡게 된다면 일정을 재조율하거나 불가능하다는 의견을 전달하는 것이 먼저입니다. 프리랜서의 경우에는 데드라인을 지킬 수 없는 의뢰는 안 받으면 되지만, 회사를 다니는 직장인 디자이너라면 반강제로 진행하게 될 가능성이 높습니다. 월급을 받으려면 회사에서 까라면 까야 하는 게 현실이기 때문이죠.

어쩔 수 없이 하게 되더라도 확실하게 지킬 수 없다면 책임을 지지 못한다는 의견을 먼저 전달하기 바랍니다. 적절한 예시를 들자면 오피스텔, 아파트 등의 분양 광고에 포함되는 공급 안내서, 카탈로그 등의 디자인에서는 업계에서 '오리발'이라고 부르는 아주 작은 글씨로 하단에 들어가는 내용이 있습니다.

※ 본 홍보물의 CG, 문구, 내용 등은 소비자의 이해를 돕기 위해 제작, 표기된 것으로 실제와 차이가 있을 수 있으니 유의하시기 바랍니다. ※ 본 홍보물의 시설 및 서비스는 계획 사항으로 진행 과정에서 일부 취소 및 변경이 될 수 있습니다. ※ 본 홍보물은 편집, 제작, 인쇄 과정상 오탈자 등의 오류가 있을 수 있습니다.

한때 허위 과장 광고라는 내용으로 뉴스에 나오는 등 문제가 많았지만, 충분히 주의사항을 언급했기 때문에 광고와 다소 다를지라도 우리에게 문제를 제기할 수 없다는 내용이 대부분입니다. 문제가 발생하더라도 책임 소지를 피하려는 목적입니다. 이는 디자이너도 마찬가지입니다. 데드라인은 약속입니다. 확실하게 지키는 것이 베스트지만, 불가능하다면 정확한 이유를 들 수 있어야 하고, 장담할 수 없다 하더라도 마찬가지로 불확실성에 대한 의견을 전달해야 합니다. 그에 따른 일정을 조율하는 능력도 디자이너의 능력입니다.

브랜드의 방향성
브랜드(제품, 서비스)의 이미지, 컬러,
변화 혹은 유지 등의 의도 캐치

브랜드의 방향성이 어떤지 체크를 하지 않고 일단 시작하는 디자이너 분들이 종종 있습니다. 그들의 의견에 따르면 새로운 것을 '제안'한다는 것인데 서치 없이 시작하면 잘못된 작업을 하게 될 가능성이 높습니다. 클라이언트가 원하는 방향성이 어떤 것인지, 디자인 대상의 특성이 기존에는 어땠는지, 변화하고자 하는지 아니면 유지하고자 하는지 등의 방향성 체크가 먼저입니다.

많은 경우가 변화를 원한다고 하지만 경험상 실제로 디자인을 진행하며 피드백과 수정의 과정을 거치다 보면 예전의 디자인과 크게 다르지 않은 디자인이 최종 컨펌되는 경우가 상당히 많습니다. 하지만 이러한 경우가 많더라도 클라이언트가 원하는 것이 있으니, 미팅 등의 소통 과정을 거쳐 정리된 레퍼런스를 먼저 보여준 다음 의견을 조율하고 제안하며 방향성 확정을 한 뒤에 진행하는 것이 좋습니다. 본 작업 전에 협의를 하고 진행하는 것이기 때문에 디자이너가 독단적으로 판단하고 진행하는 것보다 훨씬 안전한 방법입니다.

일을 하다 보면 협의와 조율을 통해 확정하고 진행할 수 없는 상황도 발생합니다. 이러한 상황이 발생한다면 최소한 기존의 디자인을 분석하여 방향성을 유지하되 디벨롭된 디자인, 약간의 변화를 주어 이전에 비해서 다른 느낌을 줄 수 있는 디자인, 트렌드를 반영한 다른 방향성의 디자인 등으로 이유가 있는 방향성을 제안할 수 있어야 합니다.

키워드 도출
브랜드(제품, 서비스) 특징과 성격

디자인이 필요한 대상의 특징과 성격을 잘 알아야 실패하는 디자인을 피할 수 있습니다. 앞선 단계에서 브랜드나 서비스 등의 기존 이미지나 방향성과 함께 다소 주관적이고 추상적인 느낌들을 체크했다면 다음 단계에서는 조금 더 구체적인 키워드를 체크합니다.

진행하는 프로젝트의 대상이 어떤 포지션이 있고, 경쟁사는 어떤 키워드들과 비주얼로 디자인을 풀어나가며, 우리는 어떤 방향으로 가고자 하는가를 잘 보여줄 수 있도록 키워드를 통해 디자인을 전개해 나가는 것이 근거가 있는 디자인이 됩니다. '내 생각에는 이렇게 디자인하는 것이 맞는 것 같아'는 근거가 될 수 없습니다. 극단적인 예시지만 금융 서비스에 관련한 디자인을 진행하는데, 나의 취향을 녹여낸 비비드하고 키치한 디자인을 만들면 최종 컨펌자의 눈에는 '이게 뭐야?' 하게 되는 것이죠.

덧붙이자면 근거에 더해 담당자나 최종 결정권자의 취향이나 생각을 캐치하는 것도 디자이너의 역량 중 하나입니다. 아무리 근거가 있고 트렌디하며 특징을 잘 파악하여 경쟁사보다 좋은 디자인 작업물이 나온다고 하더라도, 디자인이 세상에 나오려면 결정권자의 승인이 필요하기 때문입니다. 담당자와 직접적으로 소통을 하거나 프로젝트를 함께 진행하는 상사에게 질문을 하는 등의 방법으로 대략적으로라도 확인해 보는 것이 좋습니다.

시장 상황과 트렌드
프로젝트 분야의 현재 트렌드와 타깃층의 니즈

업계의 시장 상황을 모르는데 좋은 디자인이 나올 수 없는 것은 당연한 얘기입니다. 타깃도 물론 중요하지만, 그보다 먼저 진행하는 프로젝트 대상의 업계 시장을 파악해야 합니다. 전반적인 업계의 상황을 제3자의 눈으로 바라보는 것은 클라이언트가 놓치는 것들을 새롭게 발견할 수 있는 기회이기도 하며, 이로 인해 더 효과적인 디자인과 아이디어를 제안하고 구현할 수 있게 되기도 합니다.

해당 업계가 변화하고 있는지, 정체되어 있는 업계인지, 변화가 필요한지, 경쟁사는 어떤 곳들이 있고 그들의 디자인과 소구점이 무엇인지 파악하는 것이 필요합니다. 아무리 기획팀에서 만든 기획안을 가지고 디자인을 진행하더라도 회의의 내용이나 취합된 내용만 체크하는 것보다는 짧은 시간이라도 프로젝트 대상의 업계를 서치해 보는 것이 좋습니다.

업계의 시장 상황이 아닌 타깃을 먼저 생각하게 된다면 20~30대 등의 나이와 성별, 직업이나 어떠한 특징을 가진 사람이 타깃이 됩니다. 그러나 그보다 먼저 업계의 트렌드와 시장 상황을 파악한 뒤에 주 고객층의 특성과 니즈를 파악하고 디자인을 하는 것과 미팅 내용이나 기획 내용만 가지고 디자인을 하는 것은 질적인 부분에서 차이가 날 수밖에 없습니다.

디자인 콘셉트와 모티브
심플한, 젊은, 키치한 등의 형용사와 시각 아이디어 도출

진행하는 프로젝트의 브랜드(제품, 서비스) 특징과 방향성, 성격 등이 정리되었다면 분석과 자료 조사, 미팅 내용 등을 토대로 어떤 포인트에서 변화를 줄지, 어떤 부분들을 유지할지 정하고 디자인을 전개해 나갑니다.

시안별로 디자인의 콘셉트를 설정합니다. 그 뒤에 도출한 콘셉트를 구현할 수 있도록 콘셉트와 관련하여 연상할 수 있는 특정 대상을 모티브로 따오거나 특정한 부분의 묘사를 하는 등의 시각적 표현을 진행합니다. 조금 더 쉽게 설명하면 '유려한 = 콘셉트, 물에 퍼지는 물감 = 모티브' 정도로 이해하면 쉽습니다. 디자인 콘셉트가 다소 추상적인 방향성이라면, 시각적으로 전개하고 구현하기 위한 구체적인 주제가 바로 모티브입니다.

단순하게 레퍼런스를 참고하고 조합하여 구현하는 디자인이 아닌 시각적 요소를 일관되고 통일된 디자인으로 이어나가려면 반드시 모티브가 있어야 합니다. 만약 럭셔리 호텔이 모티브인데, 모티브가 모호해지거나 없어진다면 시간이 지날수록 디자인의 흐름은 럭셔리 호텔이 아니라 동네의 모텔이나 여인숙이 되어버립니다. 안타깝게도 실무에서는 템포가 **빠른** 프로젝트를 진행할수록 모티브를 깊게 다루지 않을 가능성이 높습니다.

필수 사항과 제한 사항
베리에이션, 필수 기재 사항

디자인을 하다 보면 굉장히 짜증나는 상황들이 있습니다. 첫 번째로는 베리에이션입니다. 세로형 국 4절 포스터 작업을 하고 있는데 작업이 완성되기도 전에 "X 배너, 가로 배너, 가로형 포스터 시안까지 보고 싶어요."와 같은 요구 사항은 디자이너 입장에서는 굉장히 짜증이 날 수밖에 없습니다. 세로형 포스터에 맞도록 레이아웃을 짜고, 글자 배열을 조정하고, 키 비주얼까지 사이즈에 맞게 합성 작업을 해두었는데 판형이 달라져 버리면 같은 디자인이어도 새로 디자인하는 수준이 되어버립니다. 이는 베리에이션이 필요할 수 있는 모든 디자인에 해당합니다.

시안 작업이 아닌 원고 작업이 끝난 상황에서 베리에이션을 하는 경우라면 조금 낫지만, 시안 단계에서 각 시안별 베리에이션을 요청하면 손이 굉장히 많이 가기 때문에 작업 시간이 길어지는 것은 당연합니다. 그러므로 디자인을 시작할 때 다른 사이즈로도 활용할 가능성이 있는 디자인이라면 사전에 미리 확인하거나 사이즈 베리에이션을 염두에 두고 작업을 하는 것이 좋습니다.

단순히 재작업 같은 짜증에서 끝나지 않는 문제도 있습니다. 필수사항은 법적으로도 문제가 될 수 있는 사항들입니다. 무조건 체크를 해야 합니다.

패키지 디자인이라고 한다면 꼭 필요한 필수 기재 사항들이 있습니다. 화장품 패키지라고 가정하면 용기에 들어가는 화장품의 명칭이나 영업자의 상호 등이 있고, 단상자 등의 2차 포장에 들어가야 하는 전성분 등의 필수 기재 사항들을 체크해야 합니다.

건강기능식품 상세 페이지를 예로 들면, 건강기능식품의 경우 광고로 활용할 수 있는 문구들이 한정되어 있습니다. 의약품이 아닌 식품이기 때문에 효과에 관련한 문구들에서 위반 사항이 많이 발생할 수 있습니다. 다소 모호한 말들로 표현해야 하는 경우들이 많기 때문에 해당하는 부분들은 문제가 발생하기 전에 미리 확인하고 체크해야 합니다. 애매하다면 문구에 대한 문제 사항이 발생할 수 있는지 회사 내부에서 더블 체크를 요청하거나 클라이언트 측에 크로스 체크를 요청해서 미리 확인해야 합니다.

이런 사항들은 디자인을 하면서 아차 하는 순간 사고가 발생합니다. 디자인을 시작할 때 체크리스트를 정리해 두고 꼼꼼하게 체크를 하는 습관을 들여 보세요. 필수 사항을 미리 체크한다면 피드백 단계에서도 혹시 모를 사고를 미연에 방지할 수 있습니다. 덧붙이자면 책임 소지를 확실히 한 후에 마무리를 짓는 것은 반드시 필요합니다. 이메일이나 모바일 메시지 등으로 클라이언트 컨펌이 끝났으며, 이대로 진행한다고 꼭 책임 소지를 확실하게 하고 진행하기 바랍니다.

일곱 번째, 피드백과 수정
피드백 수용과 수정 사항 반영

시안 작업이 완료되었다면 시안 컨펌을 진행한 뒤에 시안이 확정됩니다. 그다음에는 디자이너라면 피할 수 없는 수정이 기다리고 있죠. 시안 수정 단계에서 스트레스를 극심하게 받는 디자이너들이 많습니다. 대부분은 잘 만든 디자인 시안이 수정에 수정을 거듭할수록 망가지기 때문입니다. 디자이너는 콘셉트를 시각화하기 위해 모티브를 재해석하고, 가독성과 시인성을 고려하여 적절한 레이아웃을 설정하여 목적에 맞는 디자인을 합니다.

안타깝게도 실무에서는 디자인 전문가가 아닌 비전문가가 전문가의 결과물을 이래라저래라 하는 경우가 매우 빈번히 발생합니다. 예를 들면 어두운 배경에 밝은 글자가 배치된 디자인인데, 배경이 어둡다며 배경을 밝게 수정해 달라고 피드백이 오는 것이죠.

대체 어떻게 하라는 것인지 짜증이 나기 시작합니다. 수정된 배경에 맞게 글자를 어둡게 변경하면 왜 글자를 어두운 색으로 수정했냐는 피드백에 슬슬 폭발 직전까지 갑니다. 무조건 해달라는 대로 해주는 것은 자존심에 금이 가기도 하고 이해도 할 수 없어서, 클라이언트에게 본인의 디자인이 정답이며 피드백의 수정 방향성은 틀렸다고 짜증을 내거나 빈정거리는 디자이너들도 심심치 않게 있습니다.

반대로 경력이 오래되고 타성에 젖을 대로 젖은 디자이너들은 수정 요청이 이해가 안 돼도 항상 있는 일이기 때문에 한숨을 몇 번 쉬고 해달라는 대로 수정해 줍니다. 개인적으로는 대화가 통하는 클라이언트인가, 설득이 되는가의 여부에 따라서 조금 다르게 대응합니다.

설득이 되고 디자이너의 의도를 존중해 주는 클라이언트라면 수정의 방향성이 잘못되었다는 것을 이유와 함께 말하며 설득을 시도합니다. 필요에 따라서는 기존 안과 비교하기 위해 간략하게 수정된 버전을 보여드리기도 하죠. 하지만 설득이 힘든 경우에는 과감하게 포기합니다. 이 경우에는 간략한 설명과 함께 피드백대로 수정을 합니다. 대화가 통하지 않는다면 의견을 내는 행동 자체가 시간 낭비입니다.

이미 클라이언트가 특정한 디자인을 정답이라고 생각하고 있다면, 무슨 수를 써도 설득이 되지 않는 것은 당연합니다. 저는 이미 많이 경험했습니다. 가능한 것과 가능하지 않은 것을 구분하는 것은 꼭 필요한 일이고, 일의 피로도를 줄여준다고 생각합니다. 클라이언트가 어떤 생각을 가지고 있는지 빠르게 파악하고 그에 맞게 대응하는 것도 디자이너의 능력 중 하나입니다.

상업 디자이너는 클라이언트에게 필요한 디자인이라는 문제를 해결해 주기 위해 존재하는 직업입니다.

나만의 업무 체계 만들어 가기

나만의 업무 체계 만들어 가기

- ▶ 첫 번째, 어떤 문제가 발생했는가?
- ▶ 두 번째, 문제의 발생 원인과 이유는 무엇인가?
- ▶ 세 번째, 어떻게 해결해야 하는가?

문제가 발생하면 크게 첫 번째 문제 인식, 두 번째 원인 분석, 세 번째 해결 방법 실행의 세 단계로 정리하고 해결책을 찾아서 해결합니다. 같은 문제가 발생하지 않도록 하나씩 체계를 만들어 나가는 과정을 수없이 반복합니다. 문제 발생에 따른 해결책을 만드는 것을 반복하고, 아카이빙을 하다 보면 자연스럽게 조금씩 나만의 체계가 만들어집니다.

우리가 디자인 업무를 하며 항상 반복적으로 발생하는 문제들을 리스트로 만들어 정리하고 해당 내용의 기본 양식을 미리 준비해 둔다면 불필요한 일에 시간을 허비하는 시간이 훨씬 줄어들

것입니다. 디자인 단계에서 소통에 필요한 내용들도 마찬가지입니다.

　이를테면 클라이언트와의 소통 과정 중 특정한 부분에서 소통이 잘 되지 않는 문제가 있다면, 반복적으로 발생하는 문제의 원인을 파악합니다. 그 문제를 해결하기 위한 대책을 문서화, 혹은 이미지화해서 만들어 놓고 단계별로 정리해 뒀다가 필요한 상황이 생겼을 때 정리해 두었던 내용을 활용합니다. 이렇게 정리해 두면 다음에 동일한 문제가 발생하더라도 훨씬 빠르게 대응할 수 있고, 그만큼 시간을 절약할 수 있습니다.

　조금 더 구체적인 예를 들면, 디자인 의뢰 단계에서 활용할 수 있도록 디자인 단계별 진행 안내, 가능한 수정의 범위 안내, 디자인에 필요한 내용과 수정 내용 전달 방식을 문서화하여 전달받을 수 있도록 하는 내용들을 정리해 둡니다. 그때그때 새로 타이핑해서 만드는 것이 아닌 글자만 조금씩 수정하여 전달할 수 있도록 미리 폼을 만들어 두는 것입니다. 이렇게 정리를 해두면 일종의 룰을 만드는 것과 같은 효과도 기대해볼 수 있습니다.

　정리된 문서 없이 마구잡이로 수정 내용을 보내는 클라이언트에게 전달하는 수정 내용 전달 가이드, 내용 검토와 오타 검수 등의 안내문, 시안 진행 기간과 디자인 원고 작업 기간 안내문, 첫 시안을 보낼 때, 수정 사항을 전달할 때, 피드백을 요청할 때, 최종 디자인 원고를 전달할 때, 인쇄 진행 전 안내 사항 전달 등 적용할 수 있는 것들은 생각보다 많습니다. 비슷한 내용을 반복적으로 사용해야 한다면, 내용만 수정해서 전달할 수 있도록 미리 폼을 작성해 놓는 것이 좋습니다. 놓치기 쉬운 부분들도 체크하기 좋다는 점도 있죠.

그러므로 프로세스를 갖추기 위해서 가장 먼저 해야 할 것은 메모입니다. 해당 내용들을 메모해 두었다가 단계별로 위계에 맞춰서 아카이빙 해놓습니다. 노션 혹은 활용하기 편한 메모 앱을 활용해서 정리해두면 됩니다. 시안 전달 안내문 양식, 최종 원고 크로스 체크 등의 안내문 등 정리를 잘 해두고 업데이트가 필요할 때마다 조금씩 업데이트를 하면 됩니다.

회사의 업무에서는 자주 활용하지 않을 수도 있지만, 추후에 독립을 생각한다면 이것의 중요도는 더 커지기 때문에 나에게 편한 방법으로 조금씩 정리해 두는 것을 추천합니다. 특히 책임 소지가 발생할 수 있는 문제는 꼭 정리해두기 바랍니다.

디자인 프로세스

디자인을 시작하며 체크해야 할 리스트들을 정리해 놓습니다. 디자인을 풀어나가는 방법을 참고하여 나의 경우에 적용하여 활용하기 편하도록 항목을 수정 후 정리해 둡니다. 복사, 붙여넣기를 활용해서 프로젝트마다 방향성이나 들어가야 할 내용, 주의할 점 등을 간략하게 작성해 놓으면 중요한 부분들을 놓치지 않고 일할 수 있습니다.

디자인 과정들을 정리해 두면 정리된 내용을 디벨롭하여 추후에 포트폴리오를 만들거나 다른 클라이언트에게 제안을 하는 과정에서도 해당 내용을 활용할 수 있습니다. 이 경우에는 앞서 언급했던 디자인을 풀어나가기 위한 방법적인 측면보다는 전체적인 디자인 과정의 흐름이 보일 수 있도록 합니다.

보통은 빠르게 처내야 하는 단발성 프로젝트보다 일정 기간을 필요로 하고 깊이가 상대적으로 깊은 프로젝트일수록 빛을 발합니다. 브랜딩 프로젝트에서 많이 활용하는 방법이지만, 해당 프로세스를 요약하고 축약하여 흐름 정도만 볼 수 있도록 페이지별로 구성하면 됩니다. 귀찮은 일이 될 수도 있지만, 단계별로 완료된 내용과 흐름을 보기 쉽도록 간략하게 정리만 하는 것이기 때문에 폼 하나를 만들어 둔다면 다른 프로젝트에도 편리하게 활용할 수 있습니다.

진행하는 프로젝트의 각 단계별로 완료된 내용만 페이지별로 정리합니다.

- **기획 단계** - 현재 키워드, 디자인 콘셉트, 모티브
- **시안 진행 단계** - 시안 3종과 짧고 간략한 설명
- **시안 선정 단계** - 선정된 시안 1종
- **디자인 수정 단계** - 수정 단계별 이미지 첨부
- **디자인 확정 단계** - 확정된 디자인 원고 이미지 첨부

페이지별로 간략하게 정리만 해두어도 디자인의 과정과 흐름을 한눈에 볼 수 있습니다. 하나씩 쌓여나가는 프로젝트를 종합해서 회사와 연봉 협상을 할 때에도 활용할 수 있는 방법이기 때문에 프로젝트를 진행할 때마다 정리하여 아카이빙 해두는 것을 추천합니다.

일 잘하는 사람은 분류를 잘한다

분류가 왜 중요할까?

뭐가 먼저고 뭐가 나중인지, 누가 봐도 어디에 무엇이 있는지 정리를 해두는 것은 일을 체계적으로 하는 사람들이 가지고 있는 특징 중 하나입니다. 디자인에 있어서도 영역끼리 묶어서 그루핑을 해놓은 디자인은 보기에 편하고, 중구난방으로 요소들이 겹쳐져 있는 디자인은 난해하다고 느껴지는 것과 같습니다.

'아, 그 데이터 어디에 있더라?' 하며 여러 폴더를 뒤적거리고, 이게 최종본인지 저게 최종본인지 헷갈리는 경우가 자주 발생한다면 그로 인해 사고가 날 수도 있습니다. 일을 하며 폴더 정리를 해두는 것도 마찬가지이고, 안내문, 메모, 양식 등도 마찬가지입니다. 어디에 정리를 해두었는지 한 번에 찾기 쉽게 정리해야 합니다. 다른 사람이 어디에 무엇이 있는지 한 번에 찾을 수 있도록 깔끔하게 정리를 하는 것이 베스트입니다.

분류 체계에 따라 위계, 범위를 고려하여 정리하기

모든 것에는 범위라는 것이 존재합니다. 전체 내용을 아우르는 대분류, 그 아래 단계인 파트별 중분류, 중분류 안에서 모여있는 소분류로 정리합니다. 위계가 무너지면 어디에 무엇이 있는지 헷갈립니다. 그러므로 폴더링이 되었든, 아카이빙이 되었든 마찬가지로 범위와 위계 안에서 정리가 될 수 있도록 합니다.

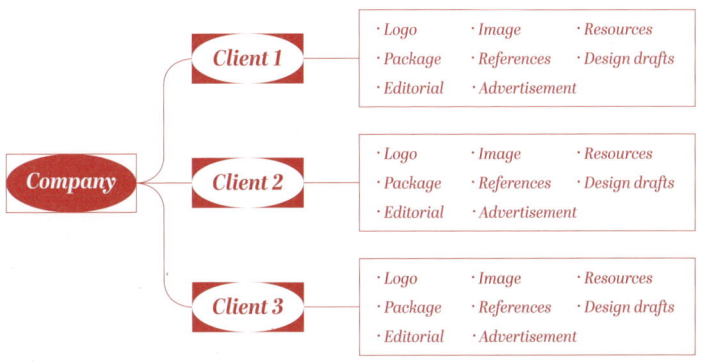

생각보다 분류를 고려하지 않고 디자인 일을 하는 것에만 급급할 수 있습니다. 기본적인 폴더 정리를 안 하거나 대충 하는 사람들이 생각보다 많고, 이로 인해 특정 데이터를 찾는 데에 시간을 허비하는 경우도 많습니다. 최악의 경우는 어떤 것이 최종 파일인지 헷갈려서 한참 비교를 하게 되는 경우입니다.

일을 하다 보면 이전 데이터를 활용할 일도 종종 있고, 완료된 디자인에서 추가 제작을 하는 경우도 심심치 않게 있습니다. 그럴 때마다 어떤 것이 어디에 있는지 모른다면 괜한 시간 낭비를 하게 됩니다. 어떤 것이 되었든 위계와 범위를 고려하여 정리하기 바랍니다. 업무가 훨씬 쾌적해집니다.

디자이너의 기록

기록하는 디자이너

기록을 하라는 글과 콘텐츠들이 굉장히 많습니다. 저도 마찬가지로 일을 하고 성장을 하면서 빠지지 않았던 것이 기록입니다. 개인적으로 확인하는 용도로 기록하는 것도 있고, 콘텐츠로 활용하기 위해 기록하는 것도 있고, 사업에 필요한 내용들을 정리하는 용도의 기록도 있습니다.

기록을 하긴 해야 하는데, 어떻게 해야 할지 모르겠다면 무엇을 위한 기록이냐에 따라 대분류로 나누고 위계에 따라 정리하는 것을 추천합니다. 개인적으로는 노션을 활용해서 정리하는 것을 선호하지만, 필요에 따라 애플의 기본 메모 앱을 사용하기도 합니다.

자주 사용하고 편한 앱이나 서비스가 있다면 그대로 이용하면 됩니다. 자주 사용하고 편하게 사용할 수 있는 것이 가장 좋습니다. 다만, 가장 많이 확인하는 항목은 접근하기 편해야 하고 분류와 위계에 따라 한눈에 확인할 수 있도록 정리하면 좋습니다. 업무를 위한 폴더링과 비슷한 방법입니다.

무엇을 위한 기록인가?

무엇을 위한 기록인지 용도에 따라 구분합니다. 제 경우에는 용도에 따라 크게 네 가지의 기록을 합니다.

1. 업무를 위한 투두리스트

지금 해야 할 일, 앞으로 해야 할 일, 분기별 목표 등의 업무와 해야 할 일들을 기록하는 공간입니다. 노션의 메인 페이지 상단에 장기 목표와 단기 목표, 월간과 주간 투두리스트를 정리해 둡니다. 그날 무엇을 해야 하는지, 내일은 무엇을 해야 하는지 누락을 방지하기 위해 작성합니다.

2. 되돌아보기 위한 그날의 성과 3가지 기록

해야 할 일을 완수하면 중요도 순서대로 그날의 성과 3가지로 다시 정리하여 기록합니다. 시간이 지났을 때 언제 무엇을 했었는지, 어떤 성장을 했는지 기록하기 위함입니다. 시간이 흐른 후에 무엇을 했는지 하나하나 기억하기 힘들기 때문에 치열하게 살았구나, 열심히 살고 있구나를 돌아보고 기억하기에도 좋은 방법입니다.

3. 아이디어와 콘텐츠를 위한 기록

분류 상관없이 아이디어를 메모해 놓거나 콘텐츠를 만들기 위한 주제나 짧은 글, 키워드 등은 주로 접근이 빠르고 쉽게 쓰고 지우기 편한 기본 메모 앱에 메모해 둡니다. 시간이 나거나 틈이 나는 대로 아이디어를 따로 종합하거나 콘텐츠를 발행하고, 완료된 이후에는 해당 부분을 삭제하는 것으로 관리합니다.

4. 소득 활동(사업)을 위한 기록

소득 활동과 관련된 기록 등을 하는 공간입니다. 사업자 등록증, 나스 등의 링크 모음, 견적서와 계약서, 상담 양식, 안내 사항 등의 사업 전반에 필요한 것들을 기록하고 보관해 놓습니다. 그때그때 필요한 내용들을 사용하고 자주 필요할 것 같다면 따로 정리를 해놓습니다.

어떻게 기록하는가?

제 기준 1~3번 기록은 개인적으로 편하게 기록하면 되지만, 소득 활동(사업)을 위한 기록은 철저하게 분류와 위계로 기록하고 정리하는 것이 관리도 편하고, 필요할 때 활용하기 용이합니다.

소득 활동(사업)을 위한 기록은 대분류, 중분류, 소분류로 나눕니다. 이를테면 사업과 관련된 항목은 사업자명의 노션 페이지 안에서 중분류, 소분류로 다시 분류하여 찾아보기 편하게 만들어 둡니다. 누구라도 어디에 무엇이 있는지 알 수 있도록 최대한 단순하게 그루핑해서 관리합니다. 이 방법은 앞서 위계와 범위에 따라 구분하고 정리하는 것과 동일합니다.

　　기록을 정리하고 관리해야 체계가 생깁니다. 뭘 하든 갈피가 잡히지 않고 정리가 안 된 것 같다면 기록이 시작입니다. 대분류를 먼저 하고 하위 분류로 위계에 따라 정리합니다. 성장, 업무 등 필요한 기록들을 종류에 따라 분류해 보시기 바랍니다. 정리하고 기록하다 보면 자연스럽게 체계는 따라옵니다.

디자이너의 아카이빙

디자이너에게 아카이빙은 필수

레퍼런스, 인사이트 등 디자이너에게 아카이빙은 필수입니다. 아카이빙에 대한 것은 디자이너라면 예외가 없을 정도로 중요한 내용입니다. 혹시 핀터레스트의 보드에 마구잡이로 저장해 두거나 스크린샷을 마구잡이로 저장해 놓았다면 아카이빙을 잘못하고 있는 겁니다. 카카오톡 나에게 보내기를 해놓고 잊어버리는 것과 마찬가지입니다.

1. 지금 당장 활용해야 할 필요성이 있는 레퍼런스

진행 중인 프로젝트명 혹은 NOW 보드를 만들어서 저장하는 것으로 가장 많이 보게 될 보드입니다. 프로젝트를 진행하는 동안 가장 많이 보게 될 레퍼런스이기 때문에 가장 상위의 위계로 적용합니다.

> **ex)**
>
> 1. Now
> 1. 프로젝트명

2. 앞으로 벤치마킹을 많이 하게 될 레퍼런스

벤치마킹(디자인 요소, 컬러, 폰트 등 개별 저장)과 관련된 것으로 디자인 요소나 컬러 같은 것들은 어떤 디자인을 하게 되든 한 번씩 참고할 수 있습니다. 어떤 디자인에도 적용해 볼 수 있는 범용성이 있는 레퍼런스이기 때문에 두 번째 위계로 정리해 둡니다.

> **ex)**
>
> 2. 벤치마킹 - 디자인 요소
> 2. 벤치마킹 - 컬러
> 2. 벤치마킹 - 폰트

3. 분야별 레퍼런스

그래픽, 웹, 편집, 명함 등의 디자인 레퍼런스를 저장합니다.

웹디자인을 주로 하더라도 명함을 만들어야 할 일은 언제든지 있고, 배너를 만들어야 할 일도 있습니다. 따라서 위계상 세 번째에 정리해서 필요할 때 확인할 수 있도록 만들어두면 편리하게 사용할 수 있습니다.

> ex)
>
> 3. 그래픽 디자인
>
> 3. 명함 디자인
>
> 3. 편집 디자인(리플렛)
>
> 3. 편집 디자인(브로슈어)

4. 영감을 받을 수 있는 디자인, 이미지

당장 디자인을 만들어내기보다는 콘셉트나 모티브를 참고할 수 있는 이미지들을 아카이빙 합니다. 구체적인 디자인보다는 다소 주관적이고 추상적인 이미지들을 한 공간에 정리해 두면 아이디어를 떠올려야 할 때 확인하기 좋습니다. 다만, 매번 보는 것이 아니기 때문에 해당 그룹은 최하위 위계로 정리합니다.

> ex)
>
> 4. 콘셉트 / 모티브

저는 개인적으로 핀터레스트에서 이미지를 다운로드한 뒤에 이글(Eagle)이라는 유료 앱을 활용하여 정리하거나 맥의 사진 앱에 공유 폴더를 만들어서 정리해 둡니다. 이글은 삭제와 추가가 쉽고 한 곳에서 이미지들을 확인할 수 있기 때문에 편리합니다. 맥의 사진 앱 공유 폴더는 맥북을 가지고 다른 공간에서 일할 때나 휴대폰으로도 확인이 편리하기 때문에 필요에 따라서 두 가지 앱을 활용합니다.

마구잡이로 레퍼런스를 저장하고 있다면, 필요성에 따라 위계를 나눠보세요. 위계에 맞춰 레퍼런스를 정리해 둔다면 디자인을 할 때 혼동과 불필요한 시간을 줄이고 필요한 내용들만 빠르게 적용할 수 있습니다.

디자이너의 커뮤니케이션

디자이너는 디자인만 잘하면 되는 게 아닙니다

　디자이너 채용 공고를 보면 심심치 않게 등장하는 문장이 있습니다. '타 부서와 협업 및 소통이 원활한 커뮤니케이션 역량을 겸비한 자'가 그것입니다.

　직업으로서 디자인 업무 경험이 많지 않거나 거의 없는 신입 디자이너들은 디자이너라는 직업에 대해 창의적이고 새로운 결과물을 내는 창작자, 디자인 업무를 할 때도 다른 업무 역량보다는 디자인만 잘하면 된다고 생각하는 경우가 많습니다.

　디자이너 커뮤니티를 운영하며 지켜본 결과, 실제로 디자이너는 디자인만 하면 된다고 생각하는 신입 디자이너 분들이 상당수입니다. 중간에 홀딩한 프로젝트지만, 디자이너 관련 전자책을 준비할 때 1~8년 차의 디자이너들에게 설문을 돌린 적이 있습니다. 해당 설문 결과 연차가 낮을수록 표현과 툴의 활용과 역량이 중요하다는 답변의 비율이 상대적으로 높았고, 연차가 높을수록 커뮤니케이션 역량이 중요하다는 답변의 비율이 높았습니다.

디자이너라는 직업을 가진 이후로 디자인 일을 하며 연차가 쌓이다 보니 '디자인이란 문제 해결이다.'라는 말이 가장 정답에 가깝다는 생각이 듭니다. 디자인 업계에서 연차가 쌓일수록 디자인 자체보다는 커뮤니케이션 능력이 점점 더 중요해지는 것도 사실입니다. 실제로 팀장급 이상의 시니어 디자이너들은 작업자의 위치보다는 관리자의 위치로 포지션을 자연스럽게 이동하는 경우가 많습니다.

팀장급 디자이너의 역할을 몇 가지만 간략하게 예로 들어보자면, 클라이언트 혹은 타 부서와 직접 소통하고 어떠한 느낌과 같은 추상적인 것들을 올바르게 구체화시킬 수 있도록 이끌어가는 역할을 합니다. 또한 팀원 디자이너들에게 업무 분장이나 진행 과정, 방향성, 데드라인 등의 스케줄을 공유하며 효율적으로 디자인을 할 수 있도록 팀을 이끌어가는 역할을 합니다.

디자이너는 시간이 지날수록 작업자에서 관리자 또는 조율자로 업무의 영역을 확장합니다. 때문에 커뮤니케이션 역량은 연차가 쌓일수록 점점 더 중요해집니다.

커뮤니케이션의 첫 번째는 이해입니다
클라이언트와 디자이너의 입장 차이를 알아야 합니다

디자이너의 입장에서 디자인은 100%, 클라이언트의 입장에서 디자인은 목적을 달성하기 위해 필요한 것 중 하나입니다.

일반적으로 디자인 회사에 디자인을 의뢰하는 클라이언트는 어떠한 문제를 해결하기 위해 디자인 의뢰를 합니다. 디자인 회사는 그 문제를 디자인을 통해 해결하고 그에 대해 계약된 보수를 받습니다. 해당 디자인이 크리에이티브한 이미지나 아트워크가 될 수도 있고, 정보 전달을 위한 포스터나 브로슈어 같은 책자가 될 수도 있습니다. 어떤 것이든 클라이언트의 문제를 해결하기 위해 의뢰를 하는 것입니다. 이를테면 고객 맞춤형 서비스라고 볼 수 있습니다.

능력이 좋은 디자이너라면 클라이언트의 고민이 무엇인지 깊게 생각하고, 그것을 넘어서 클라이언트의 고객이 어떤 사람들인지 고민합니다. 클라이언트의 고민이 무엇인지 문제에 대한 고민을 충분히 하고, 해결 방법에 대한 명확한 이유를 제안하는 것이 가장 좋은 결과를 가져옵니다.

클라이언트가 디자인 전문 회사에 의뢰를 하는 것은 디자인을 통해서 문제를 해결하려고 하는 것입니다. 그런데 클라이언트의 고민이 무엇이고 어떤 것을 만들고자 하는지 이해하지 못한 채 디자인을 진행한다면 당연히 클라이언트 입장에서 만족할 수 없는 디자인 결과물이 나오게 됩니다.

그러므로 명확하게 정리되지 않은 상태에서 디자인을 진행하면, 쉴 새 없이 바쁜 일정 속에서 클라이언트에게 끌려다니며 의미 없는 수정 작업 반복으로 그것을 쳐내는 데 급급한 상황이 발생합니다. 결과적으로 디자이너와 클라이언트 둘 다 만족하지 못하는 최악의 디자인 결과물을 내게 되는 경우도 심심치 않게 발생합니다.

본인의 기준으로 예쁜 디자인이 좋은 디자인이라며 클라이언트를 이해할 수 없다는 디자이너들도 많습니다. 클라이언트는 디자인을 목적이 아닌 목적을 달성하기 위한 수단으로 의뢰한 것임을 인지하고 이해해야 합니다.

클라이언트는 디자인이 완성되는 과정을 모릅니다
그래서 '서비스로 명함 한 장만 만들어 주세요.'라는 말에 디자이너는 분노합니다

디자이너들은 간단한 작업이 없다는 것을 알고 있습니다. 당장 명함 한 장 만드는 것만 해도 어떤 폰트를 사용할지, 컬러는 어떻게 할지, 레이아웃을 어떻게 배치할지 등의 수고를 클라이언트는 알 필요도 없고 알려고도 하지 않습니다.

예를 들어 지금 우리가 사용하는 휴대폰이 어떤 과정으로 만들어졌는지 정확하게 알고 있는 사람은 많지 않습니다. 어떤 과정을 통해서 필요한 기능들이 추가되었는지 정확히 설명할 수 있거나 디자인적 의미를 알고 있는 사람도 많지 않을 것입니다. 우리가 사용하는 제품의 디자인 과정이나 기능들을 개발하기 위해 얼마나 힘든 과정이 있었을지 알고 있을 필요도 없습니다. 클라이언트도 마찬가지입니다. 보기에 간단한 것이니 그냥 해달라는 것입니다.

클라이언트에게 디자인이란 의뢰를 하면 전문가가 컴퓨터로 금방 만들어낼 수 있는 것. 로고나 명함은 디자이너가 금방 만들어

내는 것. 그 이상 그 이하도 아닐 경우가 많습니다. 디자인을 한다고 하면 흔히 주변에서 혈압이 오르는 부탁을 많이 합니다. '로고 좀 만들어 줘. 금방 하잖아, 커피 한 잔 살게.'와 같은 말을 하는 사람들을 떠올려보면 이해가 쉽습니다. 모르기 때문에 그렇습니다.

내가 생각하는 것을 정확히 설명하는 것은 원래 어렵습니다
클라이언트도 마찬가지입니다

간혹 클라이언트 본인이 무엇을 원하는지 정확히 모를 때가 있습니다. 이런 상황에서는 구체적이기보다는 정확히 상상이 되지 않는 추상적이며 얘기를 들어볼수록 뜬구름 잡는다는 생각이 들게 되는 경우가 종종 있습니다. 대표적으로 '심플하지만 화려하게 해주세요.', '샤한 느낌으로 해주세요.', '밝은데 진중한 디자인이었으면 좋겠습니다.'와 같은 유명한 말이 될 수 있죠.

이렇게 생각해 볼 수 있습니다. 우리가 처음 맞춤 정장을 의뢰하는 상황이라면, 잘은 모르지만 대략적으로 어떤 디자인을 원하는지 머릿속에 추상적으로 생각을 하고 맞춤 제작을 의뢰합니다. 정확한 색상은 모르지만 어떤 색상이 좋고, 어떤 재질이었으면 좋겠고, 패턴은 어떤 패턴이었으면 좋겠으며, 라펠의 디자인은 어떤 디자인이 좋겠다 하는 머릿속의 생각은 전문가에게 정확하게 설명하기에는 어딘가 추상적이고 어렵습니다.

질감을 만져보고 색상과 패턴을 눈으로 볼 수 있는 원단의 샘플, 실제로 제작되어 있는 라펠과 단추의 모양, 상의와 하의의 밸런스가 좋은 기장감 등 전문 테일러가 샘플을 보여주기도 하고, 정장을 입는 용도가 무엇인지, 취향은 어떠한지 질문을 하기도 합니다. 또 현재 트렌드는 어떤 정장인지 의견을 전달하며 정확한 치수 측정과 충분한 상담을 통해 내가 원하는 정장을 제작합니다. 만약 충분한 상담과 테일러의 의견 제안 없이 내 생각을 말로만 설명하면 정확히 원하는 디자인의 정장을 받아보기는 힘들었겠죠.

디자이너는 경험상 심플한 게 어떤 것인지, 화려한 게 어떤 것인지 대략적으로 머릿속에 그려집니다. 하지만 클라이언트가 생각하는 심플함 혹은 화려함과는 다를 가능성이 있습니다. 추상적이기 때문입니다.

미적 감각이 부족한 비전문가 중에는 본인의 머릿속에 떠오르는 디자인 결과물을 예상한 청사진을 말, 혹은 글로 표현하기 어려워하는 사람들이 많습니다. 그러므로 클라이언트가 생각하는 그 '느낌'을 구체적으로 만들어 주는 과정이 필요합니다. 예를 들면 진중한-발랄한, 여성적인-남성적인, 밝은-어두운 같은 대비되는 것을 정리해 둔 레퍼런스 등을 직접 보여준다면 훨씬 구체적인 방향성을 이끌어낼 수 있습니다.

타 업체들의 선례를 몇 가지 제안하는 것도 좋은 방법입니다. 성공적인 디자인 프로젝트로 기업 이미지 쇄신이나 시장의 좋은 반응을 이끌어 냈던 브랜드의 사례를 몇 가지 아카이빙 해놓으면 상황에 맞게 정리하여 예시로 보여줄 수 있습니다. 또한 자료들을 따로 정리해 두는 것만으로도 전문성에 있어서 좋은 이미지를 보여줄 수 있습니다.

레이아웃 그런 건 모르겠고,
잘 안 보이니까 폰트 사이즈 키워주세요
폰트 사이즈가 이게 작다고요?

'잘 안 보이니까 폰트 더 키워주세요.' 혹은 '폰트는 무조건 빨간색으로 해주세요.' 같은 일이 종종 발생합니다. 무작정 '그렇게 하면 안 예뻐요.', '그렇게 하면 안 돼요.'라고 대답한다면 반성해야 합니다. 클라이언트가 왜 그런 말을 했는지 생각을 먼저 해보고 이해를 해야 합니다.

클라이언트가 생각하기에 50대, 60대가 타깃인 상황에서 폰트 사이즈가 작다면, 정보 전달을 위한 디자인임에도 돋보기를 꺼내야 하는 불상사가 일어날 수도 있습니다. 정보 전달이라는 목적이 퇴색된, 한 마디로 망한 디자인입니다.

다른 예시로 마트의 디자인이라면 단 1초만 스쳐 지나가도 어떤 것을 보여주고자 하는지 바로 알 수 있는 직관적인 디자인을 해야 합니다. 마트의 포스터 디자인을 보면 대개 이런 식입니다. 폰트의 사이즈는 큼직큼직하며 사용되는 이미지들은 직관적입니다. 보자마자 정보를 바로 읽어낼 수 있도록 만들어야 하기 때문입니다.

마트 내부에는 엄청난 숫자의 제품과 정보들이 있습니다. 어딜 가나 글자투성이, 사진투성이이기 때문에 마트의 행사나 필요한 정보들이 눈에 잘 띄어야 합니다. 마트의 포스터나 전단지들이 감성적인 폰트에 바로 정보를 알기 힘든 디자인이라면 전달력이 떨어져 용도에 맞지 않는 실패한 디자인이 됩니다. 이 경우에는 디자인 특성상 디테일의 완성도가 매우 높은 디자인은 필요가 없습니다.

다른 예시로는 선거 디자인이 있습니다. 선거 디자인에서 대표적인 디자인은 누구나 봤던 벽보입니다. 어떤 후보가 후보자 등록을 했는지 소속 정당과 이름이 크게 배치되고, 후보자의 얼굴을 상당히 큰 크기로 이름 뒤에 배치합니다. 후보자의 이력은 상대적으로 매우 작은 크기로 사진 옆 빈 공간에 배치됩니다. 이런 디자인을 하는 이유는 딱 한 가지입니다. 가장 중요한 정보는 멀리서도 잘 보여야 하기 때문에 그렇습니다.

선거 공보(책자)도 마찬가지입니다. 젊은 나이대의 유권자보다는 상대적으로 나이가 지긋하신 분들이 더 많이 읽어보기 때문에, 내용이 많다고 해도 본문 폰트의 사이즈는 최소 12pt 이상을 사용합니다. 공백이 없고 꽉 찬 디자인이기 때문에 디자이너의 미적 감각으로 보기에는 상당히 촌스럽고 별로인 디자인이지만, 읽는 사람들을 위해서 폰트는 크고 비비드한 색상을 주로 사용하며 큼직큼직한 이미지들로 채웁니다.

다소 촌스럽다고 해서 모두가 나쁜 디자인은 아니며, 용도에 맞는 디자인을 하는 것이 디자이너의 역할입니다. 또한 촌스러울 수밖에 없는 디자인을 조금이나마 덜 촌스럽게 디자인하는 것이 디자이너의 역량이라고 생각합니다. 디자인을 할 때 디자인을 소비하는 타깃의 특성을 한 번만 더 고민하면 좋겠습니다.

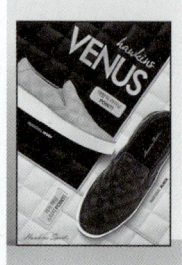

일에서는 감정 빼기
일에서 감정은 좋을 것이 별로 없다

업무를 위한 소통을 할 때, 짜증을 내거나 한숨을 쉬는 디자이너들이 있습니다. 클라이언트, 타 부서와의 협업, 동료들과의 협업에서도 마찬가지입니다. 무언가 마음에 들지 않으면 비아냥대는 사람들도 있죠. 한두 번이야 그럴 수 있겠지만, 누적된다면 전혀 득 될 것이 없습니다.

감정이 앞서면 될 일도 그르치게 됩니다. 나와 대화하는 사람이 나에게 짜증을 내고 화를 내면 내 입장에서도 기분이 나쁩니다. 개인적인 관계에서도 기분이 나쁜데, 업무에서 그런 일이 발생한다면 일을 잘하더라도 같이 일하기 싫어지는 것은 당연합니다.

일을 하다 보면 안 맞는 부분이 충분히 생길 수 있고, 사람이 하는 일이다 보니 갈등이 발생하는 것은 당연합니다. 하지만, 공적 영역인 업무에서 감정을 드러내는 것은 프로가 할 행동은 아닙니다. 다소 짜증이 나고 화가 나더라도 부정적인 감정을 직접적으로 드러내는 것은 좋지 않습니다. 업무에서 타인으로 인해 화가 나려고 할 때 '에휴 또 X랄이네.' 속으로만 생각하고 맙니다. 드러내지만 않으면 괜찮으니까요. 그 뒤에는 어찌 되었든 감정은 최대한 덜어내고 정중하지만 건조하게 대응하는 편입니다.

긍정적인 감정은 드러내도 괜찮지만, 우리는 프로이기 때문에 인격 모독이 아닌 이상에야 부정적인 감정은 최대한 드러내지 않는 것이 좋습니다. 치밀어 오르는 감정 때문에 내 마음을 다치지 말고 '그러거나 말거나 내 알 바 아니야.' 하셨으면 좋겠습니다.

명확하게 전달하기
정확한 의사소통

빠르고 정확하게 전달하는 소통 방법은 내용을 전달할 때 핵심부터 얘기하는 것입니다. 주장이나 핵심을 먼저 배치하는 두괄식은 문장의 앞부분에 주장을 먼저 쓰고, 주장을 뒷받침하는 문장을 뒤로 배치하는 구성 방식입니다. 정보 전달에 최적화된 방식입니다. 업무 소통을 할 때도 이 방법을 적용한다면 전달하고자 하는 내용을 조금 더 빠르고 명확하게 전달할 수 있습니다.

우리는 이미 분신처럼 가지고 다니는 스마트폰과 인스턴트 형식의 콘텐츠들에 적응이 되었습니다. 카페에서 음료를 주문하고 잠깐 기다릴 때에도 스마트폰을 보고, 잠깐 이동하는 시간에도 스마트폰을 봅니다. 콘텐츠가 조금이라도 내용을 이해하기 어려우면 집중하지 못하고, 곧바로 가차 없이 뒤로 가기를 눌러버리는 세상에 살고 있습니다.

유튜브 영상도 10분이 넘어가면 길다고 하는데요. 이런 트렌드에 맞춰서 틱톡은 점점 더 성장하며 유튜브 숏츠, 인스타그램 릴스 등도 빠르게 성장하고 있습니다. 즉, 스낵 컬쳐가 새로운 콘텐츠 소비 문화로 완전히 자리를 잡게 된 것입니다. 잠깐만 틈이 나면 참지 못하고 인스타를 확인하고, 카톡을 확인하며 메시지를 보냅니다.

빨리빨리에 적응된 사람들에게 우리의 전달 방식을 맞춰야 합니다. 결론을 먼저 말하지 않는다면 듣는 사람은 금세 집중력을 잃고 딴생각을 하기 시작합니다. 그러므로 먼저 결론부터 말하고 주의를 끌어낸 뒤에, 결론을 뒷받침할 수 있는 내용을 얘기하는 방법을 사용해야 합니다. 말로 하는 소통과 글로 하는 소통 모두 마찬가지입니다.

<쓰기의 공식, 프렙_저자 임재춘> '프렙 PREP' 구조를 소개합니다.

문단을 프렙 구조로 작성하면 몇 개의 문장이나 단어가 빠져도 글이 중심을 잡는다는 내용이 있습니다. 프렙 구조는 말로 하는 소통이나 글로 하는 소통 모두 활용할 수 있습니다.

- **P(주제)** : 핵심 내용을 주장한다.
- **R(이유)** : 주장을 뒷받침하는 근거로 이유를 설명한다.

- **E(예시)** : 근거를 증명하기 위해 예시를 제시한다.
- **P(주제 강조)** : 핵심 내용을 강조한다.

> **ex)**
>
> 요청 주신 내용 중 말씀해 주신 이미지는 디자인 구조상 해당 위치에 배치하기가 어려워 제일 잘 어울리는 위치로 조정 후 배치했습니다. (P - 주제)
>
> 원하시는 위치에 배치한다면 기존 레이아웃 자체가 무너져 원하시는 느낌의 레이아웃이 불가능합니다. (R - 이유)
>
> 예시 이미지로 해당 위치에 배치한 다른 시안도 같이 전달드립니다. (E - 예시)
>
> 다른 위치에도 배치해 보았으나 현재 전달드린 위치로 배치하는 것이 원하시는 콘셉트에 맞는 것 같습니다. (P - 주제 강조)

이렇게 주제부터 주제 강조까지 글이나 말의 문장 구조를 프렙 형식으로 작성하면, 읽는 사람이 빠르고 확실하게 이해할 수 있습니다.

결론부터 말하기는 의학 드라마를 기억하세요

의학 드라마를 보면 레지던트나 인턴이 담당 교수에게 환자 상태를 브리핑하는 장면이 자주 등장합니다. 'TA(교통사고)고 8세 남아(환자 정보)인데 멘탈은 드라우지(의식이 있지만 수면에 빠지려는 경향이 심한 상태), 바이탈은 BP 80에 60, 하트 레이트는 120이고(혈압, 맥박 등 바이탈 사인)…', '슬기로운 의사 생활'에 등장했던 대사입니다. 브리핑 내용을 보면 환자의 특징과 중요한 순서부터 말합니다. 긴박한 상황에서는 불필요한 말은 절대 하지 않습니다.

업무를 위한 소통이 병원에서처럼 긴급한 상황은 아니겠지만 이처럼 단순하고 명확하게 소통해야 합니다. 집중력 8초 시대에서는 업무에서도 똑같이 적용됩니다. 우리가 소통해야 하는 대상은 집중력 8초의 인간이며, 한가하게 내 얘기를 전부 가만히 듣고 있기에는 시간이 부족한 충분히 바쁜 사람들입니다.

듣는 사람 입장에서 얘기하고, 중요한 결론부터 필요한 말만 하는 습관을 들인다면 잘못된 소통으로 생기는 문제를 확실하게 줄일 수 있습니다.

- 첫 번째, 클라이언트는 디자이너가 아님을 이해해야 한다.
- 두 번째, 소통을 위한 정보 전달은 명확하게 두괄식으로 전달한다.
- 세 번째, 한 번에 이해하기 쉽도록 구체적으로 전달한다.

디자이너의 업무 팁

우선순위를 항상 생각한다

한 번에 하나의 프로젝트를 하지 않을 수도 있습니다. 바쁘게 돌아가는 실무에서는 여러 개의 프로젝트를 동시에 진행하게 될 일도 있고, 갑작스러운 업무 지시로 다른 프로젝트의 작업을 돕게 되는 경우도 생깁니다. 때문에 무엇이 중요한지 우선순위를 항상 생각해서 일해야 합니다.

우선순위는 중요도, 데드라인, 작업 시간을 기준으로 정하여 정리합니다. 물론 프로젝트마다 각각의 중요도가 존재하겠지만 책임을 져야 하는 불상사를 최소화하기 위해 우선순위에서는 항상 데드라인을 가장 먼저 생각합니다. 데드라인을 우선순위로 하되, 작업에 걸리는 시간을 대략적으로 계산해서 중요도 순서대로 진행합니다.

작업이 완료되는 시간 계획 없이 일을 하다가 다른 업무 지시를 떠안게 되는 등의 변수가 생기면 머리 아픈 상황이 발생합니다. 때문에 충분히 변수까지 생각해서 조금의 여유를 포함한 우선순위를 정하고 작업을 하시기 바랍니다. 지금 중요한 것이 무엇인지, 소요 시간이 얼마나 걸리는지 정확히 알고 있어야 다른 업무 지시를 받을 수 있는 변수 상황에도 거절의 명분이 생깁니다.

미루지 않는다

일을 하다 보면 지금 당장은 급하지 않지만 조금은 사소한 일들이 있습니다. 그런 일이 있을 때 우리는 선택합니다. '조금 이따가 하지 뭐.', '내일 하지 뭐.' 그리고 '시간 있을 때 할 걸..' 하는 후회를 합니다.

모든 것에는 변수가 있기 마련입니다. 그러므로 의뢰를 받을 때도 변수를 고려하여 일정을 조금 더 넉넉하게 잡습니다. 데드라인은 신뢰와 직결되는 문제이기 때문에 시안을 전달하는 것에도 하루 이틀 정도 여유를 두어 마감 일정을 제안하는 것도 비슷한 이유입니다.

프로젝트의 책임은 회사가 지는 것이 맞지만, 내가 해야 하는 일에서의 책임은 나에게 있습니다. 변수로 어떻게 될지 모르는 실무에서 미루는 습관 때문에 고생하는 일이 없었으면 합니다.

당장 대답하지 않는다

저는 어떤 일을 해야 하는 경우에는 꼭 확인 후에 답변을 드립니다. 일이 되었든 부탁이 되었든 확인을 먼저 하고 내용을 정리한 후에 다시 연락을 드립니다. 혼자 일하는 기간이 길어지다 보니 자연스럽게 생긴 습관 같은 것이지만, 혹시라도 놓치고 있는 일 때문에 곤란한 상황이 생기는 것을 막기 위함이기도 합니다.

보통은 거래처에서 새로운 디자인 프로젝트를 시작해야 할 때 연락이 와서 스케줄을 물어봅니다. 바로 답장을 하게 되면 동시에 여러 프로젝트를 정신없이 하게 될 경우가 있으므로 미리 정확한 스케줄을 확인합니다. 다른 프로젝트가 겹쳐있다면 진행 중인 것이 있어서 협의가 필요하다고 전달합니다.

의뢰, 디자인 견적도 마찬가지이고 수정 사항의 양이 조금 많다면 수정에 필요한 소요 시간까지 확인 후에 재전달합니다. 이유는 애초에 곤란한 상황을 만들지 않기 위함입니다. 새로운 의뢰에 필요한 시간을 검토하지 않고 3일 걸린다고 전달했는데, 생각보다 더 작업의 난이도가 높거나 변수가 발생한다면 책임은 저에게 있기 때문입니다. 견적도 마찬가지입니다. 충분히 검토 후에 작업에 필요한 시간과 내용들을 확인하고 견적서를 작성해서 전달합니다.

만약 회사를 다니는 직장인이라면 정말 바쁜 상황에서 상사의 업무 지시에 곧바로 안 된다고 하는 것보다는 "제가 진행 중인 작업이 몇 개 있는데, 확인 후에 말씀드려도 괜찮을까요?"라고 전달하는 것이 훨씬 낫습니다. 거절을 하는 방식에도 도와드리지 못해 죄송하다는 뉘앙스와 함께 정확한 이유를 들어 거절하는 편이

깔끔하고 뒷말이 나오지 않습니다. 확실하게 당장 대답할 수 있다고 하더라도 액션을 취하는 것이 좋을 때도 있습니다.

더블 체크, 크로스 체크는 필수

체크는 컨펌자만 하는 것이 아닙니다. 디자이너도 시안을 보내기 전, 최종 작업물 인도 전에는 1차적으로 확인을 해서 전달해야 합니다. '이 정도면 됐지.' 하고 전달을 하면 꼭 문제 상황이 발생합니다. 간단하게 예를 들면 오탈자, 요청 사항 미반영 같은 것들이 될 수 있죠.

웹이라면 문제 상황이 발생하더라도 즉각 수정이 가능하지만, 편집 디자인, 패키지 디자인 등 실제로 제작을 해야 하는 디자인 작업물의 경우에는 인쇄가 시작되는 순간 되돌릴 수 없습니다. 뿐만 아니라 사고 발생 시 큰 금액 손실이 발생하기 때문에 훨씬 더 꼼꼼하게 봐야 합니다. 인쇄 제작을 주로 진행하는 회사에서는 직접 출력하여 동료들끼리 돌려보는 등의 체크를 한 후에 진행합니다.

그럼에도 불구하고 한 번씩 사고가 터집니다. 그러므로 하나의 안전장치를 더해야 합니다. 수정이 가능한 마지막 단계에서 한 번 더 확인을 합니다. 인쇄를 하기 전 출력실에서 전달받은 검판 파일을 가장 꼼꼼하게 확인해야 사고 발생을 최소화할 수 있습니다. 확인이 끝났다면 클라이언트 측에 전달하며 최종 인쇄 데이터임을 알리고, 크로스 체크를 요청합니다. 이후에 오탈자로 인해 문제가 발생하는 경우에는 우리 측에서 100퍼센트 책임질 수 없다는 내용을 함께 덧붙이기도 합니다.

사고 방지를 위해서는 한 번이라도 더 확인하는 습관을 들이는 것이 좋습니다. 신중해서 나쁠 일은 없습니다.

일정 공유

협업을 하는 경우에는 일정 공유가 정말 중요합니다. 분업을 해서 일을 하는 것이기 때문에 그중 한 곳에서 변수가 발생하면 전체의 일정이 틀어지는 경우도 있습니다. 그러므로 문제 상황이 발생할 것 같다면 대비를 잘 하는 것도 필요한 역량 중 하나입니다.

프로젝트의 전체 일정을 관리하고 조율하는 것이 팀장의 임무라면, 팀원은 나로 인해 전체 일정이 망가지지 않도록 신경을 써야 합니다. 일정이 밀릴 것 같다면 상황 발생 후에 보고를 하는 것이 아닌 상황 발생 전 미리 내용을 전달하여 대비할 수 있도록 해야 합니다. 당장 혼나는 게 무서워서 질질 끌게 되면 그로 인해 문제가 커질 수도 있습니다.

빨리 끝났다고 빨리 전달하지 않기

디자인 업계는 정말 빠르게 돌아갑니다. 제 첫 회사의 대표님 말씀에 따르면 오래 전에는 지금처럼 디지털화가 되어 있지 않아서 디자인의 단가도 굉장히 높은 편이었고, 작업 시간도 굉장히 오래 걸렸다고 합니다. 지금처럼 PDF 데이터만 보내면 바로 인쇄를 찍을 수 없었으니까요. 디지털화가 되며 작업에 필요한 시간도 상당히 단축되었고, 기능도 많이 좋아졌습니다.

옛날에 비해 실제 작업 시간이 줄어들게 되니 클라이언트는 점점 더 빨리빨리를 요구합니다. 다른 업체는 하루 이틀이면 된다는데, 왜 이렇게 시간이 오래 걸리냐고 타박하는 무례한 클라이언트도 있죠. 저와 함께 일했던 선배 디자이너는 저에게 항상 이런 말씀을 해주셨습니다. "자꾸 빨리 주면 버릇 나빠져."

물론 작업을 빨리하고 빨리 보내면 빨리 끝낼 수 있게 되니 좋은 것 아니냐고 할 수도 있겠지만, 데드라인보다 너무 빨리 전달을 하게 되면 마감 기한까지 수정을 반복하게 되는 경우가 부지기수입니다. 그리고 다음 프로젝트에서는 더 빨리를 요구할 가능성도 높아지죠. "저번에는 2~3일이면 됐는데, 이번에는 왜 이렇게 느린가요?"라는 질문을 받으면 답변을 하기에도 짜증 납니다.

그러므로 데드라인이 오늘 오후 5시까지라면, 오후 4시 30분쯤 전달하는 것이 가장 좋습니다. 수정을 하기에도 애매한 시간이며 데드라인보다 일찍 전달을 했으니 클라이언트 측에서도 문제를 삼을 수 없죠. 빨리 끝나더라도 빨리 전달하지 말고 시간이 남는다면 적당히 눈치껏 남는 시간을 활용하는 것이 좋습니다.

파일 관리

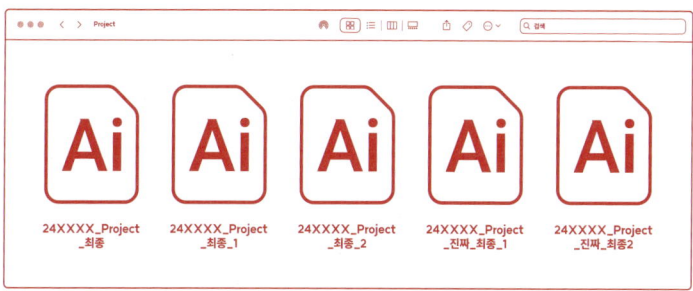

　최종, 최종 1, 최종 2, 진짜 최종, 진짜 최종 1⋯. 정말 없어 보이지 않나요? 파일명에서부터 다급함과 짜증이 보입니다. 디자인에서 수정은 피할 수 없고, 수정 전 파일과 수정 후 파일을 구분하기 위해 수정을 거듭할수록 넘버링을 하게 되는데, 언제나 그렇듯이 끝났다고 생각했다면 오산입니다.

　파일명 뒤에는 항상 숫자로 표기하기, 표기는 파일 뒤에 V1, V2로 넘버링하여 표기하시는 것이 좋습니다. 제 경우에는 인쇄를 하는 파일에는 아웃라인을 표기합니다. OL1, OL2. 이렇게 표기해두면 작업 파일과 인쇄용 파일을 구분하기 편하고 혼동될 일이 없습니다.

　상황에 따라 '시안'이라는 글자를 넣어도 되고, '원고'라고 표기해도 상관은 없습니다. 누구나 알아보기 쉽게 표기하고 넘버링을 꼭 하기 바랍니다. 덧붙이자면 파일이 몇 개가 되든 이전 시안은 무조건 남겨두어야 합니다.

　파일을 정리하는 방법은 개인마다 다르겠지만, 종류가 되었든, 날짜가 되었든 통일해서 적용할 수 있도록 위계를 만들어서 정리하면 됩니다. 시간 순서로 찾기 편하도록 진행 날짜는 파일명의 앞에, 진행 횟수를 표기하는 넘버링은 뒤에 정리하면 됩니다.

시안, 최종 결과물을 전달할 때

시안을 JPG 저장만 해서 전달을 하는 것과 종합해서 간략한 설명과 함께 전달하는 것은 보는 사람 입장에서 상당히 차이가 큽니다. 시안 전달용 가이드 파일을 하나 만들어서 첫 장에는 프로젝트명과 날짜, 다음 장에는 A안, B안, C안의 썸네일과 간략한 설명, 다음 장에는 A안 전체 이미지, 다음 장에는 B안 전체 이미지, 다음 장에는 C안 전체 이미지로 간략하게 구성하여 PDF 파일로 전달합니다.

이렇게 정리해서 전달하면 받는 사람 입장에서 훨씬 보기 좋고 성의있어 보입니다. 단순하게 낱장의 JPG 파일만 전달했을 때와 비교하여 설득력에도 더 좋은 효과를 기대할 수 있습니다. 조금 더 좋은 방법은 목업 파일에 작업한 디자인을 적용해서 보내는 것입니다. 목업에 적용하면 훨씬 더 보기 좋고 구체적이기 때문입니다.

기존 거래처 실장님의 소개로 분양 광고 대행을 하는 회사와 일을 했을 때 있었던 일입니다. 분양 광고는 필요한 디자인이 굉장히 많습니다. 편집물인 공급 안내서, 공급 계약서, 리플릿, 전단지부터 판촉물인 티슈, 물티슈, 쇼핑백 등이 있고, 홍보관에서 쓰이는 실사 출력물 등등 가짓수가 굉장히 많습니다.

나열한 것 외에도 필요한 디자인이 많기 때문에 "시안은 어떻게 정리해서 드릴까요?"라는 제 질문에 종류별로 구분하여 JPG 파일로만 전달해 주면 된다는 답변을 받았습니다. 시안을 따로 보기 좋게 정리해서 PDF 파일로 각 디자인별 시안을 정리하고, 하나하나 목업을 찾아 적용해서 전달했더니 정말 좋아하셨습니다. 아마도 성의가 보여서 그랬던 것 같습니다.

조금 귀찮을지 몰라도 시안 전달용 가이드 파일을 만들어 놓고, 작업이 완료된 파일을 링크만 수정해서 활용할 수 있도록 정리를 해두는 것을 추천합니다. 주로 하는 작업의 종류가 정해져 있을 경우 적용해 볼 수 있는 목업 파일도 몇 가지 준비해 두고 활용하면, 센스 있게 일하는 디자이너가 될 수 있습니다.

증거 남기기

증거를 남겨야 하는 이유는 손해와 억울함 방지입니다. 우리의 클라이이언트는 항상 딴소리를 합니다. 보통은 유선상으로 전달했던 내용에서 문제가 크게 발생하기 때문에 전화 통화를 했다면 꼭 요약 내용을 전달하는 것이 좋습니다. 수정 내용을 전화로 전달받은 경우에도 마찬가지이며, 일정 변경에 대한 내용일 때도 역시 마찬가지입니다.

클라이이언트 측에 디자인 작업에 필요한 내용을 정리해서 수요일까지 전달을 요청했는데, 수요일이 되어도 연락이 없습니다.

카톡을 남겨도 안 봅니다. 그럼 이제 전화를 합니다. "오늘까지 내용 전달해 달라고 요청드렸는데, 연락이 없으셔서 전화드립니다." 클라이언트 측에서는 이렇게 대답합니다. "제가 이번 주 중에 전달드릴 수 있다고 하지 않았나요?"

  자료를 늦게 전달받을수록 작업을 할 수 있는 시간이 줄어듭니다. 디자인이 시급하니 시안은 빨리 전달해 달라면서 자료 요청이나 컨펌 요청에는 세상 느긋함을 보여주니 디자이너 입장에서는 환장하는 상황입니다. 이런 사례들이 없을 것 같지만, 너무나도 자주 발생하는 상황입니다. 그러므로 기록이 남지 않는 유선상 대화는 꼭 핵심 요약 내용을 재전달해야 합니다. 증거가 있어야 딴소리를 못합니다.

어떤 디자이너로 보여져야 할까?

어떤 디자이너로 보여질 것인가?

당연하게도 일 잘하고, 기본기와 감각이 좋으며, 함께 일하고 싶은 신뢰가 가는 디자이너로 비춰지는 것이 제일 좋습니다. 하지만 사회 초년생 신입 디자이너라면 전문성으로 무엇인가 보여준다는 것은 불가능한 일입니다. 때문에 신입 디자이너라면 회사의 선배 디자이너들에게 예쁨을 받을 수 있을 만한 요소들을 지속적으로 노출하는 것이 좋습니다.

두 번째 회사를 다닐 때 저는 조금 독특한 디자이너였습니다. 양쪽 귀에 귀걸이를 두 개씩 하고 다니며 옷차림은 대부분 스트릿 패션을 입고, 들고 다니기 귀찮다는 이유로 매일 가방 하나 없이 출근하지만 디자인에서는 심플함과 깔끔함을 추구하고, 퇴근하고 뭐 하러 가냐는 말에 항상 볼링 치러 간다는 대답을 했으며, 점심 메뉴를 물어보면 열에 아홉은 돈까스를 외치는 콘셉트가 조금 확실한 디자이너였습니다.

조금 독특한 사람으로 비춰지겠지만, 그럼에도 일에서는 최대한 배우려는 자세로 일하고 같은 실수가 발생하지 않도록 노력했습니다. 시간이 남으면 유튜브로 부족한 디자인 툴 공부를 하며 남는 시간에 작업해 본 것들을 실장님께 개인적으로 피드백을 받기도 했습니다. 열심히 한다는 인상을 계속적으로 심어준 것입니다. 그래서 업무에서 실수를 하는 일이 발생하더라도 그 일이 더 커지지 않도록 실장님이 도와주시는 일들도 종종 있었습니다. 열심히 하는 부사수와 실력있는 사수의 관계는 회사가 망한 뒤에도 종종 외주 프로젝트를 함께하는 관계가 되었습니다.

개인적으로 신입이라면 하나라도 더 배울 수 있고, 내가 실수하더라도 감싸주고 싶어질 수 있도록 열심히 하는 모습을 보여주는 것이 최선이라는 생각이 듭니다. '어차피 다니다가 이직할 거야.'라는 생각으로 대충 하지 말고, 능동적으로 일하려는 모습을 보이고, 적극적으로 질문하는 모습을 보이며, 조금씩 발전하는 모습을 지속적으로 노출하셨으면 좋겠습니다.

만만하게 보여서는 안 된다

행동이 올곧은 사람, 말버릇이 좋지 못한 사람, 열정이 넘치는 사람, 게으른 사람, 계획대로 사는 사람, 생각 없이 사는 사람 등 세상에는 다양한 유형의 사람들이 많습니다. 나와 맞지 않는 사람이거나 매사 부정적인 사람이라면 내 곁에 두고 싶지 않을 것이고, 나에게 도움이 되거나 배울 점이 있는 사람이라면 곁에 두고 싫어지는 것은 당연합니다.

　일을 하는 곳에서도 동일합니다. 그러므로 저는 사생활을 일하는 자리에서 잘 노출하지 않습니다. 친밀함보다는 아주 약간의 거리감을 유지하는 편입니다. 물론 이것도 모두에게 해당되는 정답은 아니지만, 어떤 것이든 약점이 될 만한 것은 노출하지 않습니다. 사람이 만만해 보이면 선을 넘기 시작한다고 생각하기 때문입니다.

　사회 초년생 때, 프리랜서 초반에 자주 휘둘렸기 때문에 이런 성향이 굳어진 것 같다는 생각이 들기도 합니다. 그 당시 조금은 무리한 부탁도 군말 없이 들어주고, 좋지 않은 상황을 노출한 결과 오히려 이용하려는 사람들이 생겨났습니다. 지금 당장 일이 없으니 이거라도 하는 것이 좋지 않겠냐며 작업물의 단가를 후려치기도 하였고, 금액과 일정에 대한 이야기 없이 당장 급하니 사무실에 와서 일 좀 도우라는 무례한 부탁을 받기도 했습니다.

　사회는 사람이 일하는 곳이기 때문에 사람 냄새가 나는 곳도 물론 맞지만, 그들의 이익을 위해 돌아가는 냉정한 세계이기도 합니다. 작은 규모의 회사에서도 같이 일하는 사람들끼리 사내 정치를 하는 경우도 있고, 이유 없이 나를 싫어하는 사람도 있기 마련입니다. 그러므로 당연히 맡은 일은 문제 없이 잘해야 하고, 뒷얘기가 나오지 않도록 평소 행실을 신경 쓰는 것도 필요합니다.

　책잡힐 일이 없도록 하기 위해서 지적을 받거나 부정적인 것들이 있다면 즉각 고칠 수 있도록 노력해야 하고, 최대한 '개인'으로서의 나보다는 '동료'로서의 나의 모습을 노출해야 합니다. 누구에게도 휘둘리지 않도록 만만한 사람으로 보일 수 있는 요소들은 최대한 조심하길 바랍니다. 일과 관련되었다면 최대한 비즈니스라고 생각하세요. 우리가 일하러 가는 곳은 친구를 만드는 자리가 아닙니다.

첫인상에서 옷차림은 깔끔하게

첫인상은 중요합니다. 처음 봤을 때의 기억과 인상은 기억에 오래 남기 때문에 최대한 좋은 모습을 보여주는 것이 좋습니다. 첫 출근을 할 때 자율복장이라는 말을 전달받았더라도 반바지에 슬리퍼 차림으로 가는 사람은 없습니다. 자율복장이라고 하더라도 단정하게 입고 가는 것은 암묵적인 룰 같은 것입니다.

저는 사적으로 편한 자리가 아닌 누군가를 처음 만나는 자리에는 되도록 단정한 옷을 입습니다. 첫 미팅을 나갈 때, 중요한 일정에는 계절마다 조금씩은 다르지만, 되도록 셔츠와 슬랙스, 신발은 단정한 구두류를 신습니다. 평소에는 잘 바르지 않지만, 귀찮더라도 비비크림을 챙겨서 바릅니다. 최대한 깔끔하고 단정해 보이는 인상을 심어주기 위함입니다. 너무 힘을 주는 것도 상대방 입장에서 부담스럽고, 너무 신경을 안 쓰면 첫인상에서 신뢰감을 주기 어렵습니다.

미팅은 일을 하기 위한 자리지만 담당자가 어떤 사람인지, 클라이언트는 어떤 사람인지 암묵적으로 평가가 이루어지기도 하는 자리입니다. 때문에 상황에 맞는 옷차림과 전문성에는 최대한 진중한 모습, 자신감 있는 모습을 보여주려 노력해야 합니다. 일을 맡겨야 하는 사람 앞에서 우물쭈물 대거나 자신감 없는 모습을 보여준다면 시작부터 어딘가 불안한 느낌을 심어줄 수 있죠. 첫 만남에 한정된 시간이라면 무의식적으로 전문성보다는 첫인상으로 판단할 가능성이 높습니다. 그러므로 단정하고 깔끔한 모습으로 첫인상을 잘 남기기를 바랍니다.

Part 4

디자이너 마인드셋
Designer Mindset

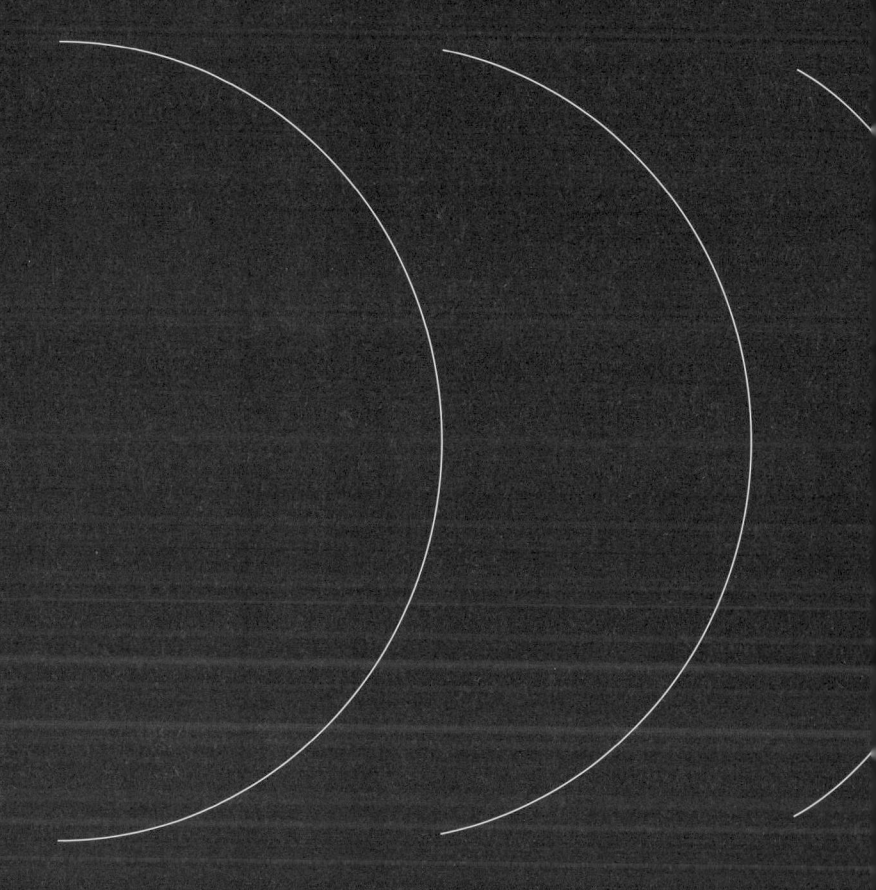

디자이너가 초심을 잃어가는 과정

| 디자인을 좋아하게 된 이유를
| 생각해 본 적이 있나요?

대학에서 순수예술 분야나 디자인 전공 등을 통해 디자이너가 되는 경우, 디자인 고등학교나 전문학교를 통하는 경우, 비전공자로 학원을 통해 디자인 툴을 배우고 디자인을 시작하게 되는 경우, 독학으로 디자인을 배우고 디자이너로서 취업을 하는 경우 등 디자인을 시작하는 계기와 방법은 다양합니다.

디자인을 시작하고 좋아하게 된 이유는 각자 다르겠지만, 제 경우는 전공을 시작한 뒤에 흥미를 느끼고 점점 좋아지게 된 케이스입니다. 수능 성적이 좋지 못했고 디자인을 해도 괜찮을 것 같다는 생각이 들어 전문대학에 입학하여 광고디자인 전공으로 디자인을 시작했습니다. 디자인에 대해 아무것도 모르기도 했고, 그림을 그릴 줄 몰랐기 때문에 실기를 보지 않는 광고디자인과를 선택했습니다. 군대를 다녀오니 디자인과가 통합되면서 시각디자인과로 졸업하게 된 특이 케이스이기도 합니다.

디자인을 배우기 시작할 당시만 해도 별다른 목표나 큰 생각이 없었으나, 전공을 하며 내 손으로 디자인 작업을 하고 나면 무엇인가 남는다는 것이 좋았습니다. 조금씩 실력이 나아지는 것이 보이고 흥미가 생기게 되니 자연스럽게 열심히 하게 되었습니다. 디자인에 대해 전혀 모르고 그림도 그리지 못하던 제가 열심히 한다는 이유 하나로 2학년이 되어서는 과 대표를 하고, 학과 수석을 하기도 했습니다.

디자인은 매력이 있습니다. 개인적으로는 내 것으로 남기 때문에 매력이 있다고 생각합니다. 직관적으로 눈에 보이는 '어떤 것'을 남기는 일은 생각보다 많지 않습니다. 디자이너는 디자인이 남습니다. 인쇄를 한다면 눈에 보이고, 만질 수 있는 결과물이 남습니다. 시각 이미지인 디자인을 다른 사람이 볼 수 있고 경험하게 만들 수 있다는 매력이 있습니다. 저에게 그 매력은 정말 크게 다가왔습니다.

그 당시에는 돈을 받고 일하는 프로가 아닌 아마추어 학생이었고, 내가 하고 싶은 디자인을 주로 했기 때문에 디자인을 하는 것 자체가 좋았습니다. 지금처럼만 하면 디자이너를 평생 할 수 있을 것 같다는 다소 오만한 생각까지 할 정도였죠. 그만큼 매력 있는 직업이고, 좋아했기 때문에 지금까지 디자이너라는 이름을 놓지 못하는 것인지도 모르겠습니다.

누구나 그렇듯 실무에서 좌절합니다

　누구나 그렇듯 졸업 후에 사회생활을 시작하고 실무를 하게 되면서, 점점 버거워지기 시작했습니다. 처음에는 선배 디자이너들의 서포트 역할을 했고, 허드렛일을 위주로 했기 때문에 어렵지 않았습니다. 나도 메인 작업을 해보고 싶다는 생각까지 할 정도로 회사 생활은 생각보다 할 만했습니다. 그러나 그 할 만하다는 생각은 오래가지 않았습니다.

　시간이 흘러 조금씩 시안 작업을 하게 되고, 여러 가지 디자인의 시안을 내기 시작할 때 문제가 발생했습니다. 제 디자인 작업물은 선배 디자이너들의 디자인에 비하면 애들 장난 수준의 처참한 퀄리티의 결과물이었죠. 회사에서 회의를 할 때는 시안들을 종합하고 시안의 설명과 함께 비교를 하기 때문에 그때마다 도망가고 싶은 생각뿐이었습니다. 언젠가 한 번은 회사의 선배 디자이너 중 한 분이 회의 중 저에게 이런 말을 했습니다. "PPT로 만들어도 그것보다는 잘하겠다."

　신입 시절에는 고민을 정말 많이 했습니다. 이 길이 내 길이 아닌 것 같다는 생각을 항상 할 정도로 디자인 일이라는 것 자체가 스트레스였습니다. 그때 당시에는 시간이 갈수록 자신감도 떨어졌던 것 같습니다. 물론, 지금 그때의 작업물을 보면 제가 선배였어도 그런 말을 할 것 같긴 했습니다만, 그 당시 신입 디자이너였던 저는 잘 몰랐습니다. 정확히 무엇이 잘못된 것인지, 어떻게 해야 잘하는 것인지 전혀 갈피를 잡지 못했습니다.

　1년을 채우고 2년 차가 될 때에는 회의감이 점점 커지기 시작했습니다. 나의 디자인은 머리를 쥐어 뜯으며 열심히 작업을 해도 퀄리티가 너무 떨어지고, 당장 뭐부터 배우고 채워야 할지 혼란스러웠습니다. 아마도 이 상태가 계속된다면 흔히 말하는 3년을 못버티고 회사에서 잘리는 디자이너가 제가 될 것 같은 느낌이 들었습니다.

제가 신입 시절 스트레스를 받고 힘들어했듯이 디자이너라는 직업을 가지고 실무를 시작하게 되는 순간 현실의 거대한 벽이 기다리고 있습니다. 대가를 받고 일을 하는 것이기 때문에 실력과 퀄리티는 당연히 좋아야 합니다. 다른 직업들도 그러하듯이 디자이너도 마찬가지입니다. 디자인만 잘해서는 디자이너로서 살아남기란 쉽지 않습니다. 인간관계, 소통 능력, 사회생활 등 여러 가지를 두루 잘해야 합니다. 그래서 힘듭니다.

디자이너가 디자인을 싫어하게 되는 과정

실무를 하다 보면 대부분 비슷한 루트를 경험합니다. 신입이라면 나보다 선배인 디자이너들에게 배우고, 혼나고, 고민하고, 좌절하는 시간을 보낼 수밖에 없습니다. 디자이너의 연봉이 낮은 수준인 것도 문제인데, 연봉을 올리기도 쉽지 않은 데다가 야근은 밥 먹듯이 하는 경우도 많습니다. 클라이언트는 항상 마음에 안 든다고 시안을 뒤집어엎어버리며, 말도 안 되는 수정을 요구하니 점점 디자이너라는 직업에 회의감이 들기 시작합니다.

시간이 갈수록 회사의 부품이 되는 것 같고, 해달라는 대로 해줘야 하는 도구가 되어간다는 느낌을 받습니다. 당장 이직을 하려고 해도 포트폴리오라는 큰 문제가 있는데, 지금 수준의 디자인 작업물로 포트폴리오를 만드는 것 자체가 맞는 것인지 고민이 됩니다. 이직을 한다고 해도 그다지 상황이 바뀌지 않을 것 같다는 느낌도 듭니다. 머리가 복잡해지죠.

    이 모두가 내가 당장 바꿀 수 없는 것들이기 때문에 고통스럽습니다. 바꿀 수 없다는 고통으로 인해 열정은 식어버리고 무기력해집니다. 그리고 내가 하고 싶었던 것들을 잊게 됩니다. 하고 싶었던 것을 잊었기 때문에 목표가 흐릿해지고 원동력과 열정을 잃습니다.

초심을 잃지 않기

    재료를 아끼지 않고 푸짐하게 넣어주던 단골 식당이 어느 순간 재료를 아낀다면 단골에서 다시는 가지 않는 식당이 되고, 퀄리티가 좋았던 브랜드의 제품이 어느 순간 조잡한 느낌이 드는 제품이 되는 경우 그 브랜드에서는 다시는 구입하지 않게 됩니다. 초심이 무너졌고 신뢰를 잃었기 때문입니다.

    현실에는 나보다 잘하는 디자이너들이 사방에 깔려있습니다. 분명 졸업을 하기 전, 혹은 수료를 하기 전의 해당 그룹에서는 내가 잘하는 디자이너였다고 하더라도 막상 사회에 나와보면 이미 커리어를 쌓고 있는 선배들, 비슷한 경력의 디자이너지만 그들의 실력은 나보다 수십 수는 앞서 있는 것만 같습니다. 내 실력에 의심이 가기 시작하고, 잘할 수 없다는 생각이 들면서 점점 열정이 식어갑니다. 쉽지 않은 실무에서 회의감이 많이 들기도 합니다. 앞서 다루었던 디자이너가 디자인을 싫어하게 되는 과정이 나에게 적용되며 그렇게 초심을 잃어갑니다.

어떤 분야든 초심을 잃는 순간 무너지는 것은 한순간입니다. 우리가 디자인을 업으로 하는 경우에도 크게 다르지 않습니다. 초심을 잃으면 타성에 젖습니다. 하던 것만 하고 새로운 것은 하지 않으려는 경향을 보이게 됩니다. 초심을 잃고 디자인에 대한 애정이 사그라들면 주위 사람들도 금세 그 사실을 알게 됩니다.

디자인에 열정과 흥미를 잃은 디자이너는 디자이너로서 매력이 없습니다. 디자인 얘기에 눈빛이 반짝반짝하던 디자이너가 디자인에 대해 시큰둥해지고, 열심히 해보겠다던 사람이 어느 순간부터 매번 클라이언트를 험담하고 다른 사람 탓을 하기 시작합니다. 새로운 아이디어보다는 했던 것을 선호하게 되고, 꿈보다 돈을 보기 시작합니다. 반짝이던 디자이너는 주위에서 흔히 볼 수 있는 디자이너 1번, 디자이너 2번 정도에 지나지 않는 그저 그런 디자이너가 됩니다. 실력이 어떠하든 열정이 넘치는 사람은 그 하나만으로 멋지지만, 열정을 잃어버린 그저 그런 사람은 매력이 없습니다.

지금 회의감이 든다면 내가 디자인을 시작할 때 왜 디자이너가 되고 싶었는지, 디자인이 왜 좋았었는지, 어떤 디자인을 하고 싶었는지 돌아보셨으면 좋겠습니다. 디자인을 그만할 생각이 아니라면 다시금 돌아보고 초심을 되찾았으면 좋겠습니다.

내 디자인은 내가 아닙니다

디자인 피드백과 수정
필수불가결한 존재

디자이너는 항상 디자인에 대한 피드백을 주고받습니다. 디자인의 끝에는 항상 피드백과 수정의 단계가 기다리고 있습니다. 디자이너에게 피드백은 떼어놓을 수 없는 필수불가결한 존재입니다. 또한 수정이란 존재는 누르면 자동 반사적으로 발작을 하는 디자이너 발작 버튼과도 같은 존재입니다. 피드백과 수정은 떼려고 해도 절대 떼어낼 수 없는 숙명 같은 존재죠.

모든 디자이너는 수정을 요청하는 피드백에 스트레스를 받습니다. 저 역시도 마찬가지이고, 디자인을 공부하는 예비 디자이너들도 마찬가지이며, 디자인만 20년을 했던 디자이너에게도 마찬가지입니다. 클라이언트는 왜 또 갑자기 딴소리를 하는 것인지.. 대체 어디가 어떻게 마음에 안 든다는 것인지.. 디자인이라는 일을 하다 보면 어떻게 한 번에 끝나는 법이 없습니다.

작업 의뢰를 받아서 하는 디자이너의 입장과 내가 딱 원하던 그런 디자인을 받아보고 싶은 클라이언트는 앞서 언급했던 것처럼 서로의 시선 차이가 있을 수밖에 없기 때문에 그렇습니다. 내가 생각하는 것을 전달해서 상대방이 한 번에 마음에 쏙 들도록 만들기란 쉽지 않죠. 원하는 것을 정확하게 말하고 디자이너에게 전부 맡겨서 한 번에 끝내는 클라이언트는 소수입니다. 그래서 대부분 피드백을 통한 수정 작업이 동반될 수밖에 없습니다.

디자이너에게 디자인 피드백이라는 존재는 때로는 짜증나고, 때로는 귀찮으며, 한 줄의 피드백으로 오늘 집에 가지 못하는 일이 발생할 수도 있는 무서운 존재지만, 우리가 피드백을 대하는 자세를 조금만 바꾼다면 어느 정도 스트레스를 덜어내고 효과적인 피드백을 주고받을 수 있지 않을까 하는 생각도 듭니다.

피드백에 상처받지 않는 방법
디자인과 나를 동일시하지 않기

피드백과 수정이란 언제나 그래왔듯이 디자이너 발작 버튼을 어느 정도의 강도로 누를지 모릅니다. 그럼에도 피드백이 왔다면 클라이언트 입장에서 어떤 부분이 마음에 들지 않는지, 처음 콘셉트는 무엇이었는지 다시 고민해야 하죠. 디자인에 대한 피드백은 비판이 목적이 아닌 더 좋은 결과물을 위한 소통입니다. 우리는 프로입니다. 디자인 피드백을 토대로 다소 담담하게 '어떻게 개선해야 할까?'를 고민해야 합니다.

하지만 이러한 사실을 알고 있음에도 어렵습니다. 나의 디자인이 비난받고 반복된 수정으로 칼질을 당하는 것에 짜증이 나고 화가 났던 경험, 디자이너라면 다들 가지고 있습니다. 디자인을 모르는 제3자에게 별로라는 말을 듣는 일, 상사에게 이걸 디자인이라고 했냐 한 소리 들었던 일, 클라이언트가 나의 디자인이 마음에 들지 않는다며 전면 수정을 요청하는 일 등 내 디자인이 비난받고 칼질당하는 경험은 마음이 아픈 일이지만, 안타깝게도 있을 수밖에 없는 일입니다.

제3자의 입장에서 나의 디자인을 보고 평가하는 것은 나를 비난하고 폄훼하려고 하는 악의보다는 단순한 개인의 생각을 말하는 것일 수도 있습니다. 그렇기 때문에 타인의 평가에 모두 다 민감하게 반응할 필요는 없습니다. 내 디자인과 나를 동일시하고 모든 평가에 대해 민감하게 반응한다면 받지 않아도 될 상처를 자처해서 받고 있는 것일 수도 있습니다.

내가 직접 작업한 디자인이고 내가 애정을 갖고 있는 자식 같은 디자인이지만, 그것은 나의 기준입니다. 클라이언트 혹은 타인의 눈에는 디자인 1번, 디자인 2번 같은 존재일 수도 있습니다. 내 디자인에 애정이 클수록 비판에 민감해질 수밖에 없는 것은 사실입니다. 하지만 불필요한 상처까지 받지 않으려면 내 디자인은 내 디자인일 뿐, 내가 아님을 항상 기억하고 있어야 합니다.

최선을 다하여 만든 나의 디자인 작업물이지만, 매번 타인의 평가에 상처받는다면 조금은 내 디자인과 거리를 두고 객관적인 시선으로 바라보는 연습도 필요합니다. 내 디자인을 한 걸음 뒤에서 대할 줄도 알아야 상처를 받지 않습니다.

어떤 일이든 피드백은 필요합니다
잘 받아들이는 것도 능력

피드백은 디자인의 디벨롭에 필요하기도 하고, 디자인이 아닌 개인적인 성장에도 필요한 과정입니다. 클라이언트가 아니더라도 우리에게 피드백을 주는 사람들은 지금도 있을 것이고, 앞으로도 계속 있습니다. 아마도 우리는 죽기 전까지 항상 피드백을 받게 되겠죠. 시기와 상황에 따라 그 대상이 개인으로서의 내가 될 수도 있고, 나의 디자인이 될 수도 있고, 디자이너인 내가 될 수도 있습니다. 지금은 디자이너라는 직업을 갖고 디자인을 하고 있기 때문에 디자인 피드백이 상대적으로 크게 다가오는 것입니다.

디자이너에게 디자인 피드백이란 필수불가결하며 피할 수 없는 존재입니다. 나에게 큰 상처를 주는 존재가 될 수도 있습니다. 하지만 때로는 나를 성장시키는 존재가 되기도 합니다. 그러니 피드백을 너무 무서워하지 말고, 조금은 덤덤하게 받아들이고, 잘 적용할 수 있게 되기를 바랍니다.

내가 무조건 정답은 아닙니다

디자인은 정답이 없습니다
정답에 가까운 디자인이 있을 뿐

디자인은 정답이 없습니다. 정답은 없지만 정답에 가까울 수는 있습니다. 어떤 디자인이든 시간의 흐름에 따라 정답이라고 생각했던 디자인이 정답이 아니게 될 수도 있죠. 예외적인 디자인들이 물론 있지만, 대체로 몇 년 전에 많이 보고 익숙했던 디자인이 지금 보면 굉장히 촌스럽게 느껴지는 것도 그런 이유입니다. 하나 예를 들자면 2000년대에 유행하던 홈페이지 디자인을 지금의 UX/UI 디자이너들이 보면 발작을 일으킬 정도입니다. 하지만 그때는 그게 정답에 가까운 디자인이었습니다.

클라이언트의 시각이 그 몇 년 전의 디자인에 머물러있다면, 지금 유행하는 디자인이 오히려 이상해 보일 수도 있습니다. 만약 이런 시각을 가진 클라이언트의 디자인을 진행하는 상황에서 그가 원하는 방향성에 맞춰 여러 차례 수정을 하다 보면 굉장히 촌스러운 디자인이 되는 것입니다. 여백은 없고, 타이틀은 대문짝만한 빨갛고 노란 디자인이 나오는 것이죠. 그렇지만 촌스러운 결과물이 나온다고 해서 내가 촌스러운 디자이너는 아닙니다. 오히려 클라이언트의 니즈를 잘 충족해 주는 디자이너가 될 수도 있는 것이죠.

조형미가 좋고 눈으로 봤을 때 기본적으로 예쁜 디자인이 나와야 디자이너도 만족하는 것은 사실이지만, 설득이 통하지 않는다면 '당신이 정답입니다.' 하는 마인드도 때로는 필요합니다. 경우에 따라서는 클라이언트가 추구하는 것이 정답이 될 수도 있는 것입니다. 매번 이런 상황이 발생한다면 문제가 있지만, 그런 경우가 아니라면 적당히 현실과 타협하는 것도 나쁘지만은 않은 방법일 수 있습니다.

디자인의 완성도 vs 클라이언트의 만족도
상업 디자이너에게 무엇이 더 중요할까?

- 나의 만족(높음) + 클라이언트의 만족(높음) = 최고의 결과
- 나의 만족(낮음) + 클라이언트의 만족(높음) = 좋은 결과
- 나의 만족(중간) + 클라이언트의 만족(중간) = 적당한 결과
- 나의 만족(높음) + 클라이언트의 만족(낮음) = 나쁜 결과
- 나의 만족(낮음) + 클라이언트의 만족(낮음) = 최악의 결과

물론 나와 클라이언트 모두의 만족도가 높다면 최고의 결과입니다. 이 경우가 가장 좋지만, 디자이너가 클라이언트를 이해하

지 못하고, 마찬가지로 클라이언트도 디자이너를 이해하지 못하는 상황이 종종 발생합니다. 클라이언트는 비용을 들여 제작을 해달라고 하는데, 디자이너는 명확한 설명 없이 이렇게 하면 안 된다고만 하는 경우라면, 클라이언트는 작업물이 잘 나와도 어딘가 마음에 안 들고 기분도 안 좋습니다. 나의 만족도도 낮고 클라이언트의 만족도도 낮은 최악의 결과가 나오는 셈입니다.

예시로 적합한 디자인 직무로는 브랜드 경험 디자인이 있습니다. BX(Brand Experience) 디자인은 디자인을 통해 브랜드를 경험하는 것에 관여하고, 경험의 결과로 긍정적인 기억과 느낌 등을 브랜드의 의도대로 올바르게 전달할 수 있도록 하는 디자인 분야 중 하나입니다.

마찬가지로 클라이언트의 의뢰 경험에 대입해 보면, 클라이언트에게 디자인 의뢰 경험은 디자인 결과물뿐만 아니라 같이 일하는 과정 자체도 포함된다고 볼 수 있습니다. 그래서 디자이너에게는 결과물도 중요하지만, 그만큼 좋은 의뢰 경험과 결과물이 나올 수 있도록 올바른 커뮤니케이션을 하는 것도 중요합니다.

상업 디자이너는 내 작업을 하는 아티스트가 아닌, 디자인을 대행해 주는 직업입니다. 이 점을 절대 잊으면 안 됩니다. 우리는 당연하게도 클라이언트의 만족도도 높고, 나의 만족도도 높은 디자인 결과물이 나올 수 있도록 최선을 다해야 합니다. 둘 다 만족할 수 있도록 하는 것이 정답에 가깝습니다. 그리고, 돈 주는 사람을 만족시켜야 다음 프로젝트도 있습니다. 디자인 욕심보다는 클라이언트를 만족시킬 수 있는 조력자의 포지션이 되는 것은 어떨지 생각해 보셨으면 합니다.

완벽주의자 디자이너

완벽함을 추구하는 것은 실패하겠다는 말입니다
완벽한 것은 세상에 없다

완벽주의자란 좋은 의미일까 하는 물음에 제 답을 이야기하자면, '아니다'라고 단호하게 얘기할 수 있습니다. 세상 어떤 것이든 완벽한 것은 없기 때문이죠. 모든 사람을 만족시키려는 디자인은 애초에 성립할 수 없습니다.

애플의 아이폰을 예로 들어본다면 애플이라는 브랜드를 좋아하고 애플의 기능과 디자인을 선호하는 사람들에게는 완벽한 제품일 수도 있지만, 삼성 제품을 주로 사용하는 사람들에게는 불편하고 불만족스러운 휴대폰일 수 있습니다. 나의 만족이 아닌 모든 사람을 만족시키는 제품은 애초부터 존재할 수 없습니다.

완벽한 사람, 완벽한 삶, 완벽한 직업, 완벽한 디자인. 어떤 것이든 세상에 완벽한 것은 없습니다. 완벽해 보이는 사람도 어딘가 부족한 면이 있고, 그들마다 콤플렉스가 있습니다. 완벽하게 부를 쌓고, 원하는 목표를 전부 이루며, 본인과 그 주위가 완벽하다고 말하는 삶도 없습니다. 시각에 따라 내가 느끼는 완벽한 직업도 다른 사람이 보면 그저 그런 직업일 수도 있습니다.

디자인도 마찬가지입니다. 1년 전에 작업했던 디자인이 지금 보면 어딘가 모자라고 부족해 보이는 것은 당연합니다. 완벽한 디자인은 없기 때문입니다. 1년 전의 디자인 작업 당시에는 최선을 다했고 나의 기준으로 완벽한 디자인이라고 느꼈을 수도 있지만 시간이 흐른 뒤에 다시 보면 완벽하지 않습니다. 디자인은 객관적으로도, 주관적으로도 완벽할 수 없습니다. 내가 봤을 때 1px 차이로 완벽한 디자인을 완성했다고 생각하더라도, 다른 사람이 봤을 때는 한마디로 그냥 조금 예쁜 디자인일 수 있습니다.

사람들의 취향은 각기 다릅니다. 어떤 사람은 일러스트 요소가 많이 들어간 디자인을 좋아할 수도 있고, 어떤 사람은 매우 심플한 직관적인 디자인을 좋아할 수도 있습니다. 극단적인 예를 들면 디자인적 감각이 부족한 사람은 큼직한 글자에 여백 없이 빽빽한 디자인, 타이틀에는 빨간 글자가 들어간 디자인을 완벽한 디자인이라고 생각할 수도 있습니다. 앞서 들었던 예시처럼 결국 디자인에 '완벽하다'라는 말은 성립할 수 없습니다. 디자이너가 완벽한 디자인을 하려고 노력한다고 하더라도 타인이 추구하는 '완벽'이라는 시선에서는 자유로울 수 없습니다.

디자인이 아니더라도 모든 것에서 '완벽'이라는 생각을 조금 내려놓는 것이 좋습니다. 계획하고, 성장하고, 일을 하는 모든 과정에서 완벽주의자는 완벽함이라는 것을 만들어낼 수 없기 때문에 결국 지칠 수밖에 없습니다. 완벽해야 한다는 강박으로 스스로 고통을 받습니다. 부족해도 일단 시작하고 완료하는 것으로 기준을 조금만 낮췄으면 좋겠습니다.

　완벽해야 하는데 그러지 못할 것 같아서 할까 말까 고민이 된다면 일단 저지르고 하나씩 수습하는 것도 괜찮습니다. 모든 것을 잘하지 않아도 괜찮습니다. 모든 것을 잘할 수도 없고 잘할 필요도 없습니다. 조금 미흡하더라도 작년보다, 저번 달보다, 어제보다 조금 더 잘하면 조금 더 성장한 겁니다. 그것으로 괜찮습니다.

불안하지 않아도 될 이유

불안함을 느끼는 이유는 모르기 때문입니다
알 수 없는 것은 불안한 게 당연한 것

앞으로 계속 디자인을 할 수 있을지 미래가 불안하고, 당장 회사에서 어떤 평가를 받고 있는지, 회사의 선배 디자이너는 나를 어떻게 생각하고 있는지, 이게 과연 잘하고 있는 것인지 등 확신이 없다면 불안합니다. 아무것도 보이지 않는 길을 걷는 것 같습니다. 앞으로 걸어가야 하는데 아무것도 보이지 않는다면 제대로 걷고 있는지, 방향은 맞는지, 당장 앞에 위험한 물건들은 없는지 한발 한발 내딛기 무서울 정도로 불안한 것이 당연합니다. 하지만 너무 걱정할 필요는 없습니다. 나에게 도움을 줄 사람은 어디에든 있기 마련입니다.

저도 마찬가지로 항상 불안했습니다. 디자인 툴 실력이 부족한 것인지, 감각이 모자라다면 얼마나 모자란 것인지, 어떤 공부를 해야 하는지, 앞으로 어떤 디자인을 해야 하는지 고민만 오래 했던 것이죠. 지나고 보니 불안함의 원인을 알고 나면 같은 문제로 더 이상 불안하지 않다는 것을 알게 되었습니다. 그때 무엇이 그렇게 불안했는지, 불안할 수밖에 없었는지 지금은 이해가 갑니다.

이 책을 읽는 분들도 마찬가지로 고민하고 경험하는 치열한 시간을 통해 언젠가는 조금씩 알게 되겠지만, 지금 당장의 문제는 내가 무엇을 모르는지, 정확한 원인이 무엇인지 모르기 때문에 불안할 겁니다. 지금의 레벨에서 당연히 알 수 없는 것들도 있을 것이고 이해하지 못하는 것들도 있겠지만, 지금 무엇을 해야 하는지 모르겠다면 혼자 끙끙대지 않으셨으면 좋겠습니다.

디자이너로서 고민이 되는 것들을 하나하나 찾아가며 해소하는 것도 좋지만, 가장 빠르고 편한 방법은 선배 디자이너에게 상담과 도움을 요청하는 것입니다. 회사에 선배 디자이너가 없다면 디자이너 모임도 좋고 커뮤니티도 좋습니다. 제가 신입일 시절에는 디자이너 모임의 접근성이 조금 떨어지기도 했고 크게 활성화되지는 않았기 때문에 혼자 고민하는 시간이 길었지만, 지금은 나와 결이 맞는 디자이너 커뮤니티를 언제든지 찾아서 참여할 수 있는 환경입니다.

아는 만큼 보이고 모르는 만큼 불안합니다. 디자이너끼리 이야기를 나누다 보면 나만의 고민이 아닌 것을 알게 됩니다. 그리고 나보다 경험이 많은 선배 디자이너들은 같은 문제로 나보다 불안해 하지 않는다는 것을 알게 되죠. 나보다 경험이 많은 디자이너들도 당시에는 나와 같은 고민을 했고, 본인의 방식과 정답을 찾아가며 지금도 앞으로 나아가는 사람들입니다. 그들에게 지금 나의 수준에서 하는 고민들은 이전에 해봤고, 어느 정도 해결한 상태일 확률이 높습니다. 그들도 분명 지금 당장의 고민이 당연히 있겠지만, 그 고민은 아마도 지금 나의 고민보다 상위 수준의 고민일 겁니다.

그러니 선배 디자이너가 없다며 혼자 고민하지 말고, 디자이너가 모여있는 곳에 참여해 보셨으면 합니다. 그곳 중 어딘가에 나에게 도움을 줄 수 있는 선배 디자이너들은 분명히 있습니다. 조금 더 덧붙이자면 디자이너끼리 도움을 주고받으며 영향력을 나누고 시간이 지나 내가 선배의 입장이 되었을 때, 나보다 후배인 디자이너들의 고민을 들어주는 디자이너가 되셨으면 합니다.

그럼에도 알 수 없는 것들은 정면돌파하세요
조금씩 발전하며 만들어 나가기

특수한 경우거나 해결을 위한 조언을 해줄 수 있는 사람들이 없다면, 사실 방법은 정면돌파밖에 없습니다. 회는 날것으로 먹지만 인생은 날로 먹으면 탈 납니다. 방법이 없다면 이것 하나는 기억했으면 합니다. 문제 해결을 위해 다른 것은 신경 끄고 뚝심 있게 하나씩 파고들면서 채우기. 그리고 성과에 조급해하지 않기.

디자인과 조금은 다르지만, 제 경험을 예시로 들어보겠습니다. 저는 현재 아버지와 함께 작은 의류 브랜드의 운영을 병행하고 있습니다. 아버지는 봉제 공장 경력 40년이 넘은 장인입니다. 하지만 저는 패션에 관심이 없었고, 옷이 만들어지는 과정에 대해서도 거의 몰랐습니다. 브랜드 론칭 당시 제품은 아버지 공장에서 자체 제작하기로 했기 때문에 부담을 조금이나마 덜 수 있었지만, 제작을 제외한 모든 과정은 오롯이 저 혼자 담당해야 했던 상황이었습니다.

시작할 당시에 제가 해야 했던 것들을 대략적으로 정리해 보자면 이렇습니다.

- **제품** : 제품 기획, 원단 선정, 부자재 선정, 원단 및 부자재 발주 등
- **브랜딩** : 로고, 슬로건, 가이드, 자사몰 구축, 패키지 디자인 등의 브랜딩에 관련한 디자인과 아이디어 등
- **마케팅** : 타깃 설정, 키워드, 노출 등의 유입 유도 활동 기획, 소구점, 콘텐츠, 광고 기획 등
- **세일즈** : 상세 페이지 기획 및 디자인, 촬영 기획, 촬영, 후보정, 페이지 필수 기재 항목 정리 등

저는 그래픽 디자이너이고 의류는 처음 하는 분야다 보니, 디자인에 관련한 것 외의 모든 것이 너무 어려웠습니다. 모르기 때문에 불안했습니다. 어떻게 시작을 해야 할지, 무엇부터 시작해야 할지 전혀 감을 잡지 못했습니다. 제작과 실무에 관련된 부분은 패션 디자이너 분에게 개인 수업을 받고, 그 후 제가 알 수 없는 것들은 질문을 통해 도움을 받았으며, 그 외의 것들은 직접 부딪혀가며 하나씩 해결했습니다.

디자인 의뢰가 아닌 실제 제품을 판매하는 일에는 경험이 없었고, 방법은 정면돌파밖에 선택지가 없었습니다. 계속해서 부딪혔습니다. 유튜브, 블로그 등에서 타 브랜드들이 시작하는 과정과 어떤 아이템을 어떻게 판매했는지 찾아보기 시작했습니다. 비슷

한 제품군을 판매하는 타 업체의 상세 페이지들과 리뷰를 레퍼런스 삼아 불만족한 부분은 무엇인지, 만족한 부분은 무엇인지 키워드별로 정리하며 하나씩 방법을 고민하고 찾아나가다 보니 이전에는 보이지 않던 것들이 조금씩 보이기 시작했습니다. 그렇게 시작 후 약 5개월 만에 브랜드를 론칭했습니다.

모자란 부분에 대한 끊임없는 인사이트를 쌓으며 발전하고 있습니다. 제품을 어떻게 판매해야 할지, 어떻게 홍보해야 할지 조금씩 다른 방법으로 끊임없이 테스트하고, 새로운 카피를 써서 광고안을 만들어 보기도 하며, 조금씩 상세 페이지를 수정하고, 여러 콘텐츠를 기획하며 테스트해 보고 있습니다. 놓치는 부분이 없는지, 어떻게 해야 좋을지 아이디어가 떠오를 때마다 메모하고, 정리하고, 방향성을 조금씩 수정하는 과정을 반복하고 있습니다. 이런 일들은 제 브랜드의 생명이 다하는 그날까지 하게 되겠죠.

디자인이 아닌 새로운 분야의 예시기 때문에 조금 다르지만 결론은 비슷합니다. 그래픽을 하던 디자이너가 웹 디자인으로 직무를 이동하는 것도, 웹 디자이너가 패키지 디자이너로 직무를 이동하는 것도 마찬가지죠. 그러기 위한 마음가짐은 같아야 한다고 생각합니다. 관련 분야를 미친 듯이 파는 정면돌파. 다소 무식한 방법이 가장 효과적일 때가 있습니다.

경험이 없고 모른다면 효율을 기대하면 안 됩니다. 성과에 조급해하지 않고 뚝심 있게 하면 무엇이든 발전할 수 있습니다. 몰라서 불안한 것에는 때로 정면돌파가 필요합니다.

스트레스를 대하는 자세

스트레스 없는 일은 어디에도 없습니다
좋아하는 것에도 싫어하는 부분이 있을 수밖에 없다

보통 좋아하는 일을 하는 것에는 스트레스를 받지 않습니다. 하지만 좋아하는 일이라고 할지라도 싫어하는 특정한 부분들이 있을 수밖에 없습니다. 디자이너라는 직업을 가진 사람 중 디자인을 싫어하는 사람은 없겠지만, 본인의 디자인 직무 중 유독 싫은 부분들이 있습니다. 하지만 안타깝게도 이런 싫은 부분들, 스트레스를 유발하는 것들은 피할 수 없습니다.

예를 들면 포스터 작업을 하는데, 이미지의 보정과 합성 작업은 어렵고, 어떻게 해야 할지 잘 모르기 때문에 포토샵 이미지 작업이 유독 싫을 수 있습니다. 편집 디자인에서 표 작업을 하는 것은 조금 귀찮은 일이기 때문에 표가 많이 들어가는 작업을 하면 짜증이 날 수도 있습니다. 인쇄를 진행할 때 감리를 보러 가는 것도 굉장한 스트레스가 될 수 있습니다. 이처럼 디자인은 내가 분명 좋아하는 것이지만, 디자이너가 해야 할 일 중에는 싫은 것들이 있습니다. 대부분 이런 것들이 스트레스로 다가옵니다.

하지만 제가 생각하기에는 타인이 개입되지 않는 부분에서 스트레스를 받는 것은 '잘 못하기 때문에 그런 것이지 않을까?'라는 생각이 듭니다. 잘하는 것, 충족이 되는 것이라면 딱히 스트레스를 받을 일이 없습니다. 주위를 둘러보면 인간관계가 어렵지 않은 사람은 인간관계에서 많은 스트레스를 받지 않습니다. 회사 생활이 어렵지 않다는 사람은 회사에서 큰 트러블 없을 확률이 높으며 회사 생활에 큰 스트레스 없이 잘 지냅니다.

그냥 하기 싫은 일, 짜증 나는 일로 치부할 수 있습니다. 깊게 생각하지 않으면 왜 짜증이 나고 스트레스를 받는지 모르는 채로 반복적으로 스트레스만 받게 될 수도 있습니다. 반복적으로 스트레스를 받는데 이유를 잘 모르겠으니 그냥 하기 싫어서 스트레스를 받는 것 정도로만 생각할 수도 있습니다. 하지만 비슷한 스트레스가 반복된다면 문제가 있는 것입니다.

스트레스를 받는 것은 잘 풀리지 않을 때, 어려울 때, 내가 원하는 대로, 마음대로 잘되지 않을 때 발생합니다. 우리는 모든 것을 잘할 수 없으므로 당연하게도 스트레스를 피할 수 없습니다. 때문에 스트레스가 발생하는 원인이 결핍이라면 개선 또는 해결이 가능한 것인지 판단을 내린 후에 해결하는 것으로 스트레스를 줄여야만 합니다.

반복되는 스트레스는 원인을 찾고 개선하기
스트레스는 동기가 될 수 있습니다

스트레스는 누적됩니다. 정신적인 건강을 위해서도, 지속가능성을 위해서도 스트레스의 원인에 대해 회피하지 않고 인정해야 적절한 대처를 할 수 있습니다. 이유를 찾았으면 인정하고 개선하면 됩니다. 대부분은 스트레스를 부정적으로 인식하지만, 조금 다르게 보면 개선이나 성장을 위한 동기로 활용할 수 있습니다.

예를 들어 포토샵을 활용해서 이미지를 보정하고 합성하는 것에 어려움을 느껴 해당 업무가 스트레스를 유발한다면, 이는 충분히 해결 가능한 스트레스입니다. 부족한 부분을 배우면 됩니다. 디자이너라는 직업을 가진 이상 이런 문제는 계속 발생할 수밖에 없고, 문제점을 인지하고 개선한다면 나의 성장에도 도움이 됩니다.

또 다른 예로, 인쇄 감리 업무에서 오는 스트레스를 들 수 있습니다. 인쇄소 기장님들은 나이가 지긋하신 분들이 많아서, 주니어 디자이너 입장에서는 대하기가 굉장히 어렵습니다. 게다가 업계 특성상 다소 말씀이 거칠기도 하고, 그분들 입장에서는 감리가 달갑지 않습니다. 인쇄 감리를 위해 인쇄기를 멈추는 시간이 길어질수록 손해이기 때문입니다. 수십 년간 인쇄 일을 해온 전문가에게 이제 갓 학교를 졸업한 나이 어린 디자이너가 "이래서 안 맞는 것 같아요, 저래서 안 맞는 것 같아요."라고 하면, 당연히 분위기가 좋지 않을 수 있습니다. 그래서 처음 인쇄 감리를 가면 주눅이 들어 "네, 네."만 하다가 돌아오는 경우도 있죠. 저 역시 첫 인쇄 감리를 혼자 갈 때 걱정도 많았고 말도 제대로 못 꺼냈었습니다.

왜 이렇게 감리가 걱정되고 무서운건지 선배 디자이너에게 자문을 구하기도 했습니다. 어떻게 하면 원하는대로 불편한 상황이 없도록 소통을 할 수 있을까를 고민했습니다. 시간이 지나고 보니 결국 소통이었습니다. 바쁘게 돌아가는 인쇄소의 상황을 이해하고, 그 분들이 감리가 얼마나 귀찮은 업무인지 이해하면 최악의 상황은 면할 수 있습니다. 지금 당장은 조금 부족하더라도 충분히 좋아질 수 있습니다. 디자인도 사람이 하는 일이듯이 인쇄도 사람이 하는 일입니다. 간단히 마실 수 있는 음료 정도를 챙겨드리고, 어렵고 긴장되더라도 넉살 좋게 인사드리며 존중하는 태도를 보이는 것으로도 충분합니다. 예를 들어, 색상이 다소 마음에 들지 않더라도 "색상 예쁘게 나왔는데요! 그런데 저희 교정지보다 청색이 조금 꺼보여서 청색만 조금 빠지면 더 예쁠 것 같아요."라는 식으로 먼저 칭찬을 하고 원하는 것을 말하면, 서로 기분 상할 일 없이 괜찮은 분위기로 진행할 수 있습니다. 이렇게 스트레스의 원인을 찾아 대처 방법을 개선하면, 다음에 인쇄 감리 업무가 있더라도 처음에 비해 큰 스트레스를 받지 않게 됩니다.

결국, 스트레스의 원인을 해결해야 다음에도 같은 스트레스를 받지 않을 수 있습니다. 디자인을 좋아하지만 디자인을 하면서 스트레스를 받듯이, 어떤 일이든 스트레스를 유발하는 일은 필연적으로 따라옵니다. 개인의 나에게도, 디자이너로서의 나에게도 모두 적용됩니다. 스트레스를 고통이라고만 생각하지 말고 성장을 위한 동기로 활용해 보시면 좋겠습니다.

바꿀 수 없는 것들에 고통받지 않기
있는 그대로 보고, 비교하지 말고 적당히 신경 끄기

당장 해결이 불가능한 스트레스들이 있습니다. 제가 생각하는 가장 큰 문제는 당장 해결이 불가능한 일에 극도로 스트레스를 받거나 스트레스를 자처하는 경우라고 생각합니다. 당장 해결 불가능한 문제는 무슨 방법을 써도 해결이 안 됩니다. 적당히 받아들이고 적당히 신경을 꺼야 마음이 편해집니다. 불필요하게 다른 사람과 비교하고, 상황을 비교하고, 실력을 비교하는 것들은 스트레스를 자처하는 일종의 셀프 고문입니다.

조금 더 구체적으로 예시를 들어보자면 이제 막 신입으로 입사한 디자이너가 7~8년 차 과장님처럼 디자인을 하지 못해서 극심하게 스트레스를 받는 것은 당장 해결이 불가능한 일에 스스로 스트레스를 자처하는 셈입니다. 빠른 시간 안에 직장을 다니며 모두에게 감각과 실력을 인정받고 싶어 하는 것, 빠른 시간 안에 독립을 할 수 있을 정도의 디자인 전문가가 되어 내 사업을 하는 것들은 지금 당장은 불가능한 일들입니다.

마찬가지로 나와는 잘 맞지 않는 사람과 지속적으로 관계를 유지하는 것은 스트레스입니다. 타인의 특성은 내가 바꿀 수 없기 때문입니다. 지금의 회사도 마찬가지로 내가 바꿀 수 없습니다. 나의 키와 체형도 마찬가지죠. SNS를 자주 활용하는 사람이라면 무의식적으로 타인과 나를 비교하게 되고 상대적 박탈감을 느끼게 됩니다. 찾아가서 스트레스를 자발적으로 받는 셈입니다. 바꿀 수 없는 부분에 집착하면 더 고통스럽습니다. 적당히 신경을 꺼야 내가 덜 고통스럽습니다.

제 인스타그램 계정은 디자이너의 성장이라는 주제 안에서 글을 업로드합니다. 팔로우를 해주시는 분들 중에는 디자인 계정만 골라서 팔로우를 하고 각 분야의 인사이트와 레퍼런스를 보는 용도의 계정이 팔로우하는 경우가 많습니다. 다만 조금 걱정되는 부분은 타인의 디자인과 나의 디자인, 잘나가는 사람과 나를 비교하지 않았으면 좋겠습니다. 저 사람의 디자인은 이렇구나 하는 생각으로 적당히 필요한 부분만 취했으면 합니다.

당장 해결이 불가능한 일들은 있는 그대로 바라보고, 비교하지 않고, 적당히 신경을 꺼야 마음이 편해집니다.

공사다망하다가 공사가 다 망할 수 있다

나만의 페이스와 휴식

커뮤니티 활동을 하다 보면 무엇이든 굉장히 열심히 하시는 분들이 계십니다. 주말 없이 일하고 시간이 남으면 자기 계발도 끊임없이 하며 각종 오프라인 모임에도 참석합니다. 업무 과다인 데다가 책임감이 높아서 스트레스가 극에 달할 정도임에도 자진해서 야근을 하는 분도 계시고, 밀려드는 외주에 밤샘을 밥 먹듯이 하는 분도 계십니다. 목표가 뚜렷하고 뚜렷한 목표만큼 열정도 대단하지만 저마다의 이유로 지쳐가고 소진되는 것을 알면서도 브레이크가 고장난 것처럼 쉽게 멈추지 못하는 것 같습니다.

저도 마찬가지로 혼자 일한 지 얼마 되지 않았을 때부터 비교적 최근까지 내가 멈추면 모든 것이 멈춘다는 생각을 했습니다. 틀어박혀서 미친 듯이 일하다가 퍼지고, 다시 미친 듯이 일하다가 퍼지는 것을 반복하다 보니 건강도, 체력도 조금씩 나빠졌습니다. 짧은 번아웃이 계속 누적이 됐습니다. 급한 일들은 야근에 밤샘을 밥 먹듯이 했던 것도 있고, 스트레스를 많이 받다 보니 여유시간이 생기면 친구들을 만나 술을 마시던 것들이 화근이었습니다.

지금도 주중에는 오전 10시부터 밤 10~12시까지 업무에 관련된 것들을 합니다. 이전과 조금 다르다면 철야는 최대한 지양하고 이전보다 조금은 느슨하게 일합니다. 완전히 멈추지 않도록 의식적으로, 최소한의 브레이크로써 저만의 속도를 조절하며 페이스 조절을 하고 있는 것입니다. 주중에 업무를 중심으로 일한다면, 주말 중 하루는 제 것을 만들어 나가는 일을 우선으로 합니다. 글을 쓰기도 하고 부업인 포토샵 리터칭 오프라인 수업을 하는 경우도 있죠. 많은 시간을 업무와 내 것을 쌓는 생산적인 일을 하며 보내지만, 이전보다는 다소 느슨하게 합니다.

큰 목표를 달성하기 위해 작은 목표를 하나씩 세우고 이뤄나가고 있습니다. 중간중간 쉬어가며 나만의 속도로 나아가고 있습니다. 되도록 일주일 중 하루 정도는 완전히 off 상태로 전환하여 쉴 수 있도록 시간을 비우는 것도 같은 이유입니다. 짧은 휴식도 중요하지만 온전한 휴식 시간이 없다면 오래 지속할 수 없습니다.

목표가 있다면 목표 외의 것들은 조금 줄이고 휴식시간을 충분히 가지면서 멀리 봐야 지속할 수 있습니다. 조금은 느슨하게 나만의 페이스를 만드셨으면 좋겠습니다. 열정도 물론 중요하지만, 혹사한다면 몸은 물론이고 마음까지 지칩니다. 과욕 금물. 공사다망보다 한 번에 하나씩 나만의 속도를 가지고 장기적으로 보셨으면 합니다.

제발 그냥 합시다

모든 일에 핑계 대지 않기
핑계를 댄다고 아무것도 달라지지 않는다

브레이크가 고장 난 것 같은 사람들이 있는가 하면 모든 일에 핑계를 대는 사람들도 있습니다. '때문에'를 달고 삽니다. 얼마 전까지 저도 그런 성향이었고, 제 주변에도 그런 사람들이 많았습니다. 이것 '때문에' 안 된다, 저것 '때문에' 안 된다를 달고 삽니다. 현실적으로 충분히 가능한 목표라고 해도 여러 가지 이유를 들어 핑계를 만듭니다. 큰 목표든 작은 목표든 똑같습니다. 조금만 어려울 것 같으면 핑계를 들어 포기합니다. 심하면 거짓말까지 하기도 하죠.

하면서도 '안 될 텐데' 하는 생각을 가지는 사람들도 있습니다. 시작도 전에 안 되는 이유를 먼저 만들어 놓으면 잘 될 리가 없습니다. 그 일이 잘 안되면 역시 그럴 줄 알았다고 말합니다. 저는 이런 마인드를 실패자 마인드라고 생각합니다. '나는 잘못되지 않왔다.', '문제는 나에게 있지 않다.'는 것을 말하고자 '때문에'라는 핑계를 내세우고, 이로써 나를 보호하려 하는 포장일 뿐입니다. 무의식적으로 계속 책임을 회피하려는 성향을 드러내는 것입니다.

우리가 디자인을 할 때도 마찬가지입니다. 클라이언트나 기획팀에서 표현하기 어렵거나 난해한 디자인을 요구할 때가 있습니다. 디자인을 해야 하는 디자이너 입장에서는 난처합니다. 어렵기 때문이죠. 무조건 안 된다며 이유들을 나열하기 시작합니다. 하지만 불가능할 것 같다고 해서 온갖 핑곗거리의 이유를 들기 시작하면, 시작 단계부터 좋은 디자인이 나올 수 없습니다. 첫 단추부터 잘못 꿰는 셈이죠. 오히려 안 될 것 같은 이유를 뒤집어서 새로운 아이디어들을 접목하는 접근을 할 수도 있습니다.

신입 시절 혈행 개선의 효과가 있는 건강기능식품의 지면 광고에 참여했던 적이 있습니다. '혈행 개선'을 한 번에 와닿을 수 있는 이미지로 표현해 달라는 요청이 있었습니다. 아이디어를 낼 때 굉장히 어려웠습니다. 효과를 이미지로 표현하는 것에서는 정적인 이미지보다는 역동적인 이미지가 효과적일 테고, 이를 직관적인 한 장의 이미지로 표현해야 하는 작업이었습니다. 여러 가지의 아이디어를 내고 간단한 스케치를 이어나갔지만 표현이 어려웠습니다.

꼬리에 꼬리를 물고 아이디어를 풀어나갈 방법을 찾다가 생각한 것이 '하프파이프'였습니다. 스노우보드를 탄 사람이 혈관을 타고 빠르게 이동하는 이미지를 러프 시안으로 만들었습니다. 이미지를 합성하고, 보정하며 역동적인 효과를 넣어보는 작업은 그 당시 저에게는 난이도가 상당히 높았고, 어려웠습니다. 결과는 아쉽게도 제 시안이 아닌 다른 시안이 채택되었지만 나름 즐거운 작업으로 기억합니다. 만약 무엇 때문에 표현이 안 된다고 생각했다면 그저 그런 재미없는 이미지가 시안으로 나왔을 것이고, 저는 너무 난해하고 어려웠다고 핑계를 댔을 겁니다.

핑계를 대는 것은 '실패'라는 것이 무섭기 때문인 것 같습니다. 잘못과 부족함을 인정하지 않고 핑계를 대는 것은 분명 내 탓이지만 그 사실을 인정하면 무능력하고 실패한 사람이 되는 것이죠. 이런 태도는 내 앞길을 내가 막고 있는 태도라고 생각합니다. 모르면 모른다, 내가 부족했다, 인정을 하는 태도가 훨씬 건강하고 발전할 수 있는 태도입니다. 핑계와 거짓말로 회피하기보다 인정하는 것이 지금보다 나은 삶을 위한 마음가짐입니다.

제가 알고 지내는 디자이너 중 한 명은 이제 9년 차 디자이너지만, 아직까지 간단하고 쉬운 작업들을 위주로 하는 회사를 다니고 있습니다. 사실 예전부터 디자인은 더 이상 하고 싶지 않아졌지만 할 줄 아는 것이 디자인이기 때문에 연봉을 낮추더라도 쉬운 일을 하는 회사를 계속 다녀야 한다는 말을 합니다. 지금보다 더 높은 연봉을 받고 싶지만 이미 물경력이기 때문에 뭘 해도 방법은 없을 것이라 말합니다.

또 다른 5년 차 디자이너는 능력 대비 연봉이 너무 적기 때문에 연봉을 올려서 이직을 하고 싶다고 합니다. 포트폴리오부터 준비하고 이직을 해보는 것은 어떻냐는 말에 포트폴리오로 쓸 작업물이 없고, 지금은 회사들이 디자이너 채용을 잘 안 하기 때문에 이직이 쉽지 않다며 같은 회사에 몇 년째 계속 다니고 있습니다. 당장 주변만 둘러봐도 핑계로 본인들의 선택을 정당화하고 있는 사람들이 많습니다.

크든 작든 실패와 어려움을 겪는 일은 되도록 경험하고 싶지 않은 일입니다. 모두가 그렇습니다. 하지만 모든 일에서 회피와 핑계가 답이 될 수는 없습니다. 지금보다 나은 미래를 위해서 인정해야 합니다. 그리고 조금 더 당당해도 괜찮습니다. 결과가 잘 나오지 않으면 뭐 어떻습니까? 다음에 조금 더 잘하면 됩니다. 남들은 알고 있다고 하더라도 나는 잘 모를 수도 있지 않겠습니까? 모르니 배우면 됩니다.

세상의 모든 것에 완전함은 없고, 재능의 영역은 정도의 차이만 있을 뿐입니다. 모두가 잘할 수 없으며, 할 수 있는 것들을 하나씩 이루며 내가 하는 것에 책임을 지는 사람이 발전하고 나아가는 사람입니다. 그러니 무엇을 하더라도 핑곗거리를 먼저 생각하거나 안 되는 이유부터 떠오른다면 원인이 무엇인지 고민을 해보고 인정하는 시간이 필요합니다.

디자이너가 가진 디자인이라는 무기

디자이너는 할 수 있는 일들이 많습니다
남들이 가지지 못한 강력한 무기를 가진 사람들

디자이너가 비록 당장은 큰돈을 벌지 못하고 직업의 생명이 짧은 편이긴 하지만 가능성은 굉장히 큰 직업이라고 생각합니다. 개인의 사업을 할 때 디자인은 굉장히 어려운 영역입니다. 많은 사람들이 디자인을 쉽게 보는 경향이 있지만 쉽게 볼 뿐 그들이 직접 원하는 것을 시각화할 수는 없기 때문에 디자인에 어려움을 겪는 경우가 많습니다. 내 회사와 내 브랜드에 어떤 디자인을 해야 할지, 내 생각과 의도대로 어떻게 그려나가야 할지, 실행 자체가 어렵고 시행착오도 많습니다.

디자이너가 클라이언트와 소통하고 그들이 원하는 것을 만들어 나가는 과정에는 많은 역량들이 포함됩니다. 클라이언트를 넘어 클라이언트의 제품과 서비스가 어떤 고객을 타깃으로 하는지 분석하고, 그들의 라이프스타일을 고려하여 현재의 트렌드를 접목한 후 논리와 감성을 더하여 잠재 고객을 설득할 수 있는 디자인 결과물을 냅니다. 디자인 과정은 브랜드에서 고려해야 할 것들에 이미 많은 것들을 포함하고 있는 셈입니다.

디자인은 접목이 용이하고 본질의 차별화 요소를 가장 효과적으로 높일 수 있는 분야입니다. 게다가 상업 디자이너는 본인의 생각보다는 클라이언트와 클라이언트의 잠재 고객까지도 파악하고 그들을 위한 디자인을 하던 사람들입니다. 그렇기에 디자이너는 같은 것도 또 다른 시각으로 볼 수 있으며, 새로운 가치를 찾아내거나 장점을 극대화할 수 있는 사람들입니다. 하나의 제품과 서비스를 위해 여러 아이디어를 내고 아이디어를 섞을 수 있으며, 콘셉트와 모티브를 통해 본질을 강화할 수 있는 능력이 있습니다.

디자인은 깊게 파고들수록 알아야 하는 것들도 많고 어려운 분야 중 하나긴 하지만, 어려운 만큼 세상을 보는 시각 또한 깊어집니다. 디자이너라는 경험 하나만으로도 할 수 있는 일들이 많아지는 것이죠. 당장이라도 회사를 다니며 부업을 시작하여 내 전문성을 그대로 활용할 수도 있습니다. 많은 수의 디자이너가 회사를 다니며 부업으로 디자인 일을 하고 있기도 하고, 부업의 수입이 늘어나면 프리랜서로 전향하는 경우도 많습니다. 프리랜서로 독립을 하는 것도 어렵지 않은 편이고, 프리랜서 이후에는 추가적인 경험을 쌓아 소규모의 디자인 스튜디오를 꾸리는 것도 능력 여하에 따라 충분히 가능합니다.

개인 브랜드의 론칭도 마찬가지입니다. 시대의 흐름에 따라 브랜드에서도 예전보다 일방적 광고보다는 콘텐츠를 제작하는 경우가 많아졌습니다. SNS 콘텐츠를 활용하여 이전과 다른 마케팅을 진행하는 브랜드들이 많이 늘었습니다. 콘텐츠에는 디자인이 빠질 수 없는 영역이기 때문에 디자인에 대한 필요성도 이전보다 높아졌습니다. 디자이너라면 본인의 브랜드를 시작하는 것에 있어서도 직접 퀄리티 높은 콘텐츠를 생산할 수 있다는 큰 무기를 하나 가지고 시작하는 셈입니다.

이처럼 디자이너는 같은 분야의 확장성도 좋은 편이며, 다른 분야로 새로 시작을 하는 데에도 적용할 수 있는 장점이 있습니다. 지금 당장은 연봉이 적고 업무의 강도가 높다고 하더라도, 가치 있는 일을 한다는 자신감을 가지셨으면 좋겠습니다. 우리는 강력한 무기를 만들어나가고 있는 사람들입니다.

Part 5

프리랜서 디자이너
a Freelance Designer

회사 경험 없이도
프리랜서를 할 수 있나요?

가능한데, 지금은 때가 아닙니다

전공자, 비전공자 모두 회사 경험 없이 프리랜서에 도전하는 것은 가능합니다. 하지만 프리랜서는 개인이 모든 것을 혼자 해야만 하는 직업입니다. 디자인 실무 경험과 역량이 충분한 상태로 시작을 해도 어려운 것이 프리랜서입니다. 실무 경험이 충분해도 시작에 어려움과 불확실성을 느끼는 사람들이 많은데, 경험이 없는 상태로 진입을 하는 것은 리스크가 너무나도 큽니다.

프리랜서에 관심이 있으면 성공 사례들을 찾아봅니다. 비전공자가 프리랜서 디자이너로 시작해서 돈을 잘 버는 사례쯤은 인터넷 서치만 해도 수두룩하게 나옵니다. '비전공자 출신인데 월 얼마 법니다.'와 같은 글과 콘텐츠들은 넘쳐납니다. 월 얼마 버는 프리랜서로 만들어 주겠다는 강의도 판을 치고 있습니다. 이런 성공 사례만 보면 나도 충분히 할 수 있겠다는 생각을 하시는 분들을 많이 봐왔습니다. 그리고 그들이 말하는 사례대로 되신 분들은 제 주변에서 아직 못 봤습니다. 해당 사례가 있다고 하더라도 정말 극소수이며, 충분한 경험이 준비되어 있지 않다면 단기간에 성공할 수 있는 확률은 극도로 적습니다.

과거에 비해 플랫폼도 많이 활성화가 되었기 때문에 이전에 비해 진입 장벽이 더 낮아진 이유도 있고, 개인 강의를 통해 프리랜서를 시작하는 분들도 많이 생겨났습니다. 실제로 프리랜서라고 하는 디자이너의 숫자가 상당히 많이 늘어난 것이 눈에 띄게 체감될 정도입니다. 지금보다 조금 더 과거의 프리랜서는 보통 실무를 충분히 쌓고 거래처를 만들며 독립을 하는 경우가 대다수였습니다. 그러나 지금은 2~3년 차 디자이너인데 프리랜서 디자이너라고 하는 분들이 확실히 많아졌습니다.

경력과 경험이 없는 상태로 프리랜서를 해보고 싶다면, 일 년 이상 수입이 없어도 버틸 수 있는 자금이 있고, 다른 디자이너와 비교하여 압도적으로 빠른 성장을 할 수 있는 사람의 경우에 시도해 볼 수 있습니다. 단, 실패를 하더라도 프리랜서를 해보고 싶다는 분은 말리지는 않습니다. 실패도 경험이기 때문입니다. 이 경우를 제외하고 실무 경험이 없다면 지금은 프리랜서를 할 때가 아니라고 단호하게 말씀드립니다.

경험과 전문성이 없는 프리랜서는 모래사장에서 모래로 쌓은 성과 같습니다. 파도에 한 번, 비바람에 한 번 쓸리면 그대로 무너집니다. 아차 하는 순간 쓸모없는 프리랜서 경력만 남게 됩니다. 회사 경험을 수 년에 걸쳐 했던 디자이너도 프리랜서 시장에 발을 들였다가 엄청난 시행착오와 수많은 진상 고객을 경험하고, 돈을 떼이기도 하는 등 사회의 쓴맛을 보고 다시 회사로 돌아가는 경우도 부지기수입니다. 사회 경험이 있는데도 이런 어려움들이 발생하는데, 사회 초년생 무경력자에게는 더하면 더했지 절대로 덜하지 않습니다.

환상과 다른 프리랜서 시장
프로가 아닌 사람은 살아남을 수 없습니다

사회는 우리가 생각하는 것보다 냉정하며 무서울 만큼 나에게 관심이 없습니다. 그러니 남들과 명확하게 다른 차별점이 없다면 잠재 고객은 나에게 아무런 매력을 느끼지 못합니다. 무기가 있어도 제대로 설득하지 못한다면 그냥 디자이너 56번 정도가 되는 것입니다. 조금 더 극단적으로 비유를 해보자면 큰 옷 가게에서 손님의 선택을 기다리며 구석에 걸려있는 특색 없고 평범한 옷 정도와 다를 게 없습니다.

물론 저단가의 어렵지 않은 디자인으로 시작해서 조금씩 경험을 쌓고 조금 더 상위 수준으로 확장을 해나간다면 가능하겠지만, 이마저도 경쟁자가 수없이 많습니다. 저단가의 디자인을 하는 경쟁자 중에는 나와 같은 신입 수준의 디자이너만 있는 것도 아닙니다. 7~8년 이상 디자인을 하고도 낮은 단가의 디자인 서비스를 하고 있는 디자이너도 있다는 말입니다. 만약 그들이 물경력이라고 가정하더라도 경험치가 다르기 때문에 내가 쉽게 이길 상대들이 아닙니다. 이들과 차별점을 내세우기에는 경쟁자가 많아도 너무 많습니다.

고객을 상담하는 과정에도 전문성이 보여야 하며, 작업물의 퀄리티도 일정 수준 이상 나와야 합니다. 게다가 돌발 상황에 대처할 수 있는 대처 능력, 원활한 의뢰 경험을 만들 수 있는 커뮤니케이션 역량도 있어야 합니다. 역량들이 충분히 갖춰진 프로가 프리랜서로 전향하더라도 당장 의뢰가 있을지 없을지, 다음 의뢰는 언제 들어올지 알 수 없는 것이 프리랜서 시장입니다.

초보자는 경험이 없기 때문에 같은 문제를 해결하는 과정에서 시행착오가 더 심할 수밖에 없습니다. 비슷한 경험이 있다면 같은 실수를 하더라도 더 작은 실수로 끝날 수 있지만, 경험이 전무한 상태라면 해결 과정에서 스트레스를 극심하게 받을 수밖에 없습니다.

- 급하다고 해서 계약서도 안 쓰고 당장 작업을 했는데 돈을 못 주겠다고 하거나 잠적하는 경우
- 제안된 시안이 전부 마음에 들지 않는다며 무조건 환불을 해달라는 경우
- 시안 선정 후에 마음에 안 든다며 다른 시안을 반복적으로 요구하는 경우
- 원고 작업이 완료되었는데 우리가 수정할 테니 원본을 달라고 요구하는 경우
- 수정을 얼마 하지도 않았는데 수정비를 왜 이렇게 요구하냐고 하는 경우
- 최종 작업 완료 이후에 너무 비싼 것 같으니 금액을 깎아달라고 하는 경우
- 인쇄 사고가 났는데 디자이너의 책임이라며 재인쇄 비용을 요구하는 경우

- 한글 로고 디자인을 진행하는데, 영문 버전까지 무료로 작업해달라고 요구하는 경우
- 이미지를 사용하는 데 왜 돈이 드냐며 따지는 경우
- 경쟁사 이미지를 보여주고 똑같이 만들어 달라고 하는 경우

위 예시들은 충분히 일어날 수 있는 몇 가지 사례들입니다. 이런 사례 중 몇 가지는 저도 경험했던 것들이고, 프리랜서라면 정도의 차이일 뿐 겪을 수밖에 없는 일들입니다. 사례만 봐도 스트레스가 솟구치는 매너 없는 클라이언트들입니다. 프리랜서 시장에서는 이런 일들이 심심치 않게 발생합니다. 위 사례들은 경험이 있다면 발생을 미리 방지할 수 있거나 받지 않아도 될 스트레스와 책임까지 지지 않을 수 있는 것들도 포함됩니다. 하지만 경험이 없다면 대처 자체를 잘하지 못해 시간적·물질적 손해를 볼 가능성이 높은 사례들입니다.

지인의 부탁으로 외주를 했던 경험이 몇 번 있어서 자신 있다고 하더라도, 모든 일에 오롯이 내가 책임을 지고 해결해야 하는 프리랜서 시장은 지인의 디자인 부탁으로 외주를 하는 것과는 많이 다릅니다. 혼자 1인 회사 그 자체가 되는 것과 다를 게 없기 때문에 경험 없이 시도하는 것은 실패 확률이 압도적으로 높습니다. 때문에 실무 경력이 없다면, 지금은 취업을 해서 실무를 배우고 성장하는 것이 먼저입니다. 충분히 성장하고 홀로서기가 가능할 때 도전해도 늦지 않습니다. 그럼에도 실무 경험 없이 도전하고 싶다면 이런 말씀을 드리고 싶습니다.

'실패도 경험입니다.'

프리랜서는 얼마 버나요?

프리랜서의 소득에 대하여
프리랜서의 수입은 '시가(市價)'

프리랜서 생활을 하다 보면 종종 듣는 질문입니다. 프리랜서는 수입이 보통 어느 정도냐고 물어보는 질문에는 아쉽게도 속 시원하게 답변을 드릴 수가 없습니다. 직장인 디자이너도 회사에 따라, 어떤 직무인지에 따라 차이가 심하기도 합니다. 때문에 평균 연봉을 통해 추측하기도 하죠. 프리랜서는 특성상 회사에 다닐 때처럼 안정적으로 수입이 발생할 확률이 생각보다 많지 않습니다. 케이스 바이 케이스가 너무 심하기 때문에 평균치라는 것이 존재하기 어렵습니다. 그렇기 때문에 "그때그때 다릅니다." 또는 "하는 만큼 법니다."라고 밖에 할 수 없습니다.

일반적으로 전문성이 확실하고 역량이 충분하다면, 회사에서 일하는 것과 동일하게 일을 한다는 가정하에 당연히 회사의 월급보다는 많이 법니다. 제가 회사를 다닐 때와 비슷한 업무량으로 일했을 때 최종 월급의 두 배 정도 벌었습니다. 한 달 정도 진행하는 프로젝트를 동시에 두 건을 진행했던 달에는 세배를 조금 넘게 벌었습니다.

문제는 당시 제가 주로 의뢰를 받던 거래처 특성상 몇 개월 단위의 장기 프로젝트가 없기 때문에 한 달 동안 두건의 단기 프로젝트를 진행해도 다음 달에는 공백이 발생할 수 있다는 것입니다. 그 당시 몇 군데의 고정 클라이언트가 있었음에도 디자이너의 상주가 필요할 정도가 아니기 때문에 발생하는 문제이기도 했습니다. 정말 비수기 때는 한 달 내내 외주 의뢰가 없는 일이 가끔 발생하기도 했죠.

그 수입 공백을 메우고자 개인 강의 플랫폼에서 포토샵 리터칭 원데이클래스를 운영하고, 전자책을 만들어서 판매하기 시작했습니다. 부수익을 올리는 파이프라인이지만 부가적인 효과를 가져올 수도 있습니다. 제가 진행하는 클래스와 전자책의 후기가 제 능력을 입증하는 객관적인 자료가 되기도 합니다. 객관적인 자료를 토대로 수익성이 조금 더 개선되는 예상치 못한 효과를 가져다주기도 합니다. 하지만 이마저도 불규칙한 수입이기 때문에 마찬가지로 어느 정도의 수익을 만들어낸다고 답하기가 조금은 애매합니다.

프리랜서가 수입에 있어서 고려해야 할 간략한 사항은 아래와 같습니다.

- 어떤 디자인을 하고 있는가?
- 고정 거래처의 유무 - 의뢰는 끊임없이 들어오는가?

- 작업당 견적은 얼마인가? 혹은 기간당 견적은 어느 정도인가?
- 디자인의 퀄리티가 어느 정도인가?
- 재택에서 건별로 진행을 하는가? 혹은 프로젝트 단위로 파견 업무를 진행하는가?
- 주로 진행하는 디자인의 의뢰부터 산출물이 나오기까지 시간이 얼마나 투자되는가?
- 업무에 필요한 고정 비용은 얼마인가?
- 추가 수입을 만들 수 있는 파이프라인이 있는가?

회사를 다니는 직장인 디자이너는 회사에서 주어진 일을 하면 정해진 월급을 받지만 프리랜서는 변수가 너무 많습니다. 위의 몇 가지 고려 사항 이외에도 여러 가지 변수들이 있죠. 당장 이번 달에 수입이 별로 없을 수도 있고 다음 달에 미친 듯이 일만 할 수도 있습니다. 단순히 이번 달의 수입을 연봉으로 환산해 보면 1억이 넘을 수도, 천만 원이 될 수도 있는 겁니다.

물론 프리랜서로 자리를 잡아가고 안정권에 든다면 평균 수입을 얼마나 낸다고 정확하게 말할 수 있겠지만, 프리랜서마다 역량 차이가 매우 심하기 때문에 각자 다른 답변이 나올 수밖에 없습니다. 평균 수입에 대한 기대와 궁금증은 내려놓고, 하는 만큼 수입을 만들 수 있다 정도로 보셨으면 합니다.

프리랜서의 장점과 단점

프리랜서 디자이너의 장점

1. 시간의 자유

프리랜서 디자이너는 시간에 자유를 가진다는 것. 그게 가장 큰 장점입니다. 또한 일하고 싶은 곳에서 일할 수 있다는, 공간의 제약이 사라지는 것도 마찬가지입니다. 다른 사람들이 출퇴근에 소요하는 시간을 온전한 내 시간으로 만들 수 있고, 내가 빨리하면 불필요한 야근을 하지 않을 수 있으며, 데드라인을 잘 조정해서 빨리 일하고 남는 시간을 따로 챙길 수 있다는 점에서 직장인보다 훨씬 시간 효율성을 잘 살릴 수 있습니다.

내 할 일 다 하고 남는 시간은 오로지 내 시간입니다. 직장에서처럼 시간이 붕 뜨면 일하는 척이나 뭐라도 해야 하는 그런 부담이 없죠. 해야 할 일을 끝마쳤다면 운동을 해도 되고 산책을 해도 됩니다. 여유 있게 넷플릭스에서 영화 한 편을 봐도 아무도 뭐라 할 사람이 없습니다.

현재는 브랜드 운영을 병행하고 있기 때문에 남는 시간에는 브랜드의 성장에 필요한 것들을 쌓는 시간으로 활용하고 있습니다. 내 브랜드에 적용할 수 있는 마케팅 전략을 구상하거나 다른 브랜드들의 사례를 찾아보기도 하고 내 브랜드에 적용할 수 있는 아이디어를 내거나 구체화시키는 시간을 보냅니다.

2. 싫은 사람과 억지로 일하지 않아도 된다.

일이 힘든 건 버티는데 사람 때문에 힘든 건 버티기 힘들다는 말이 괜히 있는 소리가 아닙니다. 회사를 다닐 때는 참고 버텨야 하는 요소들이 너무 많습니다. 단 한 순간도 같은 공간에 있는 것이 싫은 사람이라도 회사를 다니려면 참아야 합니다. 그런 점에서 프리랜서 디자이너는 클라이언트와 일을 제외하고는 사람 때문에 심각하게 스트레스를 받을 일이 없습니다. 저도 마찬가지로 회사 다닐 때보다 사람 때문에 받는 스트레스는 훨씬 줄었습니다.

참고 버텨야 하는 것에서 해방될 수 있습니다. 말도 안 되는 요구를 하고 나를 힘들게 하는 클라이언트와 같이 일하지 않아도 됩니다. 프리랜서는 나와 일해야 할 사람과 나와 일하면 안 되는 사람을 구분하는 기준이 명확히 있다면 사람 때문에 스트레스를 받는 일은 많이 줄일 수 있습니다.

3. 하는 만큼 추가 수입을 올릴 수 있다.

하나의 프로젝트를 진행하고 있는데, 또 다른 프로젝트를 추가하여 동시에 진행한다면 두 개의 프로젝트에 대한 보수를 온전히 받을 수 있습니다. 회사에 다니는 디자이너라면 1개의 프로젝트를 진행하든, 3개의 프로젝트를 진행하든 정해진 월급을 받게 되지만 프리랜서는 하는 만큼 수입을 증가시킬 수 있습니다.

본업이 아니어도 부업을 활용하여 추가적인 부수입을 만드는 것도 가능합니다. 저 역시 마찬가지로 포토샵 리터칭 클래스를 하며 부수입을 만들었고, 리터칭 전자책을 판매하며 소소한 부수입을 만들기도 했습니다. 무슨 일을 하든 제약이 없기 때문에 능력과 부지런함이 있다면 여러 가지 일에 도전해 볼 수 있습니다.

프리랜서 디자이너의 단점

1. 매일매일이 불안한 프리랜서

혼자 일하는 것의 장점은 컨디션이 좋지 않을 때 주중에도 페이스 조절 차 서너 시간씩 쉴 수 있고, 정해진 시간에 정해진 일을 하는 제약이 비교적 덜하다는 것입니다. 반대로 혼자 일하는 것의 단점은 누가 시키지 않아도 하나씩 찾아서 알아서 해야 할 일들을 해야 하고, 내가 멈추면 그대로 모든 것이 멈추게 됩니다.

프리랜서는 한없이 프리해질 수 있는 직업입니다. 일을 하고 싶어도 의뢰가 없는 일이 발생할 수도 있고, 반대로 일이 엄청나게 몰려서 잠도 제대로 못 자고 새벽 늦게까지 작업하고 쪽잠을 잔 뒤에 다시 일을 해야 하는 일이 생길 수도 있습니다. 이런 상황이 예측 불가능하게 일어납니다. 언제나 그렇듯이 바쁠 때는 엄청나게 몰리고 한가할 때는 한없이 한가합니다.

그중 가장 경계해야 할 부분 중에 하나가 의뢰가 단절되는 경우입니다. 프리랜서 디자이너는 정규직이 아닙니다. 잠깐 한눈팔고 대충 하면 우리의 클라이언트들은 떠납니다. 이유는 많습니다 너무 바쁘게 일 처리를 하다 보니 누락이나 실수 등의 빈도가 잦을 수도 있고, 단순 변심으로 다른 디자이너에게 의뢰를 하는 경우가 있을 수도 있습니다.

고용보험이나 퇴직금도 없으며, 대출에서도 불리한 게 프리랜서입니다. 회사를 다닌다면 해고를 당하거나 권고사직을 당했을 때 실업 급여라도 받을 수 있지만, 프리랜서는 그렇지 않습니다. 의뢰가 없다면 백수와 다를 바가 없습니다. 그래서 매일 불안합니다. 안정적으로 의뢰가 발생하고, 일에 대한 기준과 체계가 잡히기 전까지는 매일매일이 불안할 수 있습니다. 항상 대비해야 하고 문제가 발생하면 직접 해결책을 찾아야 합니다.

2. 혼자 모든 것을 해야 한다.

회사에 다닌다면 회사가 나아갈 방향은 회사가 정하고, 우리는 그 방향에 맞춰서 따라가기만 하면 됩니다. 디자이너가 회사의 의사를 결정하는 결정권자가 아니기 때문입니다. 회사에서 어떤 것을 결정하더라도 소속된 직원으로서 회사의 결정을 따라가기만 하면 되는 것이기 때문에 결정에 대한 스트레스나 책임을 질 상황이 발생할 일은 없습니다. 한 달에 한 번 정해진 날짜에 정해진 금액의 월급을 받고 주어진 일을 하면 됩니다.

프리랜서 초기에 정말 어려운 부분이 바로 방향성입니다. 회사를 다니다가 독립하게 되면 큰 것부터 작은 것까지 전부 혼자서 결정해야 합니다. 앞으로 안정적으로 수입을 만들 방법을 찾는 것도, 더 높은 수입을 어떻게 만들어 낼지 방법을 찾는 것도, 원하는 방향으로 나아가려면 어떻게 해야 하는지 등 모든 계획과 결정은 혼자 해야 합니다. 그리고 그에 따른 책임 또한 본인이 져야 합니다.

3. 가만히 있으면 고여버린다.

프리랜서는 나쁜 의미로 고인 물이 되기 쉽습니다. 내 수준에 맞는 프로젝트를 주로 진행하고 자주 하는 분야들만 하다 보니 해당 분야를 제외하고는 정보를 접하거나 성장하기가 쉽지 않습니다. 본인이 얼마나 성장하는지 객관적으로 판단하기 쉽지 않고, 관성으로 일하다 보면 트렌드를 따라가는 것도 쉽지 않습니다. 에이전시를 기준으로 보면 새로운 프로젝트를 동료들과 함께, 협업을 통해 일을 진행합니다. 그 과정에서 새로 배우는 점들도 있고 인사이트들이 모여 나도 모르는 사이에 한 단계 성장을 하기도 합니다.

프리랜서는 협업보다는 혼자 일하는 경우가 많습니다. 혼자 일하다 보니 새로운 것에서 오는 인사이트가 많이 부족합니다. 그렇기 때문에 따로 시간을 할애해서 새로운 인사이트를 강제적으로라도 쌓아야 합니다. 다른 디자이너들과 소통하는 온라인 커뮤니티, 오프라인 모임, 카페 활동, 타 디자이너의 유튜브 등 새로운 것들을 보고, 듣고 참여해서라도 인사이트를 얻을 기회를 늘려야 합니다. 그렇지 않으면 고이고 도태됩니다.

프리랜서를 시작하는 방법

프리랜서의 시작은 부업으로 힘을 빼고 도전하기
작은 실패와 보완으로 경험 쌓기

디자이너는 직업 특성상 본업의 영역을 그대로 부업의 영역으로 옮겨올 수 있습니다. 회사 업무 시간에는 디자인 업무를 하고 퇴근 후 다른 분야의 일을 하는 것보다 상대적으로 적은 시간에 나의 공간에서 일하는 것은 초기 비용 등의 리스크를 최소화하고, 나의 전문 분야를 그대로 활용할 수 있다는 큰 장점이 있습니다. 주변의 디자이너들 중에서도 부업으로 디자인 외주를 시작하는 경우가 점점 늘고 있는 추세이며, 부업에서 본업으로 넘어가는 경우도 많습니다.

디자이너가 부업으로 하는 디자인 외주는 상대적으로 진입장벽이 상당히 낮은 편에 속합니다. 때문에 가볍게 시작할 수 있는 재능마켓 플랫폼에서 부담 없이 디자인 서비스 오픈을 해볼 수 있습니다. 나의 디자인 서비스를 어떻게 보여줘야 할지, 어느 정도의 매출을 꼭 이뤄야 할지 등의 압박감을 조금 내려놓고 전문 분야로 부업을 시작할 수 있는 것은 큰 장점입니다.

부업이기 때문에 잘 풀리지 않아도 부담이 없고, 고정적인 수입이 있기 때문에 실패 부담 없이 시도해 볼 수 있습니다. 물론 회사의 업무 시간에는 회사의 디자인을 하고 퇴근 후 집이나 공유 오피스로 2차 출근을 하는 부업 프리랜서 분들도 많이 계시지만, 고정 거래처와 고정 외주가 생기기 이전인 초반부터 걱정할 일은 아닙니다.

부업 프리랜서의 경우에는 고정 수익이라는 보험이 있다는 것 하나만으로 부담감을 많이 내려놓고 길게 보며 여러 가지 시도를 해볼 수 있다는 장점이 가장 큽니다. 리스크 없이 시도를 할 수 있다는 점에서 조급해서 발생하는 문제를 줄일 수 있습니다. 나의 직무 분야를 활용하여 지금 곧바로 할 수 있는 일, 충분히 넉넉한 시간 계획을 하고 전문성과 나만의 퍼스널 브랜딩을 구축하며 하나씩 발전시키기 좋습니다.

의욕이 있는 것은 좋은 일이지만, 프리랜서를 시작할 때에는 힘을 조금 빼고 조금은 느슨하게 장기적인 관점으로 시작하는 것이 지치지 않고 오래갈 수 있습니다. 그래서 리스크를 최소화할 수 있는 부업으로 시작하는 것이 유리합니다. 당장 돈을 버는 것보다 프리랜서로 살아남는 법을 배우는 과정이라고 생각하고 작은 실패를 쌓아보는 과정부터 하면 됩니다. 빡빡한 계획을 세우기보다는 적은 시간이라도 단계별로 계단을 올라가는 것처럼 작은 의뢰부터 하나씩 해나가며, 꾸준히 쌓인 것을 바탕으로 체계를 만들면서 전업으로 전환할 수 있도록 계획해 보세요.

혼자서 일을 하다 보면 진상 고객을 만날 수도 있고, 경험해 보지 못한 변수들도 발생합니다. 혼자서 해결하고 보완하는 과정을 거쳐야만 성장할 수 있습니다. 모든 변수를 직접 마주하고, 직접 해결해나가는 직접적인 경험은 간접 경험으로 쉽게 알기 힘듭니다. 그렇기 때문에 부업 프리랜서로서 첫 시작으로 성공한다는 부담감보다는 경험하는 과정이라 생각하고 부담 없이 시작하셨으면 합니다. 우리가 첫 회사에 입사하여 회사 생활, 사회생활을 직접 경험하고 배우는 것처럼요.

부업에서 전업으로 전향하고 싶다면 고려해야 할 항목 3가지

준비 없이 회사를 박차고 나와 전업 프리랜서로 전향하기에는 리스크가 큽니다. 많은 수의 디자이너들이 전업 프리랜서로 전향하기 전 부업으로 지인 소개를 받아 외주를 진행하거나 재능마켓 플랫폼에 서비스를 등록하는 것으로 시작합니다. 퇴근 후에 부업으로 외주를 하다가 전업으로 해도 무리가 없겠다는 판단하에 시작하는 경우가 리스크가 가장 적습니다. 그것이 부업에서 전업으로 전향하는 사례가 많은 이유이기도 합니다.

하지만 충분한 준비가 없는 상태거나 꾸준히 안정적으로 외주 의뢰가 오는 경우가 아니라면 조금 더 생각해 볼 필요가 있습니다. 확실하지 않은데 '이 정도면 먹고사는데 충분하겠지.' 하는 생각으로 무턱대고 전업 프리랜서로 전향하면 다시 회사에 취직하게 될 가능성이 높습니다. 때문에 전업 프리랜서가 되기 전, 체크해야 할 항목을 정리해 보고 일정 수준의 수입이 꾸준히 발생한다면 그때부터 천천히 전업으로 전향해도 늦지 않습니다.

1. 외주가 끊임없이 들어오는가?

당장에 외주 수익만으로도 굶어죽지 않을 정도로 수입이 있어야 합니다. 예를 들어 주 고정 수입이 월 250만 원이라면, 외주 수입이 주 수입의 절반인 한 달에 125만 원쯤 발생되는 시점을 기준으로 천천히 부업에서 전업 프리랜서로 전향 준비를 시작해도 늦지 않습니다. 외주 수익이 주 고정 수입의 절반을 차지하기 시작할 때 전업으로 전향을 하는 것이 아니라, 시작 준비입니다.

보통 외주를 주는 거래처가 몇 군데인지, 단발성인지, 장기적으로 함께하는 외주인지에 대해서도 충분한 고민이 필요합니다. 고정 거래처가 한 군데 있다고 가정한다면 고정 거래처의 외주 하나만 믿고 회사를 그만둔 뒤에 프리랜서로 전향하는 것은 리스크가 큽니다. 한순간에 백수가 될 수도 있기 때문입니다. 재능마켓에서 활동하고 있다면 월평균 일정하게 진행되고 있는지, 외주의 숫자가 상승세 or 하락세인지, 매출이 월별로 들쭉날쭉한지도 꼼꼼히 체크하는 게 좋습니다. 일정 기간 동안 수입의 편차가 심하다면 지금은 아직 때가 아닙니다.

2. 외주를 조금 더 많이 받을 방법을 알고 있는가?

이 부분은 곧 퍼스널 브랜딩과 세일즈의 영역과 직결됩니다. 프리랜서는 영업, 상담, 디자인까지 전부 혼자 해야 합니다. 브랜딩은 블로그, 인스타 등 개인 채널을 통해 전문성을 쌓아나가는 용도로 활용하고, 마케팅은 광고 활동이나 콘텐츠를 만들어서 유입을 유도시키는 용도로 활용합니다. 세일즈는 보통 재능마켓의 서비스 소개 페이지를 생각하면 쉽습니다.

아직 잘 모르겠다면 퍼스널 브랜딩, 마케팅, 세일즈에 관련한 책을 2~3권 정도만 읽어도 어떻게 준비해야 하는지 어느 정도 감을 익힐 수 있습니다. 책이 아니더라도 유튜브나 블로그, SNS 등 인사이트를 쌓을만한 곳들은 많지만, 되도록 책으로 시작하는 것을 추천드립니다. 더 자세한 내용은 이후의 브랜딩, 마케팅, 세일즈 파트에서 다루도록 하겠습니다.

3. 체계를 갖추고 있는가?

회사를 다니는 디자이너라면 실무적인 부분에 대해서 충분히 문제 해결 능력이 있다고 볼 수 있습니다. 회사라면 일을 하는 체계가 존재하기 때문에 체계에 대해서 간과하고 있을 수 있습니다. 앞서 언급했다시피 프리랜서는 혼자서 모든 것을 홀로 해결해야 하기 때문에 일하는 것에 대한 각 항목에 나만의 체계가 잘 갖춰져 나가고 있는지를 체크해 봐야 합니다.

간략하게 예시를 들어보자면 고객 상담, 견적, 계약, 기획과 수정을 포함한 디자인 작업, 결제, 후기 등 나만의 체계가 있는지 점검해 봐야 합니다. 체계가 없다면 각 단계에서 문제들이 발생했을 것이고, 고치지 않고 주먹구구식으로 일해왔다면 전업으로 전향하더라도 어려움을 많이 겪을 수 있습니다.

종합적인 능력이 필요한 부분입니다. 물론 처음에 부업 삼아서 작게 경험해 보고 보완점을 찾아가면서 전업으로 조금씩 전환한다면 큰 문제가 될 부분은 아니지만, 체계를 고려하지 않고 전업으로 전환하면 생각지도 못한 부분에서 문제가 발생할 확률이 큽니다.

프리랜서는 사업의 영역

프리랜서는 사업의 영역
프리랜서는 하나의 회사와 같다

　회사와는 다르게 "디자인 업무만 잘하면 프리랜서로 홀로서기가 가능할까요?"라고 묻는다면 아마도 저는 "불가능에 가깝습니다."라고 대답할 겁니다. 혼자 일을 한다는 것은 혼자 '디자인'을 하는 것이 아닌 '모든 것'을 해야 한다는 말입니다. 혼자 일을 하기 때문에 외주 의뢰를 받는 것부터 시작하여 디자인 상담, 업무 대응, 견적, 계약, 디자인 작업까지 혼자 모든 것을 해야 합니다. 즉, 디자인 작업을 제외하더라도 혼자서 해야 하는 업무가 상당히 많다는 겁니다.

　디자인은 실제 제품을 제작하거나 생산하는 것이 아니기 때문에 용역(Service)으로 분류됩니다. 때문에 디자인 계약을 작성할 때에는 용역 계약이라 칭하지만, 세법으로 보면 사업 소득으로 분류됩니다. 회사에 소속되어 인적 용역을 제공하여 발생하는 소득은 고용 관계로 인한 근로소득입니다. 하지만 프리랜서로서의 소득은 소속된 고용 관계가 아닌 개인이 계속적으로 사업을 행하는 것에서 얻어지는 소득이므로 사업소득으로 규정됩니다.

즉, 프리랜서는 법으로 인정하는 사업의 영역입니다. 프리랜서로 전향하게 되면 얼마 지나지 않아 국민연금과 건강보험 고지서가 날라옵니다. 국가에서도 근로소득자가 아니라고 판단하는 것입니다. 사업의 영역을 혼자서 해야 하기 때문에 사장이자 영업을 하며, 디자인 작업을 하고, 경리 업무까지 보게 됩니다.

답답할 때가 정말 많습니다. 안 해본 것 투성이이기 때문에 디자인을 제외하고 해야 하는 모든 것이 어렵습니다. 원천징수는 왜 하는 것인지, 사업자는 어떻게 내는 것인지 벌써부터 복잡해집니다. 갑자기 필요해지는 서류가 생기거나 해본 적 없는 것들에 두통을 느끼다 보면 프리랜서가 사업으로 분류가 되는 데에는 이유가 있는 것 같다는 생각이 들기도 합니다. 저도 마찬가지로 처음 세금 신고를 할 때는 아무리 검색해봐도 대체 이게 무슨 소리인지 이해할 수가 없었습니다. 속이 터져서 소리를 지를 정도였죠.

때문에 프리랜서는 회사를 다니는 것과 같이 해야 할 일을 하고 돈을 버는 것과 같다고 생각하면 안 됩니다. 업무 이외에 해야 할 일은 끊임없이 발생하며, 발생한 문제는 직접 해결을 해야 하고, 모든 일의 책임은 나에게 있습니다. 프리랜서는 하는 만큼 돈을 번다고는 하지만 안정적으로 의뢰가 들어오는 상태에 이르기 전까지는 하는 만큼 버는 것 같지도 않습니다. 안정기에 접어들기 전까지는 의뢰 자체가 불규칙하며, 일을 한다고 하더라도 경험이 적기 때문에 내 실력에 자신이 없으니 소극적 견적 제안으로 재능기부 수준으로 일을 하기도 합니다. 무리한 수정 요구와 작업 후 견적 네고 등 부당한 요구에 휘둘려 일하는 만큼 돈을 벌지 못하는 일도 빈번하게 발생하죠. 경험이 부족하기 때문에 발생하는 일이고, 그 또한 내 책임입니다.

주변의 어른들이 너는 아버지처럼 사업하지 말라고 하는 말을 많이 하셨습니다. 아버지도 오랜 기간 사업을 하고 계시고, 힘든 모습을 많이 봐왔기 때문이라 생각합니다. 피는 못 속이는지 저도 아버지를 따라 사업을 하고 있고, 동생도 사업을 하고 있습니다. 업력이 오래된 아버지는 지금까지도 하고 계신 사업과 관련하여 매번 어려움과 스트레스를 지속적으로 받으시며, 저도 마찬가지로 매번 새로운 유형의 어려움을 겪고 있습니다. 제 동생도 마찬가지로 사업 초반 자금이 부족해 고생을 많이 했습니다. 저는 해보기 전까지 왜 사업을 하지 말라는 것인지 정확히 이유를 알 수 없었지만 프리랜서를 시작하고 얼마 되지 않아 점점 그 말들이 와닿기 시작했죠.

투자자를 모집해서 대규모의 투자를 받고 서비스나 제품들을 개발하는 스타트업은 대체로 하이 리스크 하이 리턴입니다. 주변에 건너 건너 망했다는 소식도 가끔 들리기 때문에 배짱과 자신감이 대단하지 않다면 시도조차 하지 못할 것 같은 다소 무섭기도 한 사업 영역입니다. 반대로 디자인 프리랜서는 로우 리스크 로우 리턴입니다. 로우 리스크 로우 리턴이라는 말은 상대적으로 안전하다는 말일뿐, 책임과 불확실성은 온전히 본인이 감수해야 합니다. 디자인 실력이 좋더라도 언제 안정권에 진입하는지, 높은 수입을 기대할 수 있을지 알 수 없습니다.

디자이너도 마찬가지로 디자인만 잘한다고 프리랜서로 성공할 수 없습니다. 프리랜서 디자이너라는 직업은 디자인 의뢰를 받고 작업만 하는 것이 아닙니다. 특정 분야의 디자인 전문성과 실력, 잘 정돈된 포트폴리오, 퍼스널 브랜딩의 여부, 개인 채널의 활성화 정도 또는 플랫폼 내부의 노출도, 고객을 설득하는 세일즈 능력과 커뮤니케이션 능력, 문제상황 대처 능력, 디자이너 개인의 체계 등이 모두 필요한 직업입니다.

안 그래도 악명 높은 디자이너의 업무 강도가 훨씬 높아지는 것을 감수해야 합니다. 모든 것에 대한 책임도 온전히 내가 감수해야 하기 때문에 마음을 단단히 먹고 시작해야 합니다. 추가 의뢰가 들어오지 않는 것도 내 책임이며, 계약서를 작성하지 않아 돈을 떼이는 일이 발생하는 것에 대한 책임도 내 것입니다. 무리해서 건강 악화가 발생하는 것도 마찬가지로 내 책임입니다. 선택했다면 각오해야 합니다.

비즈니스는 가치의 교환입니다
내가 가진 것이 매력적이어야 교환이 일어난다

비즈니스는 가치의 교환입니다. 즉, 교환이 일어나려면 내가 제공하는 것의 가치와 상대방이 지불할 가치가 맞아떨어질 때 적절한 교환이 이루어집니다. 우리는 티셔츠 한 장을 사더라도 브랜드, 디자인, 기능성, 소재, 목적 등을 고려해서 가격이 합당하다는 판단이 들면 구입합니다. 가격이나 소재 등의 객관적인 요소도 있고, 개인의 취향이나 선호도 등의 주관적인 요소도 포함됩니다. 기준에 부합하지 않는다면 구입하지 않습니다.

　큰 기업, 작은 기업 구분 없이 경쟁력과 가치를 높이기 위해 적극적으로 브랜딩에 투자합니다. 옛날에는 제품을 잘 만들어 좋은 제품을 광고만 하면 잘 팔리던 시대도 있었지만, 지금은 연예인과 유명인을 통해 광고만 하는 것을 넘어 SNS, 유튜브 등에서 브랜드 계정을 운영하기도 합니다. 브랜드의 방향성에 맞는 콘텐츠를 발행하고, 캠페인을 진행하기도 하며, 브랜드의 톤을 유지하기 위해 디자인에도 신경을 많이 씁니다. 옛날에 비해 많이 달라졌습니다.

　프리랜서 디자이너들도 마찬가지입니다. 디자인만 잘하는 프리랜서 디자이너를 넘어 하나의 브랜드 또는 전문 회사가 되는 것을 지향해야 합니다. 어디서도 볼 수 있는 적당한 비용으로 디자인을 대행해 주는 프리랜서 디자이너는 그다지 매력이 없습니다. 매력이 없으면 당연히 의뢰도 없습니다. 경쟁자보다 매력적인 프리랜서가 되려면 전문성을 제대로 보여주고, 신뢰를 심어주어 매력적으로 보이게 만들어야 합니다.

　그것은 잠재 고객에게 도움이 될만한 콘텐츠가 될 수도 있고, 작업 과정과 스토리, 전문성을 높여주는 글이 될 수도 있으며, 여러 가지 항목들을 적절히 분배해 복합적으로 노출하는 것이 될 수도 있습니다. SNS를 통해서 전문성을 가지고 현재 디자인을 간략하게 점검 후 앞으로의 방향성을 잡아주는 짧은 무료 컨설팅이 될 수도 있습니다. 높은 가치와 교환을 원한다면 높은 가치를 가질 수 있도록 만들어 나가야 합니다.

　'나'라는 프리랜서에게 매력을 느끼고 의뢰를 했던 클라이언트에게 만족스러운 의뢰 경험을 만들어 주는 것도 마찬가지입니다. 한 번 의뢰하고 끝내는 일회성이 아닌 계속적인 가치 교환이 만들어질 수 있도록 나의 가치를 증명해야 합니다. 의뢰를 했던 클라이언트들에게 좋은 의뢰 경험을 만들어 주고 나의 가치를 인식하게 만들어 앞으로도 좋은 가치 교환을 할 수 있다고 믿게 만들어 주세요.

명심해야 합니다. 객관적으로 내 견적은 전혀 비싸지 않은데 클라이언트가 견적이 너무 비싸서 못하겠다고 한다면 가치 입증에 실패한 겁니다.

사업은 멈추면 도태됩니다
꾸준히 발전하고 성장할 것

프리랜서 시장에 뛰어들게 되면 직장을 다니는 것보다 일하는 것 자체에 어려움을 느낄 때가 많습니다. 일하는 환경을 포함해 모든 것이 변수이기 때문입니다. 클라이언트와 일을 진행하며 생각지도 못한 스트레스를 받고, 갑자기 일이 없어서 불안한 시간을 보내기도 합니다. 반대로 일이 너무 몰려서 미친 듯이 일하다가 건강을 잃을 수도 있습니다. 때로는 일을 잘못 받아서 견적 재협상을 제대로 하지 못해 울며 겨자 먹기로 일을 할 수도 있습니다. 경험이 충분하다고 자신한다고 하더라도 생각지도 못한 불합리한 일을 당하게 되는 일들이 있을 수도 있습니다. 한참을 고생하다 보면 이런 생각이 듭니다. '나는 잘하고 있는 걸까?'

프리랜서로 일을 하는 것은 아무리 걷고 뛰어도 앞으로 나아가지 않는 것 같은, 마치 내려오는 에스컬레이터 위에서 끊임없이 올라가려고 발버둥 치는 것 같은 기분도 듭니다. 다른 사람들은 빠르지 않아도 꾸준히 천천히 계단을 오르는 것 같기도 하고, 누군가는 정방향의 에스컬레이터를 타고 있어서 가만히 있어도 계속 높은 곳으로 올라가고 있는 것 같다는 생각도 들게 합니다. 또 성공한 누군가는 엘리베이터를 타고 금세 올라가는 것처럼 보이기도 합니다.

내 눈에는 앞서나가는 사람들 같지만, 그들도 똑같이 에스컬레이터를 반대로 타고 있다는 생각을 이미 했거나 지금 하고 있을 수도 있습니다. 그들도 마찬가지로 나와 같은 고민을 하고, 들쭉날쭉한 매출과 미래를 불안해하며 포기를 고민하고, 다시 취업을 준비하려는 생각을 했던 사람들일 수도 있습니다. 지금 잘나가는 것처럼 보이는 사람들은 사실 에스컬레이터를 반대로 탔지만 미친 듯이 뛰어서 빨리 올라가는 것처럼 보이는 것일 수도 있는 겁니다.

멈추는 순간 도태된다는 사실을 기억하고 있어야 합니다. 혼자 일을 하는 특성 탓에 새로운 경험보다는 타성에 젖은 채로 하던 대로만 일을 계속하게 되는 경우가 많습니다. 이게 맞는 건지, 잘하고 있는 건지 혼란스럽고 그만두고 다시 직장으로 돌아가야 할까 고민이 되기도 합니다. 이왕 하기로 한 것이고 최악의 상황이 아니라면 한 번 더 다짐을 하셨으면 좋겠습니다. 비록 힘들고 어렵고 불확실성에 고통스럽더라도 살아남기 위해서 고이고 멈추면 안 됩니다. 끊임없이 성장해야 치열한 프리랜서 시장에서 살아남을 수 있습니다. 지금 한 번 더 마음을 다잡으면 조금 더 단단해질 수 있습니다.

프리랜서 필수 역량 5가지

프리랜서의 필수 역량 첫 번째 - 커뮤니케이션
마음을 움직이는 설득과 명확한 소통

프리랜서로 디자인 일을 하면서 가장 중요하다고 생각되는 부분이 커뮤니케이션 능력입니다. 회사 경험이 어느 정도 있는 디자이너라면 무슨 말인지 잘 알겠지만, 홀로 클라이언트를 상대하다 보면 말이 전혀 안 통하는 클라이언트가 상당히 많습니다. 클라이언트와 대화해 보면 정확하게 원하는 것이 무엇인지 잘 알지 못하고 당장 디자인이 필요하니까 의뢰를 하는 경우가 상당히 많다는 사실을 알게 됩니다.

원하는 것이 무엇인지 모르니 "전문가니까 알아서 해주세요." 하는 경우가 생각보다 많습니다. 디자이너가 임의로 디자인을 해서 보여주면 이게 아니라고 다시 해달라는 클라이언트를 보며 서로 답답해하는 시행착오를 많이 해왔고, 계속된 의미 없는 수정만 반복하다가 끝내 환불을 요청하는 클라이언트도 있습니다.

훌륭한 커뮤니케이션 능력은 함께 일을 하기 전부터 전문성을 어느 정도 보여줄 수 있는 설득력이 되기도 합니다. 커뮤니케이션 능력은 곧 나의 서비스 세일즈 페이지에 들어가는 카피라이팅 능력과도 연관되는 역량입니다. 상대방이 원하는 것을 정확히 캐치하고 나의 생각과 방향성 등을 명확하게 설명하여 설득할 수 있어야 합니다. 디자인 대행이지만 디자인은 기본이라고 전제한다면, 가장 중요한 첫 번째 역량은 커뮤니케이션 역량입니다.

프리랜서의 필수 역량 두 번째 - 기획
최선의 효과를 위한 기획

프리랜서는 기획자와 일하지 않습니다. 의뢰가 오면 의뢰 내용에 따라서 커뮤니케이션을 통해 클라이언트가 원하는 작업물을 만들어내야 합니다. 여기서 중요한 부분이 기획 능력입니다. 클라이언트의 요청을 토대로 디자인을 만들어야 하는데, 기획 능력이 부족하다면 좋은 디자인 결과물을 만들어내기는 힘듭니다. 따라서 디자인을 어떻게 기획하는 것이 좋은지, 다른 디자이너는 어떻게 기획을 하고 방향성을 잡아서 디자인을 만들어가는지 알아야 할 필요성이 있습니다.

디자인 기획이라고 거창한 것이 아닙니다. 좋은 결과물을 위해 고려해야 할 것들을 찾고, 연결하고, 아이디어의 추가를 통해서 방향성을 잡아가는 일련의 과정으로 이해하면 됩니다. 기획이 없는 디자인은 그저 단순히 예쁜 디자인입니다. 무엇을 말하고 싶은지 디자인에 녹여낼 수 있는 능력은 프리랜서뿐만 아니라 디자이너의 기본 소양입니다. 프리랜서에게 기획이 중요한 이유는 회사처럼 상사나 동료와 함께 회의를 하고, 방향성을 잡고, 키 비주얼을 만드는 등의 일을 혼자서 해결해야 하기 때문입니다. 따라서 기획력이 없는 프리랜서는 좋은 디자인을 만들기 힘듭니다.

또한 기획 부분은 디자인에 국한되지 않습니다. 내 디자인 서비스를 어떻게 기획하고, 어떤 고객을 타깃으로 삼고, 잠재 고객에게 어떻게 보여줄 것인가를 계획하고 실행하는 일련의 모든 행위도 기획에 해당합니다. 디자인과는 별개로 나를 만들어나가는 브랜딩과 잠재 고객의 유입을 유도하는 마케팅도 기획부터 시작합니다.

프리랜서의 필수 역량 세 번째 - 브랜딩
나는 어떤 디자이너입니다

브랜딩 파트에서 조금 더 자세히 다루겠지만 나는 어떤 디자이너이며 어떤 도움을 줄 수 있는지, 나의 수준은 어느 정도인지 등 눈에 보이는 무언가를 쌓아나가는 과정이 없다면 그 누구도 '나'라는 디자이너를 신뢰하지 않습니다. 나의 디자인, 디자인에 대한 나의 생각, 잠재 고객에게 도움을 줄 수 있는 콘텐츠 등의 내용을 계속하여 쌓아나가야 합니다. 느낌과 신뢰감을 심어주려면 브랜딩 활동과 역량이 필수입니다. 매력 없는 디자이너에게 의뢰를 하는 클라이언트는 없기 때문입니다.

프리랜서의 필수 역량 네 번째 - 마케팅
의뢰를 더 많이 받을 수 있도록 만드는 방법

잠재 고객(클라이언트)이 나를 모른다면 외주 의뢰를 받을 수 없습니다. 같은 서비스를 제공하는 경쟁자보다 나에게 더 많은 의뢰를 할 수 있도록 명분을 만들어주는 것과 동시에 나를 알리고 나에게로의 유입을 만드는 활동입니다. 단순한 홍보로 접근하기 보다 나에게 외주를 맡겨야 하는 '명분'을 만들어주는 것이 올바른 방향입니다.

예를 들면 같은 패키지 디자인을 하더라도 '뷰티 브랜드 전문 패키지 디자이너'라는 포지셔닝을 하고 그에 맞는 잠재 고객들을 대상으로 마케팅 활동을 한다면, 일반적인 패키지 디자이너에 비해서 상대적으로 경쟁 우위를 가질 수 있습니다. 이렇듯 특정 대상에게 명분을 만들어준다면 뷰티 브랜드의 패키지가 필요한 잠재 고객은 나에게 의뢰를 맡길 가능성이 이전보다 높아집니다.

설정한 타깃(잠재 고객)의 유입을 유도하며 명분을 만들어주는 마케팅 활동을 이어나간다면, 세일즈 퍼널 과정을 거친 후 최종적으로 남은 클라이언트는 나에게 디자인 의뢰를 하는 행동으로 이어집니다. 타깃에게 인식과 관심을 유발시킨 후에 외주 의뢰의 행동으로 이어질 수 있도록 나의 서비스를 어떻게 노출시킬지 고민을 통해 올바른 마케팅 활동을 하는 것은 프리랜서 디자이너에게 필수적인 능력입니다.

프리랜서의 필수 역량 다섯 번째 - 마인드셋
무너지지 않으려면 멘탈부터 챙기기

멘탈을 잘 챙겨야 합니다. 자리를 잡기 전까지는 비교적 안정적인 직장인에 비해 흔들릴 때도 많고 불안할 때도 너무나 많습니다. 일이 잘되고 있어도 어딘가 불안하고 안 돼도 불안합니다. 모든 것을 혼자 해나가야 하기 때문에 도움을 받을 곳도 많지 않습니다. 불안감은 어떠한 것이 되든 부정적인 영향을 줄 수밖에 없습니다.

일을 제대로 할 수 있는 것은 건강한 정신이 전제 조건입니다. 불안감이나 우울증으로 마음이 힘들다면 금세 조급해지거나 어렵지 않은 일도 쉽게 포기해 버릴 가능성이 높아집니다. 가장 좋은 방법은 몸이 망가지지 않도록 꾸준히 운동을 하는 것입니다. 제 주변의 다년간 프리랜서 생활을 하신 분들은 시간을 쪼개서라도 운동을 합니다.

프리랜서의 가장 큰 장점은 시간 활용입니다. 남는 시간에 꾸준한 운동이나 몸을 움직이는 작은 취미라도 하나 만들어 놓는다면 큰 도움이 됩니다. 저는 운동과는 거리가 먼 사람이지만, 조금씩이라도 시간을 내서 간단하게라도 몸을 움직여주는 운동을 하고 있습니다. 전문적인 운동이 아니어도 괜찮습니다. 매일 30분에서 1시간가량의 걷기만으로도 큰 도움이 됩니다.

성공하는 프리랜서

성공의 기준
달성 가능한 성공의 기준

타인이 아닌 나만의 성공 기준이 있어야 성공을 향해 움직이는 동력이 생깁니다. 사람마다 성공의 기준은 다르기 때문에 정해진 기준이 정답이 될 수는 없습니다. 때문에 다른 사람이 나에게 성공했다고 말하는 기준이 내 기준이 되어야 하는 것도 아닙니다. 마찬가지로 내가 성공했다고 생각해도 타인의 기준에는 못 미치는 경우도 있을 수 있습니다.

프리랜서로서 성공했다고 하는 기준은 모두가 조금씩은 다릅니다. 어떤 프리랜서는 월 천만 원 이상 벌어야 성공했다고 할 수도 있고, 월 500만 원을 벌어도 성공했다고 할 수도 있습니다. 수입을 제외하더라도 일정 기간 동안 진행한 프로젝트의 숫자가 성공의 지표가 될 수도 있고, 일정 기간 동안 포트폴리오를 몇 개 쌓았는지, 업계에서 얼마나 유명해졌는지, 작업의 퀄리티가 얼마나 상승했는지 등이 성공의 지표가 될 수도 있습니다. 경우에 따라서 여러 기준을 종합한 결과가 성공의 지표가 될 수도 있습니다.

하지만, 프리랜서는 사업이기 때문에 당연하게도 성공이라는 단어에 수입과 관련된 부분이 빠질 수는 없습니다. 프리랜서 디자이너로서 유명해지고 진행한 프로젝트의 숫자가 많아지더라도 수입이 변변찮으면 사업적으로는 성공했다고 보기 힘듭니다. 수익이 나지 않는 회사를 성공한 회사라고 할 사람은 없는 것과 마찬가지입니다. 때문에 수입을 메인 성공 목표로 설정하고, 그 외의 부수적인 목표들을 메인 목표를 달성하기 위한 작은 서브 목표로 설정하여 하나씩 달성해 나가는 것이 최종 목표 달성 실패를 피하는 길입니다.

그렇다고 하더라도 짧은 기간 동안 불가능에 가까운 성공 목표를 바라지는 않았으면 좋겠습니다. 내가 설정한 기준이 너무 높다면 나를 갈아 넣는 열정을 쏟아부어도 실패하는 것을 피할 수 없습니다. 한 달 매출이 200만 원인 프리랜서가 6개월 안에 한 달 매출 1,000만 원을 달성하는 것은 완전하게 불가능한 일은 아니지만 짧은 기간 동안 달성하기에는 매우 어려운 목표입니다. 당장 더 높은 매출을 내고 빠른 성장을 하고 싶은 것은 모두가 그렇습니다. 그렇다고 하더라도 달성 불가능한 정도의 높은 성공 목표는 지양하셨으면 합니다.

너무 큰 목표를 설정한다면 달성하기까지의 과정에 뿌듯함을 느낄 성과가 없습니다. 달성하지 못하는 목표는 실패이며, 반복되는 실패는 우리를 쉽게 지치게 만들고 쉽게 포기하게 만듭니다. 성공의 기준을 달성하기 힘든 수준으로 설정했다면, 그 기준을 조금은 느슨하고 작게 나누어 작은 성공을 하나씩 달성하셨으면 합니다. 그래야 지치지 않고 오래갈 수 있습니다.

책임감
프리랜서는 모든 것이 내 책임

회사를 다니며 외주를 몇 번 경험하고 회사에서 해야 하는 디자인만 하던 디자이너가 프리랜서 시장에 발을 담그는 순간 세렝게티가 펼쳐집니다. 그것도 아름답고 광활한 평원의 모습이 아닌 살아남는 자가 강한 자가 되는 세렝게티의 모습으로 펼쳐지죠. 세렝게티에서는 육식 동물이 초식 동물을 사냥하는 강자지만, 반대로 강한 육식 동물도 사냥에 실패하는 일이 많아 굶어 죽는 경우도 많죠. 강자라고 살아남는 것만은 아닌, 영원한 강자도 없고 영원한 약자도 없는 세계입니다. 겉보기에는 아름다운 평원이지만 세렝게티의 동물들은 죽기 전까지 상황을 살펴야 하는 한 치 앞을 알 수 없는 존재입니다.

우리 프리랜서도 회사에서 나와 홀로 독립했다면 이제 한 치 앞을 알 수 없는 세계에 발을 들인 겁니다. 내 한 몸 건사하고 살아남을 방법을 끊임없이 강구해야 합니다. 앞서 언급했던 브랜딩, 마케팅, 세일즈의 영역은 물론이고 회사 소속이 아닌 개인으로서 클라이언트와 소통하는 방법, 진상에 휘둘리지 않고 시안 머신으로 이용당하지 않는 방법 등을 직간접 경험으로 쌓아나가야 합니다. 그리고 이것들은 누구도 우리에게 일하는 것을 강요하지 않기 때문에 능동적으로 움직여서 직접 체득해 나가야 합니다. 잘 되면 내 탓, 잘못되면 네 탓은 이제 없습니다.

프리랜서로 시작하여 다시 회사로 돌아가는 분들 중에는 이런 분들도 계십니다. '진상도 너무 많고, 단가도 계속 깎아대서 더 이상 못 해먹겠어요.' 안타까운 일이지만, 어딜 가나 이런 경우는 흔한 일입니다. 진상을 걸러낼 장치를 만들어 놓지 못한 것도 본인의 책임이기 때문이죠. 디자인 서비스를 세분화하고 해당 디자인에 같이 진행할 수 있는 부가적인 디자인을 묶어서 제안하는 업셀링을 활용하거나, 전문성을 더 높여 더 높은 단가의 디자인을 할 수 있을지 등의 단가를 올릴 여러 방법을 내 디자인 서비스에 적용하지 못한 것도 본인의 책임입니다.

성장 지향
관성으로 움직이지 않는다

원래 이렇게 하는 것이니까, 그냥 이 정도면 되겠지 하고 관성으로 움직이는 것은 성장 없이 그 자리에 그대로 머물게 만듭니다. 회사를 떠나 혼자서 일을 하게 되면 이것저것 여러 가지 시도를 해볼 수 있습니다. 회사에서 일하던 것과 똑같이 그냥 흘러가는 대로, 해야 하는 일을 하며 보내는 것은 관성적으로 움직이는 것과 같습니다. 해 오던 대로 하는 것이 편하니까 안주하게 되는 것입니다.

프리랜서로 일을 하다 보면 매일이 똑같이 반복된다는 느낌을 받을 때가 있습니다. 직장을 다닐 때 느끼던 것을 홀로 일할 때도 느끼게 되면, 기분이 불쾌해지기도 하고 불안한 생각이 들기도 합니다. 적당한 수입이 지속적으로 발생하는 경우라면 타성에 젖을 확률이 높습니다. 그저 하던 대로 하기만 하고 변화가 없다고 느껴진다면, 새로운 활동을 통해 강제적으로라도 환기를 시켜줘야 합니다.

일이 없다고 무조건 쉬는 것보다 나와 다른 분야를 가볍게 접해보고 해당 분야들은 어떤지 직간접적 경험을 해보는 것도 좋습니다. 시간을 내서 평소에는 선호하지 않던 종류의 전시를 보거나 강연을 듣는 것도 괜찮습니다. 혼자서 고민하기보다는 '디자인'이라는 큰 틀 안에서 다른 직무의 디자이너를 직접 만나는 활동도 좋은 방법이 됩니다. 다른 분야와 직무의 디자이너와 소통하며, 기회가 된다면 가벼운 디자인 스터디 모임이나 협업을 통한 사이드 프로젝트를 갖는 것도 좋습니다. 관성을 깨야 합니다.

퀄리티 디벨롭
더 높은 매출로 연결하기

회사를 다니더라도 연차와 역량이 쌓이면 연봉이 오르는 것이 정상입니다. 연봉이 바로 회사에서 책정하는 디자이너로서의 가치입니다. 그리고 이 사실은 프리랜서에게도 마찬가지로 적용됩니다. 프리랜서도 디자이너라는 직업에서 필요한 역량과 퀄리티의 성장이 없다면 언제까지나 낮은 단가의 의뢰만 받을 수밖에 없습니다. 디자이너에게 필요한 역량들 중에서 퀄리티의 성장은 디폴트라고 봐도 무방합니다.

당연하게도 역량이 높아질수록 이전보다 높은 퀄리티의 결과물이 쌓입니다. 그리고 우리는 높아진 퀄리티를 적극적으로 활용하여 더 높은 단가의 의뢰로 이어질 수 있도록 만들어야 하죠. 하지만 안타깝게도 많은 디자이너들의 특징 중에 하나가 디자인 작업에만 몰두하려는 경향이 있다는 점입니다. '내가 하는 디자인의 견적이 비싸다고 하지는 않을까?' 고민하고 내 디자인의 가치를 스스로 깎아내리며 낮게 책정하는 경우도 많습니다. 계속하여 내 디자인의 가치를 낮게 책정하면 더 높은 매출은 기대하기 힘듭니다.

높은 가치에는 높은 가격이 따릅니다. 그리고 그 가격에는 근거가 있어야 합니다. 디자이너는 디자이너의 퀄리티가 그 근거입니다. 그렇기 때문에 퀄리티가 충분하다면 '비싸다고 생각하지 않을까?'를 고민하는 것보다 정확한 근거를 통해 '어떻게 더 높은 단가의 의뢰를 받을 수 있을까?'를 고민해야 합니다. '나의 디자인 결과물 퀄리티는 이 정도입니다. 비싸다고 생각하시면 다른 디자이너에게 의뢰하세요.'라는 말을 자신 있게 할 수 있어야 합니다. 주는 대로 일하고 금액에 만족하지 못하는 것은 아마추어가 하는 일입니다.

이는 프리랜서를 넘어 1인 기업, 소규모 디자인 전문 회사로 발전하고 싶다면 더더욱 그렇습니다. 퀄리티라는 근거를 갖추고 이를 무기로 삼아 더 높은 매출을 위해서 어떤 것들을 해야 할지, 더 많은 유입은 어떻게 만들어내야 할지, 더 큰 규모의 클라이언트의 의뢰는 어떻게 성사시킬 수 있을지, 안정적인 매출을 위해서 어떤 활동을 해야 할지 등등 많은 고민이 필요합니다.

완벽한 하루는 없습니다
내일의 나도 오늘과 똑같다

프리랜서의 특성상 일이 없으면 백수와 다름없습니다. 당장 해야 할 프로젝트가 없다면 99%의 확률로 늘어집니다. 일하느라 바쁜 게 아니라 오전 내내 늦잠을 자거나 놀고먹기 바쁜 시간을 보내는 것이죠. 당장 급하게 움직여야만 하는 일이 아니라면 대부분의 사람들에게는 늘어지기 위한 핑곗거리가 생겨납니다.

저 또한 마찬가지입니다. 건강이 좋은 편이 아니기 때문에 컨디션을 조절한다는 핑곗거리를 내세워 오늘 쉬어야겠다는 날도 종종 있고, 당장 해결해야 하는 급한 일이 아니라면 늦잠을 자는 일도 종종 있습니다. 남들과 똑같이 내일 해야지 하며 미루기도 합니다. 내일이 되어도 오늘과 같이 하기 싫어하는 것은 달라지지 않습니다. 미루는 일이 쌓이면 쉬면서도 편히 쉬지 못하고 스트레스를 받으며 쉬게 되는 일이 허다합니다. 우리는 이 습관들이 얼마나 안 좋은지 경험으로 알고 있습니다.

오늘은 조금 여유 있게 보내고 내일 완벽하게 해야 할 일을 전부 하겠다는 말은 어제도 그랬고, 그제도 마찬가지였습니다. 내일 완벽한 하루를 보내겠다는 말은 대부분 지키지 못합니다. 앞서 언급했던 것처럼 디자인에 완벽을 추구하는 것이 좋지 않은 것과 같이 나의 행동도 마찬가지입니다. 내일의 완벽을 추구하기보다는 오늘 조금 지치고 늘어지더라도 아주 작은 성과를 하나씩 채워나가길 바랍니다.

　　오늘 하는 작은 일들이 보잘것없어 보이지만, 사실은 그렇지 않습니다. 작은 것들이 쌓여 내일의 나를 만들고, 한 달 뒤의 나를 만들고, 1년 뒤의 나를 만듭니다. 1년 뒤의, 3년 뒤의, 5년 뒤의 내 모습이 꿈에 그리던 성공한 프리랜서가 되기 위해 지금 당장 힘들어도 오늘 조금만 더 힘내봅시다.

브랜딩, 마케팅, 세일즈란 무엇일까?

브랜딩, 마케팅, 세일즈
차이점을 알아야 알맞은 전략을 수립할 수 있다

브랜딩은 정확히 뭘 말하는지, 세일즈와 마케팅은 정확히 무엇을 뜻하는지 정확히 설명할 수 있는 사람은 생각보다 그리 많지 않습니다. 큰 범위 안에서 서로 영향을 주기도 하고 분류가 다소 애매한 부분들이 있기 때문에 명확하게 '이것이 브랜딩이다, 이것이 마케팅이다' 라고 정의 내리기가 조금 애매한 경우들도 많습니다. 브랜딩을 위한 마케팅 활동을 할 수도 있고, 마케팅과 노출을 목적으로 브랜드의 디자인에 변화를 주는 활동을 할 수도 있기 때문에 혼동되는 경우도 충분히 있을 수 있습니다.

- **브랜딩** : 브랜드가 전달하고자 하는 것을 인식할 수 있게 만드는 과정 ex) 스토리, 비주얼, 가치관, 신뢰감 등

- **마케팅** : 브랜드를 알리고 잠재 고객과 연결하는 전략과 활동
  ex) 유입 유도, 상품과 서비스의 광고 활동 등
- **세일즈** : 고객에게 나의 서비스가 판매될 수 있도록 설득하는 활동
  ex) 영업, 랜딩 페이지, 상세 페이지 등

    브랜딩, 마케팅, 세일즈를 간략하게 설명하자면 브랜딩은 브랜드에 대한 느낌이나 방향성, 신뢰감 등을 포함한 것들을 각인시키는 과정으로 직간접적 경험과 연관되어 있기 때문에 숫자로 표현할 수 있는 특정한 수치나 달성률을 측정하기 어렵다는 특징이 있습니다. 마케팅은 고객의 유입을 만들고 알리는 홍보 활동입니다. 그리고 세일즈는 직접적으로 판매를 발생시키는 활동 또는 요소입니다. 마케팅과 세일즈는 브랜딩 활동과 다르게 성과를 객관적인 숫자로 수치화할 수 있습니다.

    브랜딩과 마케팅, 세일즈 분야는 서로 뗄 수 없는 분야입니다. 시각에 따라 조금씩 의견의 차이가 있기도 하죠. 마케팅의 영역 안에 브랜딩이 포함된다고 보기도 하지만, 저는 브랜딩이라는 가장 큰 영역 안에 마케팅과 세일즈가 포함된다고 보고 있습니다. 마케팅과 세일즈를 제외한 다른 요소 중 콘텐츠, 비주얼, 디자인 등도 마찬가지로 브랜딩의 영역 안에 포함되는 것이죠. 관점에 따라 다르게 볼 수 있는 이유는 브랜딩, 마케팅, 세일즈 이 세 가지 분야는 서로 긴밀하게 연결되어 있기 때문입니다. 이 세 가지의 영역 중 하나라도 빠지게 되면 의뢰로 이어지기까지의 연결고리가 약해집니다. 때문에 각 분야를 먼저 짚어보고 각 분야의 차이점을 이해해야 나에게 맞는 전략을 계획하고 설정할 수 있습니다.

프리랜서를 준비한다면 '브랜딩, 마케팅, 세일즈' 이 3가지 영역은 꼭 알고 있어야 합니다.

만약 이 세 가지 영역을 모른다면 무엇을 쌓아나가야 할 것인지, 어떻게 보여줘야 할 것인지, 타깃 세분화가 되어 있지 않아 내 고객은 누구인지, 의뢰로 이어질 수 있는 설득은 어떻게 하는 것인지, 나는 어떤 클라이언트에게 필요한 디자인 서비스를 할 수 있을 것인지 정확히 모르게 됩니다. 모르기 때문에 설득력 없는 전략을 짜게 되는 것입니다. 내 클라이언트는 누구인지, 나는 어떤 디자인으로 클라이언트에게 어떤 도움을 줄 수 있을지 모른다면 '로고 만들어 드립니다' 혹은 '웹 사이트 만들어 드립니다'와 같은 어떤 디자이너라도 할 수 있을 것만 같은 차별성이 전혀 없는 디자인 서비스를 하게 될 수도 있습니다.

프리랜서의 브랜딩

프리랜서의 브랜딩
잠재 고객에게 어떻게 보여질 것인가?

브랜드의 정의는 다른 경쟁자, 상품, 서비스 등과 구분하기 위한 것입니다. 브랜드명, 폰트, 로고 등으로 다른 브랜드와 구별됩니다. 하나의 상표 정도로 볼 수 있습니다. 브랜딩은 브랜드가 존재해야 하는 목적을 기반으로 무엇을 하는지, 왜 해야 하는지 등의 기준에서 확장하여 브랜드에 대해 고객이 특정한 생각이나 느낌이 들게 만들기 위한 과정입니다. 일관적으로 느낌을 심어주기 위한 기준으로 미션과 비전, 코어 밸류를 설정하고, 그를 표현하기 위해 무드 보드를 만들고 독자적인 디자인 개발을 하기도 합니다.

브랜드가 나아가야 할 방향을 탄탄하게 오랜 기간 쌓아가며 브랜딩 과정을 거친 브랜드는 실제 제품과 서비스를 경험하지 않더라도 그 브랜드가 어떤 브랜드인지 대략적인 느낌과 신뢰감을 줍니다. 나이키가 어떤 브랜드이고, 애플이 어떤 브랜드이며, 이

케아는 어떤 브랜드인지 떠오르는 느낌이 그것입니다.

우리는 브랜드마다 각기 다른 느낌을 받습니다. 브랜드의 서비스, 제품, 사용 경험, 디자인, 광고 혹은 캠페인 등을 통해 직간접적으로 경험합니다. 그러한 경험의 결과로 고객이 될 수도 있고, 신뢰할 수 없는 브랜드라고 인식하기도 합니다. 때문에 브랜드에서는 미션과 비전 등을 규정하고, 브랜드의 방향성에 맞는 브랜딩 활동을 통해 타깃에게 어떠한 직간접적인 경험을 심어주려는 활동을 지속합니다.

프리랜서 디자이너도 마찬가지입니다. 프리랜서 디자이너는 실제 제품을 만들어서 판매하거나 체험할 수 있는 매장을 만드는 분야가 아니지만, 타깃인 잠재 고객에게 내가 어떤 디자이너인지 직간접적으로 보여주고, 신뢰를 심어줄 수 있도록 하는 것은 충분히 가능합니다. 홈페이지를 만들어서 포트폴리오를 보여주거나 어떤 디자인을 전문으로 하는지 보여줄 수 있도록 활용하고, SNS 채널을 활용하여 나만의 콘텐츠를 꾸준히 쌓아 유입된 잠재 고객에게 노출하는 활동들이 프리랜서 디자이너의 브랜딩 과정이 되는 것입니다.

브랜딩을 왜 해야 하는 것일까요?

차별화가 없으면 경쟁에서 이길 수 없다

차별화 포인트가 없다면 가격 경쟁이 될 수밖에 없습니다. 프리랜서라도 다른 디자이너를 선택하지 않고 나를 선택하도록 만들어야 하기 때문에 구분되는 차별점과 강점을 충분히 보여줘야 합니다. 남들과 차별화되는 요소들 없이 비슷하다면 그저 그런 프리랜서 디자이너가 될 뿐입니다.

디자인 전반을 두루두루 할 수 있다고 하더라도, 특별히 약한 부분의 디자인을 의뢰받는다면 결국 클라이언트의 불만족으로 이어집니다. 때문에 무기가 되는 강점은 무엇이고, 어떻게 강점을 노출할 수 있을지 정확히 알고 있어야 합니다. 경쟁력이 있어야 의뢰를 받을 수 있습니다. 강점은 무엇이고, 약점은 무엇인지 알고 있어야 강점을 올바르게 의도한 대로 노출할 수 있고, 약점은 상쇄시킬 수 있습니다.

프로들의 세계에서 '성실하다', '노력을 많이 한다'는 경쟁력이 아닙니다. 열심히 만들었다는 이유만으로 불티나게 팔리는 제품은 없습니다. 프리랜서라고 해서 다르지 않습니다. 성실과 노력은 기본입니다. 남들과 차별화하기 위해 강점을 경쟁력 삼아야 하고, 그 강점에 대한 설득력이 충분해야 합니다. 그래서 프리랜서도 브랜딩이 필요합니다.

무엇을 기준으로 브랜딩을 해야 할까요?
브랜드의 방향을 위한 기준 : 미션, 비전, 코어 밸류(핵심 가치)

패션 브랜드 파타고니아는 유행을 팔지 않는다고 말합니다. 많은 판매를 만들어내기 위해 유행을 만들고 유행을 따르는 패션 업계에 속해있지만, 환경을 위해 유행을 따르지 않고 많은 옷보다

한 벌로 오래 입을 수 있는 제품을 만든다고 말합니다. 화성이 아닌 지구를 지킨다는 콘텐츠를 지속적으로 발행하고 노출하는 활동으로 브랜드의 미션을 인식시킵니다.

파타고니아의 미션은 '우리는 우리의 터전, 지구를 되살리기 위해 사업을 한다(We're in Business to save our home planet).'입니다. 미션과 비전을 달성하기 위한 핵심 가치를 보면 핵심 가치에 기반하여 브랜드의 미션을 달성하려는 노력을 꾸준히 하는 브랜드임을 알 수 있습니다.

프리랜서도 마찬가지로 미션과 비전, 핵심 가치를 설정하고 그에 맞는 브랜딩 활동을 이어나가야 합니다. 브랜딩 과정을 반드시 거쳐야 하는 이유, 해야만 하는 이유는 성장을 위함입니다. 언제까지나 혼자 일하는 프리랜서 작업자로서 동일한 가치만 제공하는 디자이너로 남는다면 시간이 지남에 따라 경쟁력이 떨어지며, 더 높은 단가의 프로젝트까지 이어질 수 없습니다.

발전 없이 3년, 5년 전과 같은 단가의 디자인만 하게 된다면 프리랜서를 해야 할 이유가 없습니다. 개인으로 일하는 프리랜서이기 때문에 브랜딩 과정은 필요 없다는 생각보다는 발전하고 확장하여 회사를 만든다고 생각하는 것이 맞다고 생각합니다. 어떤 프리랜서가 되고 싶은지, 미래에는 어떤 디자이너가 되고 싶은지, 어떤 디자인을 하고 싶은지 등의 프리랜서에서 나아가 브랜드로서 의도한 대로 성장해 나가기 위해서는 비전과 미션, 핵심 가치를 설정하고 이를 토대로 확장하며 만들어 나가야 합니다.

미션과 비전, 코어 밸류 설정하기
성장과 목표 달성을 위한 과정

1. 브랜드 미션 : 존재 이유

브랜드의 미션은 가치나 목적이 강조됩니다. 예를 든다면 '만족스러운 결과물과 합리적인 금액으로 디자인 의뢰의 불만족을 해소하는 것', '디자인을 통해 브랜드의 이야기를 효과적으로 전달하는 것'과 같이 브랜드가 존재해야 하는 이유가 브랜드 미션이 됩니다.

디자인이 아닌 다른 기업의 예시를 들자면, 스타벅스의 미션은 '최상의 커피를 제공하고, 고객들과 커뮤니티에 긍정적인 영향을 끼치는 것', 넷플릭스의 미션은 '세계 각지의 다양한 콘텐츠를 고객들에게 제공하고, 최고의 엔터테인먼트 경험을 제공하는 것', 월트 디즈니의 미션은 '모든 사람을 행복하게 만드는 것'입니다.

미션은 브랜드가 존재하는 이유와 핵심 가치를 나타내는 선언입니다. 핵심적인 이유를 설명하고, 제품과 서비스 또는 브랜드의 활동이 추구하는 목적을 강조합니다.

2. 브랜드 비전 : 목표와 방향

무엇을 달성하기 위한 브랜드인지 미래의 이상적인 목표와 방향, 행동이 강조됩니다. 때문에 지금 당장이 아닌 장기적인 목표입니다. 또한 비전은 발전 방향을 결정하는 역할을 합니다. 예를 든다면 '소상공인의 매출 증대를 위한 디자인 파트너가 되는 것', '이성과 감성을 만족시키는 설득력 높은 디자인 경험을 만들어 주는 것' 등이 될 수 있습니다.

마찬가지로 다른 기업의 예시를 들자면, 스타벅스의 비전은 '세계 각지에서 사람들의 삶에 풍요로움과 즐거움을 더하는 모임의 장소가 되는 것', 넷플릭스의 비전은 '세계 각지의 사람들에게 최고 수준의 엔터테인먼트 경험을 제공하는 것', 월트 디즈니의 비전은 '세계적으로 사람들의 상상력을 자극하고, 즐거움과 감동을 주며, 마법을 전달하는 것'입니다.

비전은 브랜드가 어떤 방향으로 나아가고자 하는지, 어떤 가치를 강조하며 고객들과 사회에 어떤 영향을 끼치려고 하는지 나타내는 표현입니다. 이러한 비전은 브랜드의 활동과 전략을 이끌고, 미래를 위한 방향성을 제시하는 중요한 요소입니다.

3. 브랜드 코어 밸류(핵심 가치) : 미션과 비전을 달성하기 위한 원칙과 지향점

나의 강점, 할 수 있는 디자인 분야, 포트폴리오, 경력, 전문성, 신뢰성 등을 고려합니다. 코어 밸류는 미션과 비전을 달성하기 위한 핵심적인 요소들입니다. 코어 밸류는 3~5개 정도로 정하여 핵심이 되는 가치관과 가치를 효과적으로 전달할 수 있도록 합니다. 예를 든다면, 전문적인 기획을 통한 디테일한 디자인을 추구하고 비주얼의 퀄리티를 추구한다면 '높은 퀄리티', '전문성', '디자인 기획'을 핵심 가치로 정할 수 있습니다.

다른 기업의 예시를 들자면, 스타벅스의 코어 밸류는 고객 경험, 품질과 혁신, 사회적 책임과 지속 가능성, 직원의 존중과 발전입니다. 넷플릭스의 코어 밸류는 창의성과 혁신, 고객 중심, 다양성과 포용성, 전문성과 열정, 연속적인 성장과 개선이며, 월트 디즈니의 코어 밸류는 창의성과 상상력, 가족과 커뮤니티, 혁신과 성장, 책임과 성의입니다.

　코어 밸류는 정체성과 가치관을 나타내며, 브랜드 전략과 의사 결정을 지원하는 중요한 기준이 됩니다. 이는 외부에 자신의 가치를 효과적으로 전달하고 고객들에게 더 나은 경험을 제공하는 데에 도움이 됩니다. 코어 밸류는 성장을 위한 중심이 됩니다.

브랜드 사명선언문
모두를 아우르는 짧고 강력한 문구

　브랜드 사명선언문은 브랜드의 핵심 가치와 신념을 담은 짧은 문구로 작성합니다. 각각의 미션과 비전, 코어 밸류를 압축하여 간결하게 정리를 하면 됩니다. 짧게 정리가 되었기 때문에 이를 활용하여 필요한 부분에 적절히 사용할 수 있습니다. 예를 든다면 인스타그램의 프로필에 활용할 수도 있고, 홈페이지를 제작할 때에도 활용할 수 있습니다.

- **WHY** : [고객]의 어떤 [문제]를 위해
- **HOW** : [문제 해결]을 할 수 있는 [행동]을 한다.
- **WHAT** : [구체적 서비스 내용]을 하고 [서비스 결과]를 가지게 된다.

　제가 운영 중인 '뉴타입 디자이너'에 관련한 선언문을 예시로 들어보겠습니다.

- **WHY** : [디자인 업무로 고통받는 디자이너]의 [고통]을 덜어주기 위해
- **HOW** : [직장을 넘어 직업적으로 어디서든 일 잘하고 인정받게] 도움을 주는 [콘텐츠]를 만든다.
- **WHAT** : [직업으로서 디자이너의 성장을 돕는] 블로그와 인스타그램, 커뮤니티를 운영한다.

그 결과로 [업무로 고통을 겪는 디자이너]는 [끊임없이 성장하고, 인정받는 뉴타입 디자이너]가 된다.

디자인 서비스로 예시를 들어보겠습니다.

- **WHY** : [신규 론칭하는 카페 브랜드]의 성공적인 론칭을 위해
- **HOW** : [브랜드의 고유한 디자인 방향성과 정체성]을 확립할 수 있는 [종합 디자인 서비스]를 한다.
- **WHAT** : [브랜드만의 유니크한 컬러와 무드를 설정하고 로고를 포함한 종합적인 브랜드 디자인]을 기획하고 제작한다.

그 결과로 [신규 카페 브랜드]는 [해당 브랜드만의 무드와 정체성이 확립된 유니크한 브랜드]가 된다.

[서비스 결과]는 생략해도 무방합니다. 사명선언문의 가이드에 필요한 내용을 작성한 후 한 번 더 간략하게 다듬어 주면, 짧지만 어떤 브랜드인지 명확하게 알 수 있는 선언문을 어렵지 않게 작성할 수 있습니다. 미션과 비전, 코어 밸류를 작성하기가 어렵다면 반대로 먼저 해당 선언문 가이드를 적용하여 작성해 보는 것으로 미션과 비전, 코어 밸류를 정리할 수 있습니다.

브랜딩은 일관적으로 꾸준히 하는 것
미션과 비전을 설정했다고 끝이 아니다

브랜딩은 완료가 없습니다. 브랜딩은 미션과 비전, 코어 밸류를 설정만 한다고 끝나는 것이 아닙니다. 마찬가지로 네이밍을 하고, 로고를 만들고, 홈페이지를 만들었다고 끝나는 것도 아닙니다. SNS의 팔로워를 많이 늘렸다고 해도 끝난 것이 아닙니다. 모든 것은 브랜딩 과정입니다. 일관성 있게, 꾸준히 오랜 시간 지속해야 하는 과정이기 때문에 상당히 지루하고 재미없는 작업이 될 수도 있습니다. 그럼에도 멈추면 안 됩니다.

'나'라는 프리랜서 디자이너가 어떤 디자이너인지 인지하도록 만들고, 신뢰감을 심어주기 위해 나만의 콘텐츠를 만들어 나가는 것이 유리합니다. 미션과 비전, 코어 밸류를 기준으로 상황에 따라서 잠재 고객에게 도움이 되는 정보성 콘텐츠를 만들 수도 있고, 결과물의 작업 과정이나 실제 적용 사례 등을 보여주는 콘텐츠를 만들 수도 있습니다. 나만의 콘텐츠를 장기적으로 꾸준히 만들어 나가며 개선하고 확장해 나가면 됩니다. 유입된 잠재 고객들이 우리의 정보, 전문성, 포트폴리오 등의 콘텐츠를 보고 신뢰하고 공감하기도 하며, 더 나아가 의뢰를 해도 괜찮다는 생각이 들게 만들어야 합니다.

브랜딩 과정은 고된 작업의 연속입니다. 중간에 이게 맞는 건지 잘하고 있는 것인지 회의감이 들기도 하고 가끔은 방향성 전환을 위해 몇 날 며칠을 고민해야 하는 일도 발생합니다. 올바른 방향으로 꾸준히 일관되게 나만의 콘텐츠를 제작하고 이를 활용하는 일은 당장 측정되는 성과도 없기 때문에 금세 지칠 수도 있습니다.

하지만 브랜딩 과정을 지속하고 쌓아나간다면 당장 체감되지 않을지라도 꾸준한 성장을 하고 있는 것입니다. 사업은 운이 따라 줘야 한다고 합니다. 저는 이 말에 동의하지만, 내 것을 충분히 쌓고 실력이 있으며 준비가 충분히 된 사람에게 적용된다고 생각합니다. 단기적인 목표보다는 장기적인 목표로 천천히 조금씩 발전해 나가셨으면 좋겠습니다.

프리랜서의 마케팅

프리랜서의 마케팅
잠재 고객에게 알리고 유입을 발생시키기 위한 활동

마케팅은 가격 책정, 판매 채널, 소비자 조사, 시장 분석 등을 포함한 종합적인 판매 전략을 다루는 분야입니다. 잠재 고객에게 브랜드를 인지시키고, 연결하는 과정의 전반이라고 볼 수 있습니다. 마케팅을 광고 혹은 세일즈와 같은 뜻으로 알고 있는 경우도 있지만, 조금 더 정확히 말하자면 광고와 세일즈는 마케팅 전략에 포함되는 개념입니다. 제품이나 서비스를 홍보하고 판매량과 인지도를 높이는 것에 중점이 되는 활동이 광고입니다. 또한 세일즈는 매출을 위한 판매에 집중한다는 차이점이 있습니다. 각 전략의 차이점이 있겠지만, 프리랜서 디자이너에게 필요한 부분은 한정되어 있기 때문에 너무 깊고 어렵게 생각할 필요는 없습니다.

마케팅에는 잠재 고객을 구매 고객으로 전환시킬 수 있도록 광고나 홍보 활동, 해시태그나 검색어 노출 등으로 유입을 시키는 활동 등도 포함됩니다. 마찬가지로 어떤 디자인을 하는지, 어디에서 어떤 잠재 고객에게 어떤 경쟁력과 가치를 전달할 수 있는지 결정하고 전략을 수립하는 과정도 마케팅에 포함됩니다. 나(브랜드)에게 이런 제품이나 서비스가 있다는 것을 알리고 잠재 고객이 우리와 함께할 수 있도록 이유를 만들어주는 활동들이 마케팅입니다. 브랜딩이 나(브랜드)를 표현하기 위한 활동이나 콘텐츠들을 쌓아가는 과정이라고 한다면, 이것을 노출시키고 유입을 유도하는 활동은 마케팅 활동으로 구분합니다.

    프리랜서로서 가장 쉽게 시작할 수 있고 많이 이용하는 재능 마켓 플랫폼을 예시로 든다면, 잠재 고객의 눈에 띄어 '나'의 판매 페이지에 유입시키는 썸네일 제작, 유료 광고 등을 활용한 노출은 일종의 '마케팅'에 해당한다고 볼 수 있습니다. 조금 더 확장하여 블로그나 인스타그램 등에서 링크를 걸어 재능마켓 페이지로 유입되도록 콘텐츠를 발행하는 활동도 마케팅에 해당합니다. 마찬가지로 특정 잠재 고객에게 특정 메시지와 이미지 등을 사용하여 포트폴리오를 노출하기 위한 소액 광고를 진행하는 것 등도 포함됩니다.

    정리하자면, 마케팅은 잠재 고객에게 선택받을 수 있는 이유를 알리고 유입을 유도하며 선택을 받는 모든 활동입니다. 그리고 마케팅을 하기 위한 마케팅 전략은 마케팅 활동의 목표 설정과 달성을 위한 계획이 됩니다.

의뢰 발생의 루트가 다르더라도 마케팅은 필요하다
모든 활동에는 마케팅이 필요하다

디자이너가 의뢰를 받는 루트는 크게 4가지 정도로 구분할 수 있습니다. 첫 번째, 지인을 통한 의뢰. 두 번째, SNS와 블로그, 홈페이지를 통한 의뢰. 세 번째, 재능마켓 플랫폼. 네 번째 잠재 고객이 있는 곳으로 찾아가는 활동. 이 네 가지의 루트 모두에 마케팅이 필요합니다.

프리랜서를 시작하고 의뢰 가능성이 있는 지인들에게 연락을 해서 프리랜서로 독립했다는 사실을 알리며, 주변에 디자이너가 필요한 사람이 있으면 연결을 해달라고 부탁하는 영업도 마케팅의 범주에 포함되는 활동입니다. 이러한 활동이 디자인 의뢰로 이어지고, 좋은 의뢰 경험이 되었다면 또 다른 잠재 고객에게 소개해 주도록 만드는 것도 큰 의미의 마케팅에 포함된다고도 볼 수 있습니다.

SNS와 블로그 등의 소셜 미디어와 홈페이지를 통한 의뢰도 마찬가지로 마케팅에 포함됩니다. 홈페이지라면 SEO(Search Engine Optimization, 검색 엔진 최적화) 설정으로 검색을 통해 노출되도록 만드는 것도 마케팅에 포함되는 활동이며, 소셜 미디어의 활동에서 해시태그를 넣고 잠재 고객의 유입이 발생하도록 콘텐츠의 제목을 설정하는 것도 마케팅에 포함되는 활동입니다.

재능마켓 플랫폼에서 서비스를 등록하고 검색에서 상위 노출을 하기 위한 서비스의 제목이나 썸네일 이미지를 꾸미는 것도 마케팅에 포함되는 개념입니다. 재능마켓 플랫폼에서 따로 광고를 진행하고, 다른 채널에서 광고를 달거나 이미지와 메시지를 통해 유입을 발생시키는 루트를 만들어 활용하는 것도 마케팅 활동입니다.

잠재 고객이 있는 커뮤니티나 모임 등에 찾아가서 활동을 하고, 그들을 돕거나 소통하며 내가 프리랜서로 디자인을 하고 있다고 알리는 활동들도 모두 마케팅의 한 방법이라고 볼 수 있습니다. 지인 영업과 비슷하지만 잠재 고객과 직접적인 상호작용을 하며 관계를 만들어야 하기 때문에 조금 더 적극적인 활동이 요구됩니다. 잠재 고객이 모여있는 커뮤니티에서 그들을 위한 정보성 콘텐츠를 만들기도 하고, 그들에게 디자인이 필요할 때 가벼운 상담을 해주며 나는 이런 디자인을 하고 있으니 필요하면 말씀해 달라는 말을 한마디 덧붙이는 것은 나를 알리는 활동이 됩니다. 이런 것도 마케팅이냐고 물을 정도의 사소한 것들도 마케팅이라는 큰 범주 안에 있는 활동들입니다.

당장 마케팅이 필요하지 않아도 마케팅을 해야 하는 이유

필요하지 않을 것 같아도 필요하다

오랜 시간 프리랜서로 활동하고, 고정 거래처와 지인들의 소개로 끊임없이 의뢰가 계속 발생하는 일은 시간이 오래 걸리는 일입니다. 고정 거래처가 있다고 하더라도 변수는 늘 존재하죠. 그렇기 때문에 마케팅을 활용할 수 있는 방법을 알고 있어야 하고,

의뢰를 받지 않더라도 유입을 꾸준히 만들 수 있도록 해야 합니다. 지금 당장 진행하고 있는 프로젝트가 있고, 다음 프로젝트도 진행해야 하는 상황이라면 당장 의뢰가 필요하지 않은 상황입니다. 그럼에도 왜 마케팅 활동을 멈추면 안 되는지 간략하게 예를 들어보겠습니다.

콘텐츠를 발행하는 채널에 '이번 달의 프로젝트는 마감되었습니다. 다음 달의 프로젝트는 00월 00일부터 문의 가능합니다.'라는 공지사항을 걸어둔다면 이 디자이너는 의뢰가 끊임없이 들어오는 디자이너라는 인식을 심어줄 수 있습니다. 바쁘지 않은 프리랜서는 매력이 없습니다. 오히려 바쁘고 꾸준히 의뢰가 있는 디자이너가 실력이 있어 보입니다. 잘나가는 프리랜서에게는 쉽게 의뢰를 할 수 없다는 희소성도 적용됩니다. 실력이 있어 보여서 의뢰를 맡기고 싶은 생각이 들도록 이유를 만들어 주는 이점이 있습니다. 브랜딩의 범위에서 특정 '느낌'을 만들어주기 위한 마케팅 활동이 됩니다.

마감이 되었다는 공지에도 불구하고 디자인 의뢰 문의가 발생하고 의뢰로 이어진다면 프리랜서 디자이너 입장에서는 '저에게 의뢰해 주세요.'의 입장이 아닌 '함께 일해 드리겠습니다.'의 입장이 됩니다. 클라이언트가 갑인 경우가 많은 상황에서 최소한 동등한 입장으로 시작하는 것만으로도 메리트가 생기는 셈입니다.

다른 비슷한 예시를 들어보자면, 공간은 한정되어 있는데 지나칠 때마다 매번 만석이어서 기다려야 하는 식당은 왠지 모르게 다른 곳보다 훨씬 맛이 있을 것 같다는 느낌이 듭니다. 평소에 크게 관심이 없던 메뉴를 판매하는 식당이더라도 특별한 식사 경험이 될 것 같은 기대감에 한 번쯤 식사를 하러 가고 싶은 마음이 드는 것입니다. 그리고 우리 동네에 줄 서는 식당이 있다는 것을 알려 입소문을 내기도 합니다. 당장은 필요하지 않을 것 같아도 좋은 영향을 줄 수 있기 때문에 마케팅 활동을 멈추면 안 됩니다.

실행 가능한 마케팅 활동
마케팅을 어떻게 해야 할까?

프리랜서 디자이너는 현실적으로 큰돈을 들여 광고를 하기 힘듭니다. 그래서 마케팅을 위한 채널들을 운영하며 규모를 늘리고 잠재 고객에게 노출하여 유입을 만듦으로써 결과적으로 의뢰를 받는 것을 목표로 하는 것이 리스크가 가장 적습니다. 개인 채널을 운영하며 쌓아나가는 과정에서 내 고객과 내 고객이 아닌 사람을 구분하는 효과도 기대할 수 있습니다.

프리랜서 디자이너들마다 개수는 각기 다르지만 대부분 개인 채널을 운영합니다. 블로그와 SNS 채널을 병행하여 운영하기도 하며, 홈페이지나 랜딩 페이지를 만들어 신뢰감을 심어줄 수 있도록 하기도 합니다. 재능마켓 플랫폼에서도 디자인 서비스 활동과 노출을 발생시키기 위한 활동들을 꾸준히 합니다. 종류와 성격이 각기 다른 채널이지만 나에게 맞는 채널을 선택하여 운영하면 되니 너무 큰 부담을 가질 필요는 없습니다.

블로그
검색 기반의 가장 기본적인 채널

블로그는 가장 기본입니다. 일정 기간 시간이 흘러도 검색을 통해 노출을 만들어낼 수 있으며, 포트폴리오 이미지만 올리는 것이 아닌 디자인 진행 과정, 어떤 부분을 중점으로 작업했는지 전문적인 설명을 같이 활용할 수 있기 때문에 이미지만으로 부족한 부분들을 채울 수 있습니다. 다양한 블로그가 있지만 아직까지 우리나라에서는 많은 사용자가 있는 검색엔진의 블로그인 네이버 블로그가 가장 익숙하고 노출에도 적합합니다.

제 블로그의 사례로 보면 1년 전에 작성한 글도 종종 검색을 통해 유입이 발생합니다. 디자인 포트폴리오를 올려두는 공간은 아니지만, 제 글을 읽고 댓글로 디자인을 의뢰하고 싶다고 말씀하시는 분들도 계셨습니다. 개인적 활동을 함께 업로드하는 것도 괜찮지만, 가능하다면 부정적인 영향을 주지 않도록 개인적인 부분들은 업로드를 최소화하고, 가급적 디자인과 연결되는 내용들을 업로드하는 게 좋습니다.

홈페이지형 블로그도 괜찮고, 깔끔하게 꾸민 일반 블로그도 괜찮습니다. 어떤 가치를 줄 수 있는지 그 근거로써 전문성과 결과물을 보여주어야 하고, 포스팅의 마지막에는 직접적으로 연락 가능한 링크를 따로 기재하거나 어떤 분들에게 도움을 줄 수 있다는 내용을 추가하여 잠재 고객에게 설득이 될 수 있도록 포스팅합니다. 당장은 잘 안될지라도 쌓이면 효과는 발생합니다.

네이버 블로그를 기준으로 주의할 점은 이웃 숫자는 중요하지만, 내 고객이 아닌 사람들까지 포함하여 무작위로 이웃을 늘리는 활동은 가급적 지양해야 한다는 것입니다. 규모가 크다고 해서 반드시 의뢰로 이어지는 것은 아니기 때문입니다. 양적 성장도 일정 수준은 필요하기 때문에 블로그 운영 초반에는 잠재 고객의 가능성이 있는 블로그들과 소통하며 조금씩 늘려나가는 과정을 거치고, 이웃의 숫자가 조금씩 늘게 된다면 그때부터는 양보다 질을 추구하는 것이 장기적으로 봤을 때 유리합니다.

SNS(인스타그램)
알고리즘 기반의 시각 콘텐츠 채널

프리랜서 디자이너라면 SNS에 디자인 계정을 만들어서 운영하는 경우가 대부분입니다. 하지만 SNS가 무조건 메인으로 필요한 것은 아닙니다. 프리랜서에게 디자인을 의뢰하기 위해서는 검색을 통해 알아보는 경우가 많고, 필요한 디자인이 정해져 있어 직접적인 키워드로 검색하는 경우가 많습니다. 그렇기 때문에 이미지와 비디오 중심의 시각 콘텐츠를 기반으로 알고리즘에 따라 콘텐츠가 노출되는 SNS에서 의도대로 정확하게 노출하기란 쉽지 않습니다.

물론 계정에 디자인 분야를 표기하여 검색 시 계정이 직접적으로 노출되도록 만들 수 있고, 적절한 해시태그의 사용으로 피드 이미지를 노출할 수도 있지만 검색 기반의 플랫폼이 아니기 때문에 한계가 있습니다. 만약 SNS를 메인 채널로 활용하고 싶다면 차이점을 확실하게 인지하고 활용해야 합니다.

　SNS 특성상 적극적으로 활용하는 연령대가 정해져 있기 때문에 잠재 고객의 연령대가 높다면 SNS로 의뢰가 이어지는 경우를 크게 기대하기는 힘듭니다. 이런 경우라면 SNS는 서브 채널의 개념으로 활용하는 것이 좋습니다. 반대로 잠재 고객의 연령대가 SNS를 자주 활용하는 연령대이며, 디자인 분야가 SNS 채널에서 홍보하기 적합한 디자인이라면 블로그를 서브로 활용하고 SNS를 메인으로 활용할 수 있습니다.

　SNS의 필요성이 상대적으로 적다면 블로그와 홈페이지에 업로드한 포트폴리오를 시간을 적게 들여 간단히 재편집하여 활용하면 됩니다. 포트폴리오 모음집 정도로 활용하되, 프로필에 홈페이지나 블로그, 연락 가능한 링크 등을 남겨두는 것으로 충분합니다. 필요성이 다소 떨어지더라도 노출 가능성이 제로는 아니기 때문에 운영을 하지 않는 것보다 서브 채널 정도로 활용하는 것이 좋습니다.

홈페이지(랜딩 페이지)
선택이 아닌 필수

　코딩을 하지 않아도 홈페이지를 만들 수 있도록 제작 편의성이 좋은 여러 웹 빌더들이 있습니다. 대표적으로 워드프레스(ko.wordpress.org), 윅스(ko.wix.com), 아임웹(mweb.me) 등이 있으며, 여러 웹 빌더 서비스들이 출시되고 있어 나에게 맞는 것을 선택하여 제작할 수 있습니다. 저도 마찬가지로 웹 빌더로 홈페이지를 제작하여 운영하고 있습니다.

첫 홈페이지는 워드프레스를 사용했지만, 기능의 구현에 자유도가 높은 장점이 있음에도 불구하고 코딩을 잘 모른다면 추천은 하지 않습니다. 최대한 간편하게 만들 수 있고 유지 보수가 쉬운 것을 선택하는 것이 시간을 아낄 수 있습니다. 때문에 지금의 제 홈페이지는 아임웹으로 제작하여 활용하고 있습니다. 원래의 목적은 기업형 홈페이지로 만들어서 운영하려는 계획이었지만, 현재는 포트폴리오 용도로만 활용하고 있습니다.

지인이 디자인이 필요한 클라이언트를 소개했을 때 포트폴리오 PDF 파일을 전달하는 것보다 홈페이지 링크 하나를 보내는 것으로 더욱 신뢰감을 줄 수 있습니다. 저도 마찬가지로 이 방법을 자주 사용했고, 문의에서 끝나는 것이 아닌 실제 의뢰로 이어지는 경우가 많았습니다. 일반적인 포트폴리오 페이지가 아닌 기업형 홈페이지라면 더 좋은 효과를 기대할 수 있습니다. 포트폴리오 용도의 페이지로 만들어 두었다가 시간이 날 때 조금씩 개선하면 됩니다.

작은 소기업들은 홈페이지를 운영하지 않는 경우도 많습니다. 이는 프리랜서들도 마찬가지입니다. 디자인 전문가라고 말을 하는 것보다 정돈된 홈페이지 하나가 훨씬 설득력 있으며, 이는 신뢰도를 올려줄 수 있는 가장 좋은 채널입니다. 정돈된 포트폴리오와 추구하는 방향성을 제약 없이 표현할 수 있고, 의뢰를 위한 정보도 자유롭게 기재할 수 있습니다. 그 외에도 의뢰를 위한 사전 응답을 활용하여 그 정보를 토대로 더 전문적인 상담을 할 수 있다는 장점도 있습니다.

나의 전문성을 토대로 가장 잘 보여줄 수 있는 채널을 원한다면 홈페이지는 필수입니다. 한마디 말보다 한 번 보여주는 것으로 가장 큰 효과를 기대할 수 있는 채널도 홈페이지입니다. 때문에 홈페이지는 선택이 아닌 필수입니다.

재능마켓 플랫폼
초기에는 필수, 자리를 잡았다면 선택

프리랜서를 시작할 때 가장 많이 선택하는 것이 재능마켓 플랫폼입니다. 프리랜서 초기에는 잠재 고객이 모여있는 곳을 찾기 쉽지 않으며, 블로그나 SNS를 시작하더라도 일정한 양이 쌓여있어야 상대적으로 유리합니다. 때문에 초반에는 블로그나 SNS를 통한 유입으로 의뢰가 성사되기까지 생각보다 많은 시간이 필요합니다. 이런 상황에서는 수수료가 발생하는 단점이 있음에도 플랫폼을 활용하는 것이 가장 효과적입니다.

재능마켓 플랫폼도 마찬가지로 리뷰와 의뢰 숫자가 쌓여야 설득력이 높아지지만, 서비스를 판매하는 페이지 하나에 잠재 고객을 설득할 수 있는 것들을 한번에 보여줄 수 있습니다. 같은 내용을 조금씩 수정하여 각기 다른 플랫폼에서 유입을 발생시킬 수 있도록 만들 수 있다는 장점도 있습니다. 때문에 프리랜서 시작 초기에는 2~3곳의 플랫폼에서 디자인 서비스를 등록하고 실제 활동을 해본 후에 나와 맞는 플랫폼을 선택해서 해당 플랫폼에 집중

하는 방법을 활용하는 것이 좋습니다.

플랫폼의 수수료가 높다고 말하는 분들도 분명 있지만, 플랫폼은 기업이 운영하는 것이고 잠재 고객이 모일 수 있도록 여러 활동을 통해 트래픽을 꾸준히 발생시킵니다. 그 과정에 자금과 인력이 투입되는 것은 당연하며, 기업의 이윤을 목적으로 만들어진 공간이기 때문에 수수료가 발생할 수밖에 없습니다. 재능마켓 플랫폼을 선택하지 않으려면 직접 잠재 고객의 트래픽이 꾸준히 발생하는 공간을 찾아가야 하는데, 찾는다고 하더라도 꾸준한 활동이 필요하기 때문에 그마저도 쉽지 않습니다. 그래서 수수료를 감수하더라도 초반에는 잠재 고객이 있는 곳에서 활동하는 것만으로도 충분한 이점이 있습니다.

대부분의 플랫폼에서 저가 경쟁을 하는 경향이 있지만, 나의 디자인 서비스가 충분히 근거가 있다면 점진적인 포지셔닝의 재설정을 통해 저가 경쟁에서 벗어나는 방법을 활용할 수 있습니다. 물론 처음부터 높은 단가의 서비스를 시도하기에는 조금 어려울 수 있으니 합리적인 비용으로 디자인을 의뢰하는 것으로 시작하면 됩니다. 그리고 천천히 리뷰와 평점으로 객관적 근거를 쌓아나가면 됩니다. 리뷰와 평점을 쌓으며 이전보다 높은 금액대의 디자인 서비스로 포지션을 조금씩 이동하는 것이 상대적으로 리스크가 적은 방법입니다.

저는 플랫폼에서 디자인 서비스를 하고 있지 않지만, 강의에 집중된 플랫폼에서 수년간 원데이클래스를 운영하고 있습니다. 마찬가지로 낮은 수업료로 시작하여 리뷰를 쌓고, 서서히 전문성을 요하는 강의로 포지션을 이동하는 방법을 활용했습니다. 첫 강의 오픈 시점인 2020년도 12월에는 3시간 기준 75,000원이었던 수강료가 2023년도에 195,000원으로 상향 조정되었습니다. 리뷰를 쌓고 전문성과 강의의 질을 조금씩 발전시키며 포지션을 조정한 결과 수강생의 만족도도 더 오르고, 점차 평점과 리뷰가 쌓이며 따로 홍보 활동을 하지 않아도 수강생이 먼저 찾아오게 되었습니다.

플랫폼이 없더라도 꾸준한 의뢰가 발생하고 충분한 수입이 안정적으로 발생한다면 플랫폼을 고집할 필요는 없습니다. 상황과 필요에 따라 적절하게 활용하고, 더 이상 플랫폼을 이용할 필요성이 없어지더라도 리뷰 등의 객관적 근거를 다른 채널에서도 활용할 수 있도록 남겨두는 것도 하나의 방법입니다.

프리랜서의 세일즈

프리랜서의 세일즈
상품이나 서비스를 판매한다

세일즈는 영업입니다. 구매 전환을 목표로 하는 활동이라고 볼 수 있습니다. 마케팅 과정으로 우리의 채널(블로그, 인스타그램, 홈페이지 등)에 유입된 고객을 설득하고 구매 전환이 되도록 만드는 활동을 말합니다. 여기서 말하는 구매 전환은 프리랜서 디자이너에게는 의뢰가 발생하는 것이 됩니다.

재능마켓을 예시로 든다면, 잠재 고객(클라이언트)이 '나'의 디자인 서비스를 보고 상담을 신청하거나 디자인 서비스를 결제하게 만드는 페이지는 '세일즈'에 해당합니다. 브랜딩 과정에서 쌓인 것들과 마케팅 활동으로 유입을 만들어낸 후 직접적인 구매 전환을 일으키는 활동들은 세일즈의 영역으로 이어집니다.

유입이 발생한다고 해서 끝나면 좋겠지만 이제 시작입니다. 세일즈 페이지(서비스 상세 페이지, 랜딩 페이지, 블로그 포스팅 등의 페이지)로써 충분히 설득되어 의뢰로 이어질 수 있도록 만들어야 합니다. 디자인이 필요한 잠재 고객이 나의 서비스를 매력적으로 느끼고 그것이 의뢰로 이어질 수 있도록 만들려면 디자인 전문성, 타깃에게 적합하게 쓰인 카피라이팅, 포트폴리오의 비주얼, 다른 고객의 생생한 후기, 무료 상담과 같은 세일즈에 필요한 요소가 포함되어야 합니다. 내 서비스를 이용함으로 인해 다른 프리랜서 디자이너의 서비스를 이용하는 것보다 좋은 결과를 만들어낼 수 있다는 것을 적극적으로 어필하고 설득해야 합니다.

- **브랜딩** : 브랜드가 전달하고자 하는 것을 경험하며 인식할 수 있게 만드는 과정
  ex) 스토리, 비주얼, 가치관, 신뢰감 등
- **마케팅** : 브랜드를 알리고 잠재 고객과 연결하는 전략과 활동
  ex) 유입 유도, 상품과 서비스의 광고 활동 등
- **세일즈** : 고객에게 나의 서비스가 판매될 수 있도록 설득하는 활동
  ex) 영업, 랜딩 페이지, 상세 페이지 등

브랜딩, 마케팅, 세일즈 이 세 분야는 서로 밀접하게 영향을 주고받습니다. 브랜딩 과정이 없는데 마케팅과 세일즈 활동을 한다면 구매 전환으로 이어지지 않을 것이고, 브랜딩 과정은 있지만 알리는 활동인 마케팅이 없다면 유입 자체가 없어서 구매 전환으로 이루어지지 않을 것이며, 브랜딩과 마케팅 활동은 했지만 판매로 이어질 만한 특정한 포인트가 없다면 구매 전환으로 이어지지 않습니다. 프리랜서로서 의뢰를 받으려면 브랜딩, 마케팅, 세일즈

3가지를 정확하게 알고 적절하게 활용할 수 있어야 합니다.

간략하게 예시를 들자면 이렇습니다.

- 브랜딩 과정 X / 마케팅 활동, 세일즈 포인트 O
  → 브랜드 신뢰 부족으로 의뢰 전환 X
- 마케팅 활동 X / 브랜딩 과정, 세일즈 포인트 O
  → 적은 노출, 적은 유입으로 의뢰 전환 X
- 세일즈 포인트 X / 브랜딩 과정, 마케팅 활동 O
  → 서비스의 필요성을 못 느껴 의뢰 전환 X

프리랜서는 세일즈를 어떻게 해야 할까

유입이 발생했다면,

믿고 맡겨볼까? 하는 생각이 들도록 만들기

잘 만들어진 상세 페이지는 설득력이 있습니다. 꼭 필요하지 않은 제품도 괜히 한번 써보고 싶게 만들고, 필요하지 않아도 구입하게 만들기도 합니다. 상세 페이지를 잘 만들어야 하는 이유는 직접적으로 구매 전환을 발생시키기 때문입니다. 때문에 그냥 만드는 것이 아닌 구매 전환이 이루어질 수 있도록 기획 과정이 필수로 포함되어야 합니다.

하지만, 이런 세일즈 영역이 부족한 상태라면 어떻게 해야 구매 전환으로 발생시킬 수 있을지 쉽게 감을 잡기란 어렵습니다. 기획이 빠졌다면 세일즈 페이지를 만들어 두고 소액 광고를 돌리더라도 정작 의뢰로는 이어지지 않을 확률이 높습니다. 물론 처음부터 잘 만든 세일즈 페이지가 완성되면 좋지만, 처음 하는 것이기 때문에 잘 만들기란 어렵고, 어딘가 부실한 페이지가 될 수밖에 없습니다.

세일즈 페이지는 기획이 필요합니다. 그러므로 글이 기반되어야 합니다. 우리는 디자이너이기 때문에 상세 페이지 자체의 비주얼을 만들어 나가는 과정에는 크게 어려움을 느끼지 않는다고 전제하고, 재능마켓 플랫폼의 서비스 페이지를 기준으로 예시를 들어 설명을 이어나가겠습니다.

세일즈 페이지의 제목과 썸네일
썸네일만 봐도 전문성과 신뢰도가 보여야 합니다

유입이 발생하려면 일단 서치 중인 잠재 고객의 눈에 띄어야 합니다. 썸네일 이미지, 서비스 제목에 신경을 많이 써야 합니다. 잠재 고객들은 우리의 디자인 서비스를 유심히 보지 않습니다. 썸네일도 마찬가지고 상세 페이지도 마찬가지입니다. 관심이 생겨야 자세히 봅니다. 때문에 썸네일과 제목은 간결하고 눈에 잘 띄도록 만들어야 하는 것이 기본입니다.

　패키지 디자인이라고 가정할 때 어떤 스타일의 패키지를 디자인하는지, 내 서비스의 소구점은 무엇인지 특성을 잘 보여줄 수 있도록 만듭니다. 이미지만 보고 이런 스타일의 디자인을 하는구나 할 수 있도록 만들어야 합니다. 작업물 이미지가 아닌 소구점을 노출하고 싶다면 텍스트 이미지를 활용해 소구점을 잘 전달할 수 있도록 만드는 방법을 활용해도 괜찮습니다. 목표는 썸네일 이미지를 보고 잠재 고객의 유입을 발생시키는 것이고, 그것만 생각하면 됩니다.

　서비스의 제목에는 신뢰성과 구체성을 포함하는 것이 좋습니다. 방향성에 따라서는 혜택을 주는 제목도 좋은 방법입니다. 가령 '[어떤] 패키지 디자인 만들어 드립니다.'는 구체적이긴 하지만 그다지 전문성이 보이거나 신뢰가 가지는 않습니다. '[누구를 위한] [어떤] 패키지 디자인을 만들어 드립니다.'라는 제목은 앞의 예시보다 조금 더 구체적입니다. 혹은 '[어떤 디자이너가] [어떤] 패키지 만들어 드립니다.'가 될 수도 있습니다.

　이처럼 구체적인 표현을 더해 주는 것이 좋습니다. 다른 디자이너와 비교하여 나만의 혜택을 제공할 수 있다면 해당 부분을 제목으로 활용해도 좋습니다. 가령 인쇄 제작까지 원스톱 진행이 가능하다면 해당 부분을 노출시키거나 부담 없는 상담에 대한 부분 등을 더할 수 있습니다.

　[어떤] 디자인이라 함은 매출을 상승시킨다거나 퀄리티가 압도적이거나, 디자인의 스타일을 표현할 수 있습니다. [누구를 위한]은 우리의 잠재 고객의 눈에 띄도록 만들어 줍니다. [어떤 디자

이너는 조금 더 신뢰성을 부여할 수 있습니다. 예를 든다면 10년 경력 패키지 디자이너라면 그 이하의 경력인 디자이너보다 상대적으로 경력의 전문성에 대해서 우위를 가져가는 것입니다.

브랜딩 파트에서 언급했던 사명 선언문을 활용해서 제목과 썸네일을 만든다면 브랜드의 방향에도 어긋나지 않고 일관성이 부여된 세일즈 페이지의 썸네일과 제목을 만들 수 있습니다.

세일즈 페이지의 구성
'문제'와 '해결'을 기본으로 하라

1. 시작은 '문제'와 '해결'

'어떤 디자인을 할 수 있고, 어떤 경력을 가지고 있고…' 이런 것들을 무작위로 나열하면 '음… 그렇구나.' 정도로 받아들여 설득보다는 단순 정보 전달에서 끝날 확률이 높습니다. 옷을 구매하러 매장에 들어갔는데, 점원이 다가와 집어 드는 옷마다 '소재는 어떻고 디자인은 어떻고..' 말하면 부담스럽습니다. 부담을 주거나 자랑만 하고 있다면 구매하고 싶은 생각보다는 그 자리를 벗어나고 싶어집니다. 세일즈 페이지의 구성도 이와 같습니다. 시작은 이어지는 다음 글을 읽어볼 수 있도록 만들어야 합니다.

잠재 고객이 가진 '문제'를 어떻게 해결해 줄 수 있는지 설득을 할 수 있도록 해야 합니다. 간략한 예시를 들어 보겠습니다. '큰 비용을 투자해 상세 페이지를 제작했는데, 매출이 전혀 오르지 않았다면?'. '기획'이 문제입니다. 올바른 상세 페이지 기획이 없다면 매출은 증가할 수 없습니다. '우리는 매출이 오르는 세일즈 프로세스에 기반한 기획이 있는 상세 페이지를 만듭니다.'와 같은 고민될 것 같은 문제상황을 먼저 언급하고 그 뒤에 어떤 해결책을 가지고 있는지 덧붙인다면 문제를 고민하고 있는 잠재 고객은 다음 글을 읽어볼 확률이 조금 더 높아집니다.

그 뒤에 의뢰를 추천하는 고객과 의뢰를 추천하지 않는 고객을 구분해서 추천과 비추천으로 보여준다면, 나에게 의뢰를 할 만한 잠재 고객에게 조금 더 확신을 줄 수 있는 효과가 있습니다. 마찬가지로 의뢰를 하지 말아야 할 고객을 걸러주는 효과도 기대할 수 있습니다. 잘할 수 있는 것을 강조해서 어떤 분들에게 도움이 될 수 있을지, 내 고객은 어떤 고민을 하는 사람들인지 충분히 고민한 후에 작성하는 것이 좋습니다.

2. 구체적 증명

다음 단계로는 문제 해결을 할 수 있는 자격과 역량이 충분하다는 구체적인 사실을 보여주는 것으로 이어나갈 수 있습니다. 구체적인 경력 사항, 진행했던 프로젝트의 실적 사례, 클라이언트의 규모 등을 언급할 수도 있습니다. 기존 디자인 업체들의 문제점을 포함하고, 어떻게 다른 디자이너보다 좋은 디자인을 할 수 있는지 말하는 간략한 스토리가 될 수도 있습니다. 구체적인 사례가 있다면 이를 플랫폼의 성격에 맞게 작성하여 활용할 수도 있습니다.

가능한 구체적인 숫자로 표현되는 증거를 활용하면 좋습니다. 대기업의 디자인을 몇 번 했다, 몇 년 했다 혹은 어떤 회사에서 어떤 디자인을 몇 년 했던 경험과 같은 숫자로 표현되는 항목들을 넣게 된다면 훨씬 설득력이 있습니다. 예를 들어, 실제 진행했던 상세 페이지를 이전의 디자인과 비교했을 때 매출이 얼마나 늘었는지 비교가 되는 수치가 있다면, 매출을 상승시키는 상세 페이지를 만든다고 말만 하는 디자인 서비스와 비교했을 때 훨씬 강한 설득이 됩니다. 이처럼 구체적인 증명이 가능한 것이 있다면 적극 활용하는 것이 좋습니다.

3. 자주 묻는 질문

디자이너가 아닌 잠재 고객들은 디자인을 어떻게 의뢰해야 하는지, 디자인을 할 때는 어떤 것이 필요한지, 어떤 과정으로 이루어지는지 잘 모를 수 있습니다. 디자인에 필요한 준비 자료, 소통 방법, 저작권에 대한 안내, 시안 선택 안내, 구체적인 작업 방식 등에서 필요한 부분들 혹은 다른 디자이너와는 조금 다른 소구점, 클라이언트가 잘 모르거나 의뢰를 하기 어려워하는 부분을 선택하여 작성하면 됩니다.

의뢰를 망설이게 되는 부분에 대해서 장애물을 조금 없애주는 것을 목표로 합니다. 세일즈 페이지를 보는 잠재 고객은 꼼꼼히 읽지 않습니다. 남들처럼 단순 설명을 나열하여 표현하는 것보다 FAQ(Frequently Asked Questions, 자주 묻는 질문) 구성으로 작성하는 것이 조금 더 읽기 편합니다. 예를 든다면 '문의하기, 접수하기, 시안 제공…' 이렇게 나열하는 것보다 디자인이 진행되는 전체 프로세스 순서대로 실제 의뢰를 진행할 때 의뢰자가 헷갈려하거나 어려워하는 부분들을 FAQ로 구성한다면, 잠재 고객 입장에서 조금 더 이해하기가 편합니다.

4. 포트폴리오

디자인 서비스에 가장 부합하고 잘 된 포트폴리오를 상단에 노출합니다. 최상단에는 최대한 완성도 높은 작업물을 활용하고 숫자 채우기용이나 퀄리티가 조금 떨어지는 것은 최대한 뒤쪽으로 배치해야 합니다. 숫자가 많아 다소 길어도 괜찮습니다. 너무 많거나 적은 것은 좋지 않지만, 적당히 긴 정도라고 느껴지면 충분합니다.

다만, 상세 페이지의 포트폴리오에 긴 문장을 넣는 것은 추천하지 않습니다. 서비스에 대한 내용을 텍스트로 이미 작성한 상태라면 포트폴리오 이미지에서 디자인마다 반복되는 설명을 넣어주는 것은 큰 의미가 없습니다. 길고 장황한 글은 넣어도 읽는 사람이 거의 없기 때문에 이보다는 목업을 활용하여 실제 디자인의 적용 예시들로 구체적인 디자인을 보여주는 것이 유리합니다. 앞에서 설득을 했다면, 뒤에서는 확신을 주어야 합니다.

세일즈는 단순 판매가 아닙니다
설득하는 세일즈를 하라

우리는 설득의 과정들을 많이 경험했습니다. 당장 필요하지 않은 물건도 구입했던 경험이 있고, 영업 전화에 짜증을 내며 끊어버리는 경험도 충분히 했습니다. 클라이언트와 소통하고 설득하는 과정도 이미 여러 차례 경험했습니다. 디자인 서비스를 오픈하고 의뢰로 이어지는 과정도 잠재 고객을 설득하는 과정입니다. 지금 당장 잘 모르겠더라도 충분히 잘할 수 있습니다.

아마도 영업사원이 초면에 다짜고짜 '이 서비스 좋으니 이용해 보세요.', '이 상품 좋으니 이용해 보세요.'와 같은 말을 한다면 구매할 사람은 거의 없을 겁니다. 필요 없는 대출 권유 전화와 보험 가입 전화도 마찬가지입니다. 이는 우리의 디자인 서비스도 마찬가지입니다. 우리는 판매에 집중을 하기보다 신뢰를 만들 수 있는 설득을 먼저 해야 합니다.

디자인 서비스를 오픈하기 전에 잘 되는 사람들은 어떤 사람들인지, 그들의 글을 분석해 보고, 그들이 어떤 포트폴리오를 보여주는지, 평점이 낮다면 왜 낮은지 하나하나 분석해 봐야 그들이 어떻게 잠재 고객을 설득하는지 알 수 있습니다. 끊임없이 의뢰를 받는 사람은 이유가 있습니다. 우리가 분석해 보는 잘나가는 프리랜서의 세일즈 페이지는 시간이 흐르는 동안 계속된 업데이트를 했을 것이며, 우리는 그 결과물을 보고 있는 것입니다. 그 페이지들에서 좋은 것은 취하고, 나쁜 것은 피해야 잘 만들 수 있습니다. 어떻게든 전문성을 판매하려는 프리랜서가 아닌 내 고객을 설득하는 디자이너가 되었으면 좋겠습니다.

프리랜서 팁 - 견적

추가 수정
이거 조금만 더 수정해 줄 수 있을까요?

디자인을 하다 보면 디자이너 입장에서는 별것 아니고 금방 끝낼 수 있는 일들이 있습니다. 정말 별것 아니라 추가 비용을 받기도 애매하고 안 받기도 애매한 그런 상황들입니다. 예를 들어 저번 작업에서 명시된 사양과 수정이 필요한 부분의 사양이 달라서 글자 몇 개 수정하는 그런 상황들입니다. 단순 이미지를 변경하는 그런 수정이 될 수도 있죠. 문제는 아무리 작은 부탁이라고 해도 당시의 작업물을 찾고 디자인 프로그램을 열어서 직접 수정을 해야 하는 수고로움과 시간이 들어갑니다. 아무리 글자 하나, 점 하나를 수정하는 일이라 해도 마찬가지입니다.

디자이너 입장에서는 최종본에서 파일을 하나 더 만들어서 간단한 수정 후에 이미지 파일로 전달하거나, 인쇄 제작물일 경우에는 아웃라인 파일을 하나 더 만들어서 전달만 해주면 끝나는 일입니다. 정말 길게 책정해 봐야 10~15분 정도 걸리는 일입니다. 하지만 클라이언트 입장에서는 디자이너가 수정을 하지 않으면 안 되는 일입니다.

제 경우 정말 간단한 수정을 해야 하는 상황이 발생한다면 문장 하나 정도를 덧붙이고 그냥 해드립니다. '종료된 건은 어떠한 수정이라도 비용이 발생하지만, 이번만 그냥 해드리겠습니다.' 정도로 덧붙이고 짬이 나면 수정해서 전달드립니다. 어려운 일도 아니고 종료된 건은 비용이 발생한다는 사실을 재전달하기도 했으며, 도움을 주었다는 사실이 남기 때문입니다.

다만, 먼저 '해드릴게요.'로 말하면 안 됩니다. 뱉은 말이 있기 때문에 무르기 난처해지는 경우도 발생할 수 있기 때문이죠. 간단한 디자인 수정이라고 말한다면 해당 수정에 대한 내용만 전달받고 진행해야 합니다. 처음에는 간단한 수정이라고 하더라도 부탁 좀 한다며 하나씩 추가하여 이것저것 수정하는 상황도 발생할 수 있기 때문에 먼저 정확히 확인해 보고 수정을 해야 합니다. 시간이 오래 걸리는 다소 무리하고 호의를 넘어선 수정 요구라면, 명확하게 선을 긋고 기준을 정해놓은 수정료를 적용하여 앞으로 발생할 비용에 대해 정확히 전달을 해야 억울한 수정을 피할 수 있습니다.

의뢰를 진행하기 전 먼저 전달하는 견적서에는 항상 수정 횟수와 수정료를 기입하시기 바랍니다.

즐겁게 일할 수 있는 금액 제안하기
휘둘리지 않기

　프리랜서로 독립했다는 말을 하면 지인을 통해 소개를 받기도 하고 지인이 직접 의뢰를 하기도 합니다. 즐겁게 일할 수 없는 의뢰의 많은 경우는 친분을 내세운 지인의 부탁으로 낮은 금액에 외주를 시작하는 경우에 상당수 발생합니다. 계속된 무리한 부탁과 낮은 금액으로, 봉사 수준이지만 인간관계 때문에 해결하지 못하고 힘들어하는 디자이너를 많이 봐왔습니다.

　지인의 부탁이라는 명목으로 의뢰를 받는 것은 비즈니스로 정당하게 가치를 교환하는 것이 아닌 친분을 앞세운 부탁으로 어느 정도의 수고비를 준다는 점이 조금 다릅니다. 친한 지인의 부탁은 지인과 디자이너 둘 중 하나는 불만이 생기는 경우가 많기 때문에 권장하지 않습니다. 개인 대 개인의 부탁과 일로써 받는 부탁은 많이 다릅니다. 친분이라는 것이 있기 때문에 무리한 부탁도 제대로 거절하지 못하고 울며 겨자 먹기처럼 일을 해주는 경우가 발생할 수도 있고, 만약 문제가 발생한다면 친했던 지인과 멀어지는 일도 생기죠.

　앞선 예시에서 만약 지인이 충분한 금액을 제안했다면 아마도 더 열심히, 즐겁게 일했을 겁니다. 수정이 조금 많아도 그럴 수 있는 일이고, 소통이 다소 원활하지 않더라도 이해할 수 있습니다. 디자인 작업이 종료된 이후에도 추가적인 가벼운 부탁 정도는 기분 나쁘지 않게 들어줄 수 있습니다.

　이는 지인의 부탁이 아닌 일반적인 의뢰도 똑같습니다. 동일한 디자인 작업이라고 가정했을 때 300만 원을 버는 경우와 50만 원을 버는 경우에는 당연히 300만 원을 버는 경우가 훨씬 즐겁게 일을 할 수 있습니다. 낮은 금액으로 밤낮없이 일하면 누구라도 일하기 싫어집니다. 문제는 견적 네고를 들어주는 경우가 많다는 점입니다. 견적 금액의 네고는 부득이한 경우에만 상호 협의에 따라 진행하는 것이 맞습니다. 내 기준으로도, 객관적으로도 적당한 견적 금액인데 클라이언트의 비싸다는 말에 먼저 나서서 더 저렴하게 해주며 하자는 대로 휘둘리다 보면 앞으로도 즐겁게 일하기는 힘듭니다.

견적에는 디자인 결과물만 포함되는 것이 아닙니다
상담, 소통, 미팅, 수정, 감리 등

우리는 디자인만 하고 디자인의 결과물에 대한 대가만 받는 것이 아닙니다. 의뢰 전 단계에서는 상담을 하고, 디자인이 시작되었다면 소통을 하며 일을 합니다. 경우에 따라서는 미팅을 가기도 하고, 디자인 작업뿐만 아니라 인쇄 감리를 가기도 합니다. 마찬가지로 디자인의 수정도 해야 합니다. 디자인 결과물이 나오게 되는 과정까지 견적에 포함되는 겁니다.

예전에 샘플북 작업을 진행한 적이 있습니다. 메인 디자인이 하나 선정되면 나머지 종류의 샘플 시리즈도 일괄로 적용하여 작업하는, 다소 어렵지 않은 디자인 작업이었습니다. 미팅은 한 번 정도만 하면 충분하다고 생각했지만 결과적으로는 4번이나 진행했죠. 이유는 은박, 홀로그램박, 부분 코팅이 한 번에 적용되기 때문에 샘플로 제작하여 후가공을 직접 같이 보고 결정하자는 것이었습니다.

미팅 때문에 왔다 갔다 하는 물리적인 시간이 발생되었고, 내지의 수정에 필요한 내용을 요청하면 2~3일 뒤에나 전달을 받을 수 있었습니다. 미팅은 어쩔 수 없이 진행했다고 하더라도 범위를 벗어난 과도한 수정 요청에 진땀을 빼기도 했고, 추가 금액 발생에는 화를 내는 클라이언트의 태도에 어쩔 수 없이 작업의 마무리는 하되 좋지는 않게 끝냈던, 저에게는 최악의 의뢰 경험 중 하나입니다.

디자인 외의 활동에는 당연하게도 물리적인 시간이 필요합니다. 진행 중인 디자인 작업을 잠시 멈추고 소통을 위한 전화를 하거나, 조금은 갑작스러운 미팅을 하게 되는 것도 모두 포함됩니다. 또한 한 번에 정리된 디자인을 하기 위한 자료를 전달받는 과정에서 누락되는 것들을 요청하고 기다리는 것도 모두 포함됩니다. 물리적인 시간이 필요한 활동 변수들을 고려해서 견적을 내야 합니다.

같은 디자인을 하더라도 회사의 규모에 따라 다릅니다
대기업의 디자인 예산과 영세 업체의 디자인 예산

물론 퀄리티의 차이가 있는 것은 당연하지만, 동일한 패키지 디자인이라고 가정했을 때 클라이언트의 기업 규모에 따른 가용 예산은 차이가 날 수밖에 없습니다. 패키지라고 가정한다면 동일한 디자인이더라도 100,000 ~ 1,000,000개 이상 제품을 만들어 내는 클라이언트와 기본 수량 1,000 ~ 10,000개 정도를 제작하는 클라이언트의 경우는 디자인의 단가에서 큰 차이가 납니다.

현재 저는 제 사업에 필요한 것만 직접 디자인 작업을 하고 따로 외주를 받지는 않습니다. 리터칭의 경우에는 종종 소개를 받거나 개인 채널에서 직접 문의가 오는 경우, 만족할 만한 금액일 경우에만 외주를 받고 있습니다. 경험상 규모에 따른 가용 예산의 차이는 디자인과 리터칭 둘 다 비슷했습니다. 대체적으로 영세 업체일수록 리터칭 장당 단가에서 몇 천 원, 몇 만 원 차이를 두고 예산에 비해 견적이 높다는 이유로 진행하지 않는 경우가 많았습니다.

개인적인 경험을 통한 의견이지만 대체적으로 일정 규모 이상의 회사에서 문의가 오는 경우에는 소속과 직급 등을 먼저 밝히고 문의를 하는 경우가 많았으며, 상담 과정에서의 매너도 좋은 편이었습니다. 규모가 작아질수록 반대의 경우가 많았고 견적에 매우 인색한 경우가 상당수였으며, 소위 말하는 진상 클라이언트의 비율이 상대적으로 높았습니다.

견적을 낼 때에는 클라이언트 회사의 규모, 사용 용도 등의 정보가 있어야 조금 더 높은 견적 금액을 제안할 수 있을지 판단할 수 있습니다. 좋은 기회에 회사의 규모가 큰 클라이언트와 일하게 된다면 규모와 가용 예산까지 예상해 보고, 해당 부분을 고려하여 견적을 내는 것도 방법입니다. 만약 지인을 통해 진행하는 경우에는 가용 예산을 먼저 언급하고 진행하는 경우도 있으므로 가용 예산을 미리 알아내는 것도 방법입니다.

디자이너라면 견적서도 디자인하기

깔끔하게 정돈된 견적서와 누가 봐도
다운로드받은 양식은 느낌이 다르다

프리랜서라고 하면서 제대로 된 견적서 양식 없이 견적 요청이 오면 그제서야 부랴부랴 검색하고 다운받아서 사용하는 분들이 의외로 많이 있습니다. 항목을 기입하는 것도 뭔가 엉성하고 견적서 파일의 디자인도 굉장히 엉성합니다. 견적서를 받는 사람 입장에서 디자이너라고 하는 사람의 견적서 디자인이 엉성하면 신뢰도가 떨어지는 느낌을 받을 수도 있습니다.

포토샵, 일러스트로 하는 디자인과 다르게 엑셀에는 디자인을 위한 기능이 그다지 없습니다. 셀에 컬러를 넣는 것, 텍스트에 색상을 변경하는 것, 몇 가지의 선 두께와 여백을 지정할 수 있는 것이 전부입니다. 수식도 매우 간단한 것만 필요하기 때문에 시간이 오래 걸리지는 않습니다. 1~2시간 정도 들여서 나만의 견적서 양식을 만들어 두는 것을 추천합니다.

'이 디자이너는 뭔가 조금 다른데?' 하는 느낌은 아주 사소한 것에서도 전달할 수 있습니다. 시간이 조금 더 남는다면 계약서도 깔끔하고 읽기 좋게 정돈해서 기본 양식을 하나 만들어 두시기 바랍니다.

프리랜서 팁 - 진상 대응

피할 수 없는 진상
그렇다고 즐기지는 맙시다

일을 하다 보면 다양한 유형의 진상들이 있습니다. 그리고 안타깝게도 진상은 마주칠 수밖에 없습니다. 진상의 유형은 정말 다양합니다. 반말로 하대하는 클라이언트, 본인의 사업에 필요한 디자인인데 알아서 하라는 말 이후에 마음에 안 든다는 말만 되풀이하며 수정을 요구하는 클라이언트, 무조건 빨리 해달라는 클라이언트, 결제를 미루는 클라이언트 등 다양하게 디자이너들을 힘들게 합니다.

우리는 클라이언트의 디자인을 대행해 주는 일을 합니다. 계약서를 쓸 때에도 '용역 계약서'를 작성하죠. 생산된 제품을 판매하는 것이 아니기 때문에 제품 판매와 다르게 하나의 디자인 프로젝트가 마무리될 때까지 고객인 클라이언트와 상대적으로 긴 호흡으로 소통을 이어나갑니다. 진상 클라이언트와 함께 일을 시작한다면, 정말 하기 싫더라도 의뢰가 마무리될 때까지 함께해야 하는 상황이 될 수밖에 없기 때문에 스트레스를 정말 많이 받습니다.

충분한 경험이 있다면 효과적으로 대응하거나 의뢰를 받지 않는 것으로 미연에 방지할 수 있겠지만, 프리랜서를 시작한 지 얼마 되지 않은 초보 프리랜서 분들은 대처하기가 쉽지 않습니다. 그래서 커뮤니티에서도 처음 겪는 상황에 고민하다 상담을 요청하는 분들이 종종 계시기도 합니다. 이번 파트에서는 문제 상황을 미연에 방지하거나 대처할 수 있는 방법 몇 가지를 소개하고자 합니다.

간단한 디자인이라는 말에 속지 말 것
명함 한 장도 간단하지 않다

디자이너들은 알고 있습니다. 명함 한 장을 디자인하는 것에도 정말 많은 고민을 합니다. 로고도 마찬가지죠. 간단하게 로고 하나만 만들어주는 건데 그걸 몇십만 원의 비용을 받냐는 말을 하기도 합니다. 그럼에도 우리는 단호하게 거절해야 합니다. 제 경우에도 주변 대표님들에게 부탁을 가끔 받지만 정말 간단한 호의 정도의 작업인 것 외에는 전부 거절합니다.

디자이너라고 하면 가장 많이 부탁받는 일이 명함 아니면 로고가 아닐까 하는 생각이 듭니다. 저도 마찬가지로 가장 많은 부탁을 받았던 일이기도 하고 주니어 디자이너 때까지는 밥 한 끼, 술 한 잔 얻어먹는 것으로 부탁을 들어주기도 했습니다. 하지만 프리랜서로 독립을 했다면 이제 그런 부탁을 받을 때는 지났습니다. 제 경우에 지금은, 간단한 건데 부탁 좀 하자고 하면 친분에 상관없이 비용 안내를 합니다. 그리고 왜 그 비용이 산출되는지 설명을 합니다. 언제나 그렇듯이 설명 후에는 그 '간단한' 디자인 부탁이 없었던 일이 됩니다.

'간단한' 디자인은 개인적인 부탁에서도 자주 있는 일이지만 디자인 문의에서도 흔히 볼 수 있습니다. '간단한'이라는 단어는 어디에나 붙을 수 있습니다. 상세 페이지 디자인의 문의에도 '간단한' 상세 페이지, 로고 디자인 문의에도 '간단한' 로고 디자인, '간단한' 리플릿, '간단한' 랜딩 페이지 등등 어떤 디자인에도 동일하게 붙일 수 있습니다. 상담 단계에서 '간단한'이라는 단어가 나온다면 경계하시는 것이 좋습니다. 간단하다고 해서 원래의 단가보다 저렴하게 받으면 내 디자인의 가치를 내가 낮추는 셈입니다. 그리고 높은 확률로 전혀 간단하지 않은 디자인을 하게 됩니다.

네고왕 유형
다른 곳에서는 얼마던데요?

패션 브랜드 매장에서 시장에 비슷한 티셔츠가 한 장에 만 원인데, 왜 여기는 십만 원이냐고 하는 사람은 없습니다. 보통은 이유가 있어서 비싼 것을 알고 있습니다. 디자인에는 왜 이리 단가가 비싸냐고 하는 질문이 많은지 답답하지만, 프리랜서는 개인이며 디자인 전문 회사에 비하면 상대적으로 단가가 낮은 디자인을 주로 하는 것이 현실입니다. 그렇기 때문에 세일즈 페이지에서 네고를 방지할 수 있는 글을 추가하여 일종의 방지 장치를 만들어 두거나, 상담 단계에서 안내할 수 있는 가이드를 준비하는 것이 현실적인 방법입니다.

견적 네고의 가장 많은 유형입니다. 앞서 언급했던 것처럼 간단한 디자인이니 매우 저렴하게 부탁한다거나 다른 곳은 얼마인데 이 단가에 해주면 안 되냐는 문의가 옵니다. 이런 경우에는 근거를 들어 해당 단가에는 불가능하다는 안내를 하는 것이 최선입니다. 내 고객이 아니라고 가정하고 살짝 밀어내는 방법입니다. 분명 포트폴리오, 경력 사항 등을 확인하고 연락을 한 것인데, 다른 곳과 비교를 꺼낸다면 단순 찔러보기일 가능성도 있기 때문입니다.

단발성 의뢰가 아닌 앞으로도 쭉 맡긴다는 말을 하는 경우도 있고, 이번에는 예산이 부족해서 다음에 조금 더 챙겨드린다는 말을 하기도 하지만, 믿지 않는 것이 좋습니다. 일단 저렴하게 진행하고, 다음 의뢰에도 직전에 진행했던 단가를 언급할 확률이 높습니다. 그리고 다른 디자이너를 찾아 같은 레퍼토리를 사용할 가능성을 염두에 두시는 것이 좋습니다. 경험상 친분이 있는 대표님들의 다음에 더 챙겨준다는 말도 잘 믿지 않습니다. 주변의 경험들도 마찬가지고 제 경험도 역시 마찬가지입니다. 사업에서는 도장 찍은 것 아니면 쉽게 믿어서도 안 되고 믿을 필요도 없습니다.

- **상담 이전의 네고** : 우리와 함께 할 고객을 명확하게 명시하여 네고 방지하기

- **상담 단계의 네고** : 근거를 통한 네고 불가 안내문을 미리 만들어 두기
- **최종 산출물 인도 이전 or 이후 네고** : 현재 진행 건은 협의된 금액으로 진행하되, 반복되는 네고 부탁을 한다면 다음번 의뢰 때 네고 가능성 언급하기

서비스 유형
쉬운 거니까 이것도 좀 해주세요

제 경우는 재택과 파견을 병행하며 진행하는 비교적 장기 프로젝트를 많이 진행했던 편입니다. 장기 프로젝트이기 때문에 프로젝트 중간중간에 클라이언트가 요청하는 일은 업무 외 영역도 어느 정도는 해드리는 편입니다. 일정 기간을 두고 계약을 하기 때문에 계약된 업무 영역이 아니더라도 일정 부분은 충분히 해드릴 수 있다고 생각하기 때문입니다.

문제는 단발성 의뢰인 경우입니다. 예를 들어 상세 페이지를 의뢰받은 경우에는 관련된 배너 정도는 서비스 개념으로 할 수 있습니다. 로고의 경우에도 명함 디자인 정도는 서비스 정도로 충분히 가능한 범위입니다. 그러나 의뢰받은 디자인과 관련 없는 다른 제품의 이미지를 여러 장 전달하며 보정을 부탁하거나 다른 상세 페이지의 이미지에서 글자를 바꿔달라는 등의 명백하게 업무 외 영역을 부탁하는 클라이언트들이 있습니다.

서비스의 부탁이 아닌 강요가 되더라도 무조건 안 된다고 단호하게 하기보다는 최대한 유연하게 대처하시는 게 좋습니다. 계

약서에 작성된 업무 범위 혹은 세일즈 페이지에 기재되어 있는 내용을 먼저 안내해 드리면 됩니다. 예를 든다면 이런 안내입니다. "서비스 개념으로 간단한 배너 정도는 해드릴 수 있으나, 다른 부분인 경우에는 물리적인 작업 시간이 발생하기 때문에 추가 견적이 필요합니다. 해당 건에 대해서 추가 견적 전달드릴까요?" 친절하게 안내해 주시고 융통성 있게 대화를 이끌어 나가는 것이 좋습니다.

돈 떼먹는 유형
결제할 때가 되면 잠적하는 클라이언트

계약서를 작성하지 않는 경우에 이런 일이 발생한다면 해결하기 힘듭니다. 그러니 이 경우에는 문제가 발생할 것을 사전에 방지하는 것밖에 방법이 없습니다. 메시지나 이메일 등으로 간략하게나마 구두 계약 내용을 주고받은 것이 아니라면 해결하기 어렵기도 합니다. 이런 상황이 발생하면 이런저런 사례를 찾아보지만, 해결 방법을 찾았다고 해도 여간 귀찮은 일이 아닐 수 없습니다.

돈을 안 주는 클라이언트는 정말 최악의 진상 유형입니다. 저도 마찬가지로 여러 번 당해봤습니다. 아직까지 받지 못한 돈이 있지만, 인생 수업료라 생각하고 있죠. 이런 유형의 클라이언트들은 계약서를 쓰건 말건 일단 무작정 결제일을 마음대로 미뤄버립니다. 온갖 핑계가 다 나옵니다. '다른 곳에서 결제를 못 받아서 받는 대로 입금하겠습니다.', 'OTP가 지금 없어서 입금이 어렵습니다.' 등의 핑계를 대며 미루는 경우도 있고, 연락을 안 받는 경우도 있습니다.

돈 못 줄 거면 일을 왜 시킨 건지 이해가 안 가지만, 작업물은 작업물대로 받아보고 돈을 안 주려는 클라이언트는 의외로 많습니다. 일해주고 한 푼도 못 받는 일을 방지하려면 100%는 아니더라도 가능한 선금을 받고 시작해야 합니다. 저는 보통 계약서를 작성할 때 선금 50%, 잔금 50%로 기입합니다. 추가로 계약서를 작성할 때에도 정확한 금액과 입금 날짜까지 작성해 두는 것이 문제가 발생했을 때 증거가 됩니다.

<디자인 용역 계약서 대가의 지급 항목 예시>

- **착수금(계약금)** : 50%, 계약 완료 후 3일 이내 지급
- **잔금** : 50%, 최종 인도물 검수 완료 후 3~7일 이내 지급

계약서가 확실하게 작성된 경우라면 문제가 발생하더라도 해결이 가능하지만, 처음 진행하는 곳이고 구두계약을 한 경우에는 확실하게 믿을만한 규모를 가진 회사가 아니라면 어떤 작업을 하더라도 절대 최종 파일은 넘겨주면 안 됩니다. 인쇄물이라면 저해상도(100~150dpi), 워터마크를 삽입하여 전달하고, 웹용 디자인도 마찬가지로 72dpi보다 낮은 해상도로 변환하고 워터마크를 삽입하여 전달합니다. 본 작업과 시안 과정 구별 없이 동일하게 하면 됩니다. 입금 전까지 디자인을 사용하지 못하도록 만들어서 전달해야 합니다.

계약서가 없다면 가능한 의뢰를 시작하지 않는 것이 좋습니다. 저 역시 마찬가지로 정말 믿을만한 회사가 아니라면 계약서는 필수로 작성하고 있습니다. 최근에는 간편하게 계약을 마칠 수 있는 전자계약 서비스도 잘 되어있고, 동일한 법적 효력을 가지고 있으니 전자계약서로 사용할 수 있는 양식을 만들어 두고 활용하시길 추천드립니다.

알아서 해주세요 유형
디자이너는 독심술사가 아닙니다

"레퍼런스요?? 방향성요?? 돈 주고 맡기는 건데 제가 그것까지 알아봐야 하나요?" 생각보다 많은 유형의 진상 클라이언트입니다. 디자이너가 알아서 해주면 마음에 안 든다고 갈아엎을 확률이 너무 높습니다. 본인이 어떤 것을 원하는지 모르는 상태라고 하더라도 디자이너에게 맡기면 자동으로 마음에 쏙 드는 디자인이 나오는 것으로 착각하는 분들도 계시지만, 당연하게도 디자이너는 독심술사가 아닙니다.

'알아서 해주세요.'를 방지하는 방법은 디자인에 필요한 내용을 요청하는 안내 문구나 설문 내용을 미리 만들어두면 됩니다. 의뢰를 받는 과정에 나만의 프로세스를 만드는 겁니다. 이 방법은 '심플한데 화려하게, 모던한데 컬러풀한' 유형의 클라이언트도 대응할 수 있습니다. 또한 찔러보기식의 의뢰 문의와 상담 단계부터 비협조적으로 대응하는 클라이언트를 피할 수 있는 장점도 있습니다.

<로고 디자인 의뢰 설문 예시>

- **사업체, 제품 or 서비스의 정보**

    1. 현재 운영 중인 사업체의 상호(또는 브랜드 이름)는 무엇인가요?

    2. 주요 경쟁사가 있다면 작성해 주세요.

    3. 경쟁 업체와 차별화되는 장점이 있다면 무엇인가요?

    4. 주 고객층의 연령대와 성별은 무엇인가요?

- **디자인 설문**

    1. 선호하는 브랜드는 무엇인가요?

    2. 원하는 컬러는 어떤 색상인가요?

    3. 로고에 담고 싶은 의미(슬로건 등)를 작성해 주세요

    4. 좋아하는 서체(고딕체, 명조체, 손글씨체 등)가 있다면 무엇인가요?

    5. 디자인의 결과물에 바라는 점이 있다면 무엇인가요?

    6. 원하는 방향성의 레퍼런스 이미지 3장만 간단한 설명과 함께 전달 부탁드립니다.

해당 내용은 단발성 작업인 로고 디자인의 설문 예시입니다. 디자인을 시작할 때 알아야 할 내용들을 작성하여 메모장에 저장해두고 필요에 따라서 안내문을 전달하면 됩니다. 해당 방법은 의뢰가 작은 규모의 단발성인 경우에 활용하면 좋습니다. 안내문을 전달해도 디자인에 필요한 필수 사항조차 제공하지 않는 클라이언트와는 일하지 않는 것이 좋습니다.

무한 수정 유형
시도 때도 없는 수정 요청

디자이너의 숙명 중 하나가 수정입니다. 한 번에 수정 내용을 정리해서 전달하면 괜찮지만 이런 분들의 특징은 카톡이나 문자 등의 메시지로 어디 어디 고쳐달라는 말을 합니다. 가끔은 전화로 어떻게 수정을 해달라는 경우도 있습니다. 또 다른 특징은 시도 때도 없는 수정 요구입니다. 한 번에 정리해서 전달해 달라는 말을 무시하고 점심시간, 업무 종료 시간 이후, 주말처럼 업무 시간이 아닌 시간에도 마구 연락을 해서 수정을 요구한다면 확실한 진상 클라이언트입니다.

개인 프로젝트가 아닌 돈을 받고 일하는 디자인이라면 수정은 피할 수 없습니다. 하지만 피할 수는 없어도 줄이는 방법은 있습니다. 단, 아래의 2번 항목의 경우에 에이전시 또는 인하우스 디자인팀과 협업 등 일정 기간의 정함이 있는 계약, 프로젝트에 참여하여 진행하는 경우에는 적용하기 힘들 수 있습니다. 로고, 상세페이지, 패키지 등 단발성의 비교적 작은 규모의 의뢰에 적용할 수 있는 방법입니다.

1. 수정의 룰 만들기

수정 사항은 한 번에 정리해서 전달해달라는 안내를 정확히 해야 합니다. 그리고 되도록 이메일을 통해 전달받는 것이 좋습니다. 수정 내용을 토대로 디자이너가 수정된 파일을 전달할 때는 파일명에 날짜와 수정 횟수를 표기하여 전달합니다. 간단한 수정이라고 하더라도 한 번 전화로 응대해 주면 시도 때도 없이 계속 전화가 올 수도 있습니다.

2. 디자인 계약서에 수정 항목을 구체적으로 표기하기

보통 수정은 3회 정도, 이후에는 수정 1회당 비용 발생을 표기합니다. 전체 디자인 영역 30% 이내 금액, 50% 이상 수정은 재작업으로 간주하여 50% 디자인 비용 추가 등을 표기합니다. 텍스트 수정의 경우에는 단 한 글자를 수정한다고 하더라도 수정료를 명시해야 불필요한 수정을 피할 수 있습니다.

빨리빨리 유형
디자이너는 3분 카레가 아닙니다

제 첫 사수는 이런 말을 했습니다. '빨리해주면 버릇 나빠져'
한국 사람 빨리빨리, 디자인도 빨리빨리를 외치는 클라이언트가 많습니다. 조금은 여유 있게 데드라인을 정할 수 있다면 좋겠지만, 언제나 그렇듯 클라이언트의 사업에 필요한 디자인은 급하게 필요한 경우가 많습니다. 프리랜서 디자이너 분들의 불만 사항에 항상 등장하는 내용이 있습니다. 디자인을 의뢰할 때에는 타이트한 일정을 원하지만 정작 자료를 요청하면 차일피일 미루기 일쑤고 그마저도 늦게 전달해 주면서 결과물은 빨리 받아보고 싶다고 말씀하시는 분들이 많다는 불만입니다.

빨리빨리 작업이 끝나고 빨리 의뢰가 끝나면 좋지만, 빨리 끝난다고 해서 일을 덜할 것이라는 생각은 조금 내려두셨으면 좋겠습니다. 디자이너가 밤을 지새우고 열심히 해서 빨리해준다고 해도 클라이언트는 더 빨리를 외치는 경우가 많습니다. 프리랜서가 아닌 회사에서 일을 하더라도 마찬가지입니다. 예상보다 빨리 끝낸 디자인의 확인용 파일을 전달하는 순간 눈에 불을 켜고 수정 사항을 찾아서 수정을 요청하는 경우가 발생할 수 있습니다.

빨리해달라고 하더라도 절대 빨리 전달하는 것은 금물입니다. 첫 시안 전달 예정일이 3일 뒤, 오후 3시에 시안을 전달하기로 했다면 오늘 시안 작업이 완료되었다고 하더라도 바로 전달하면 안 됩니다. 제일 적당한 시간은 3일 뒤, 오후 2시 ~ 2시 30분 정도입니다. 앞서 언급했던 것처럼 빨리 전달하면 디자인이 빨리 되는 줄 알고 더 무리한 요구를 할 가능성이 높아집니다. 다음 의뢰 때는 이런 말을 할 수도 있죠. '저번에는 하루 만에 시안 전달주셨는데, 이번에는 왜 삼일이나 걸릴까요?'

인쇄물이라면 급하게 작업하다가 오탈자 등으로 인쇄 사고가 발생할 확률이 높습니다. 인쇄가 아니더라도 퀄리티가 나빠지는 원인이 될 수 있습니다. 사고를 방지하려면 상담 단계에서 너무 급한 일정의 의뢰는 되도록 피하는 것이 좋습니다. 그리고 협의 단계에서는 가능한 변수를 고려하여 양 측에서 수용 가능한 일정으로 데드라인을 정하는 것이 우선입니다. 데드라인을 지키지 못하는 것은 프로로서 절대 하면 안 되는 일이기 때문에 하루라도 더 여유 시간을 만들어야 한다는 것을 기억해야 합니다.

그럼에도 빨리빨리를 원한다면 꺼낼 수 있는 카드는 '급행료' 입니다.

빨리빨리 해달라고 해서 야근에 철야까지 추가되는데 그 시간에 대한 보상 없이 무상으로 일해주는 것은 당연한 일이 아닙니다. 급행으로 일 처리를 하면 야근을 할 확률이 높습니다. 정도가 심하다면 철야까지 하는 일이 발생할 수도 있는데, 야근하고 철야 하는 건 추가 비용이 발생하는 게 당연합니다. 주말에도 마찬가지입니다. 야근하면 야근수당이 괜히 붙는 게 아닙니다. 프리랜서는 포괄임금제가 아닙니다.

금요일 늦은 시간이나 주말에 연락해서 월요일 오전까지 달라는 얘기를 하는 경우는 회사를 다니는 디자이너라면 한 번쯤은 경험해 보는 일입니다. 특히 디자인 에이전시, 광고 대행사에서 근무하는 디자이너들은 그 빈도수가 높습니다. 제 주변에 광고 대행사를 다니는 지인의 경우에는 몇 년째 토요일, 일요일 출근을 밥 먹듯이 하는 생활을 하고 있습니다.

프리랜서의 장점 중 하나는 시간 활용의 자율성입니다. 회사를 다니며 포괄임금제로 울며 겨자 먹기로 주말 출근을 하는 생활을 경험했는데, 프리랜서를 하면서도 똑같은 생활을 한다면 조금 억울합니다. 게다가 사전에 협의되지 않은 내용은 강제로 할 이유도 없는데, 클라이언트가 급하다는 이유로 휘둘리며 일하는 분들을 보면 안쓰럽기까지 합니다.

의뢰 진행 중 급하다고 우리 작업을 우선으로 해달라고 하는 경우에는 급행료 추가 안내를 하시면 됩니다. 급행료 안내를 하기 어려운 상황이라면 상황에 따라 외부의 요인을 활용하여 약간의 핑계를 만드는 것도 괜찮습니다. 여행이나 다른 일정이 있고, 예약까지 전부 다 마친 상태라서 불가능하다고 둘러대는 것도 방법입니다. 약간의 융통성을 발휘해서라도 부당한 업무는 피하는 것이 좋습니다.

- 변수를 고려하여 너무 타이트한 일정은 되도록 피하기
- 디자인 전달 일정을 준수하기. 빨리 마쳤다고 바로 전달하지 않기
- 무리한 일정을 요구한다면 급행료를 안내하거나 이유를 들어 거절하기

에필로그

새로운 길을 향해 나아가는 우리 모두에게

시간이 참 빠르게 흐릅니다. 우연히 디자인을 전공하게 되어 신입 시절을 보내고, 프리랜서 디자이너로서 첫걸음을 뗀 게 엊그제 같은데, 어느새 디자이너로 살아온 시간이 꽤 쌓였네요. 처음 이 길을 선택했을 때 느꼈던 막막함과 설렘, 그리고 '이 길이 맞을까?' 고민했던 순간들이 가끔 떠오릅니다.

프리랜서라는 일이 처음엔 낯설기만 했습니다. 모든 걸 혼자 결정하고 책임져야 한다는 삶을 상상조차 해 본 적이 없었거든요. 그런데 예상치 못한 기회와 우연한 계기들이 겹치면서 자연스럽게 이 길을 걷게 되었고, 시간이 흐른 뒤 또 다른 예상치 못한 사건을 계기로 지금은 작은 브랜드를 운영하고 있습니다.

돌이켜보면 저는 언제나 예기치 못한 일들을 계기로 새로운 길을 걸어왔던 것 같습니다. 회사에서 주어진 작업만 하던 디자이너에서 점차 클라이언트를 직접 만나고, 그들의 이야기를 듣고, 원하는 바를 시각적으로 풀어내는 과정을 거듭하면서 자연스럽게 시야가 넓어졌습니다. 쉽지 않은 시간이었고, 기쁨과 어려움이 뒤섞인 경험들이었지만, 결국 그 모든 순간이 저를 지금 이 자리까지 데려다 준 게 아닐까 싶습니다.

이 책을 통해 저는 제가 겪은 경험과 배움을 나누고자 했습니다. 신입 디자이너로서의 첫걸음부터 프리랜서로서의 고군분투까지, 그 과정에서 얻은 소중한 교훈과 실용적인 팁을 담았습니다. 누군가에게는 익숙한 이야기일 수도 있지만, 또 다른 누군가에게는 꼭 필요한 조언이 될 수 있을 것입니다.

세상은 점점 빠르게 변화하고 있습니다. 한때 디자인 툴을 능숙하게 다루기만 하면 큰 어려움 없이 생계를 유지할 수 있었던 오퍼레이터들은, 이제 끊임없이 발전하는 새로운 서비스들로 인해 설 자리를 잃어가고 있습니다. 디자이너는 단순한 작업자를 넘어 창의적인 기획을 할 수 있는 역량을 갖춰야 하며, 스스로를 브랜딩하고, 마케팅하며, 세일즈 능력까지 길러야 합니다. 이러한 과정은 때때로 벅차게 느껴질 수도 있지만, 그 과정 속에서 우리는 더욱 성장하고 단단해질 것입니다.

중요한 것은 포기하지 않고 꾸준히 나아가는 것입니다. 작은 성공과 성취를 소중히 여기며, 실패에서 배움을 얻는 자세로 계속 성장해 나간다면, 분명 언젠가 빛을 발하는 순간이 올 것이라 믿습니다.

마지막으로, 이 책을 읽는 모든 분께 진심 어린 응원의 말씀을 전합니다. 비록 걸어가는 길은 다를지라도, 디자인을 향한 열정만큼은 같을 것이라 생각합니다. 서로에게 좋은 영감과 자극이 되어 함께 성장해 나가길 바라며, 이 글을 마칩니다.
감사합니다.